WESER-BERGLAND entdecken!

1000 FREIZEIT-TIPPS

Ulrich Weiß

Wartberg Verlag

Anmerkung des Verlages
Die im nachfolgenden Text verwendeten Symbole haben folgende Bedeutung:
☏ = Telefon, ✉ = E-Mail-Adresse, 🌐 = Internet-Adresse,
☺ = Attraktionen für Kinder und Junggebliebene

Alle Angaben wurden gewissenhaft geprüft, trotzdem können Autor und Verlag keine Gewähr für die Richtigkeit übernehmen. Anregungen, Berichtigungen und Ergänzungsvorschläge senden Sie bitte an den Wartberg-Verlag, Gudensberg-Gleichen.

1. Auflage 2023

Layout und Satz: Grafik&Design Ulrich Weiß, Extertal
Karte: Ulrich Weiß auf Basis von vectormaps.de
Drucken und Binden: Druck- und Verlagshaus Thiele & Schwarz GmbH, Kassel

34281 Gudensberg-Gleichen, Im Wiesental 1
Telefon (0 56 03) 9 30 50
www.wartberg-verlag.de
ISBN: 978-3-8313-2854-3

Einladung zur Entdeckungsreise

Das Weserbergland ist eine traumhaft schöne und märchenhafte Region. Sie zieht sich entlang des Flusses Weser zwischen Hann. Münden und Porta Westfalica und berührt dabei drei Bundesländer: Niedersachsen, Hessen und Nordrhein-Westfalen. Wunderschöne Flusslandschaften mit sensationellen Ausblicken wie vom Skywalk bei Bad Karlshafen wechseln sich ab mit romantischen Fachwerkstädten, die von der Weserrenaissance bestimmt sind. Ein Hauptort der Weserrenaissance, der norddeutschen Variante der Renaissance, ist Hameln. Die Rattenfängerstadt ist das touristische Zentrum der Region.
Das Weserbergland ist reich an Sagen und Legenden, traditionell überliefert in Figuren wie dem Rattenfänger von Hameln, Lügenbaron Münchhausen aus Bodenwerder oder Dr. Eisenbart, der in Hann. Münden wirkte. In der Region sind manche Märchen der Brüder Grimm beheimatet. Auf der Sababurg im Reinhardswald wurde Dornröschen von ihrem Prinzen wachgeküsst und vom Turm der Trendelburg ließ Rapunzel ihr Haar herab.
Rechts und links des zumeist gemächlich dahinfließenden Flusses liegen Wiesen, Wälder, Mittelgebirgs- und Höhenzüge. Dazu gehören das Wesergebirge, Süntel, Vogler, Solling, Reinhardswald, Bückeberg und Deister, um nur einige zu nennen. Allen gemeinsam ist, dass sie vielfältige Möglichkeiten der Freizeitgestaltung bieten. Ein dichtes Netz von Wanderwegen und Radwegen ist vorhanden. Hervorzuheben ist der etwa 500 Kilometer lange Fernradweg Weser-Radweg entlang der Weser von Hann. Münden bis Cuxhaven.
Viele Touren führen an naturkundlichen oder kulturellen Besonderheiten vorbei, mit einem Stopp bei alten Burgen und Wallanlagen, und ermöglichen so einen historischen Bezug herzustellen oder von Aussichtstürmen weit übers Land zu blicken. Einen anderen Eindruck bekommt man während einer Schiffstour auf der Weser. Von vielen Orten starten Schiffe der Weserflotte zu Tagesfahrten oder steuern attraktive Ziele an. Ein besonderes Erlebnis ist die Überquerung des Flusses mit einer Gierseilfähre, die nur die Wasserkraft zur Fortbewegung nutzt, um von einem Ufer zum anderen zu kommen.
Es gibt viel zu entdecken und zu erleben, besonders für Familien. Der Freizeitführer Weserbergland soll Einheimische wie Gäste für die traumhaft schöne und märchenhafte Region, die das Weserbergland ist, begeistern.
Die Orte sind in alphabetischer Reihenfolge aufgeführt und nach Themen und Stichworten gegliedert. Ein übersichtliches Stichwortverzeichnis, ein Ortsverzeichnis und ein Register helfen, Ziele und Freizeitangebote schnell zu finden.
Wir danken allen Städten, Gemeinden und Touristinformationen, die uns unterstützt haben.
Wir wünschen viel Spaß mit dem Freizeitführer Weserbergland.

Ulrich Weiß

Der 225 Kilometer lange Weserberglandweg führt in 13 Etappen von Hann. Münden bis zum Durchbruch der Weser durch das Mittelgebirge in die norddeutsche Tiefebene in Porta Westfalica. Der Wanderweg verläuft dabei einmal von Süd nach Nord durch das Weserbergland. Jeder Abschnitt bietet besondere Highlights am Wegesrand. Ob historische Städte, besondere Locations wie das Baumhaushotel, Wildparks oder Schlösser und Burgen – der Weserberglandweg liefert schöne Erlebnisse. Dabei ist die Weser immer wieder im Blick, ob auf zahlreichen Aussichtsplattformen oder während einer Routenführung direkt entlang des Flusses. Der Weserberglandweg ist seit 2012 als Qualitätsweg Wanderbares Deutschland zertifiziert.

Im Weserberglandweg Serviceheft, das über die Internetseite www.weserbergland-tourismus.de bestellt werden kann, findet man einen Stempelpass. Während der Wanderung sammelt man insgesamt bis zu acht Stempel, nach Einsendung des Stempelpasses erhält man ein Weserbergland-Weg-Diplom in Form einer Urkunde sowie eine Wandernadel.

© Printmaps.net / OSM Contributors

13. Etappe
Rinteln bis Porta Westfalica: Die 13. Etappe des Weserberglandweges führt 15 in Kilometern von Rinteln zum Ziel in Porta Westfalica.

12. Etappe
Rohdental bis Rinteln: Die zwölfte Etappe führt den Wanderer in 16 Kilometern vom Rohdental über den Kamm des Wesergebirges nach Rinteln.

11. Etappe
Hameln bis Rohdental: Die elfte Etappe ist die längste Etappe des Weserberglandweges: 27 km Natur pur von Rohrsen bis nach Rohdental.

10. Etappe
Emmerthal bis Rohrsen: Auf der zehnten Etappe führt der Weserberglandweg in 20 Kilometern von Emmerthal nach Rohrsen, einem Ortsteil von Hameln.

9. Etappe
Lüntorf bis Emmerthal: Die neunte Etappe führt in 14 Kilometern von Lüntorf über die Hämelschenburg bis nach Emmerthal.

8. Etappe
Bodenwerder bis Lüntorf: Auf der achten Etappe lässt man die Münchhausenstadt Bodenwerder hinter sich und wandert in 19 Kilometern Richtung Ottensteiner Hochebene nach Lüntorf.

7. Etappe
Stadtoldendorf bis Bodenwerder
Die siebte Etappe führt in 19 Kilometern von Stadtoldendorf in die Münchhausenstadt Bodenwerder.

6. Etappe
Silberborn bis Stadtoldendorf
Die sechste Etappe führt den Wanderer in 22 Kilometern von Silberborn im Hochsolling nach Stadtoldendorf zwischen Solling, Hils und Vogler.

5. Etappe
Schönhagen bis Silberborn
Durch den Hochsolling: Die fünfte Etappe beginnt in Schönhagen und endet nach 14 Kilometern in Silberborn.

4. Etappe
Bad Karlshafen bis Schönhagen: Die vierte Etappe beginnt an der Weser in Bad Karlshafen und führt in 12 Kilometern hinauf auf den Solling nach Schönhagen.

3. Etappe
Sababurg bis Bad Karlshafen: Die dritte Etappe führt in 20 Kilometern von Dornröschens Märchenschloss, der Sababurg, bis nach Bad Karlshafen, der Stadt der Solequellen.

2. Etappe
Reinhardshagen/Veckerhagen bis Sababurg: Die zweite Etappe führt in 13 Kilometern durch den Reinhardswald von Veckerhagen bis zum Dornröschenschloss Sababurg.

1. Etappe
Hann. Münden bis Reinhardshagen/Veckerhagen: Die erste Etappe des Weserbergland-Weges führt in 14 Kilometern vom Weserstein in Hann. Münden über die Tillyschanze und durch den Reinhardswald bis nach Veckerhagen.

Aerzen

(Landkreis Hameln-Pyrmont)

Der Marktflecken Aerzen liegt südwestlich der Kreisstadt Hameln an der Landesgrenze zu Nordrhein-Westfalen. Der Flecken besteht aus 14 Ortsteilen mit 11200 Einwohnern. Das Flüsschen Humme und der Grießebach fließen durch den Ort. Im Herzen Aerzens findet sich die Domänenburg – ein geschichtsträchtiges Zentrum mit einzigartiger Architektur.

Flecken Aerzen
Kirchplatz 2
31855 Aerzen
05154/9880
www.aerzen.de

Weserbergland Tourismus e.V.
Deisterallee 1
31753 Hameln
05151/93000
www.weserbergland-tourismus.de

Zweckverband Touristikzentrum Westliches Weserbergland
Marktplatz 7
31737 Rinteln
05751/4019620
www.westliches-weserbergland.de

Sehenswertes

Die Domänenburg

Die aus dem 13. Jahrhundert stammende Domänenburg ist Anziehungspunkt für Touristen und Zentrum für ein umfangreiches Kulturprogramm. Die Burg wurde erstmals urkundlich 1293 erwähnt. Nach wechselnden Besitzverhältnissen gehörte sie Hilmar von Münchhausen (1512–1573) und seinem Enkel Hilmar dem Jüngeren (1558–1617) als Pfandherren und Drosten zu Aerzen. Sie errichteten später in der Nähe das Schloss Schwöbber, heute Schlosshotel Münchhausen.
Im 16. Jahrhundert wurde der Nordflügel der Domänenburg Aerzen im Renaissancestil als Haupthaus errichtet. Im Verlauf des Dreißigjährigen Krieges brannten 1642 die Burggebäude ab. Nach dem Krieg wurden sie neu aufgebaut und als Amtshof genutzt. Bis 1962 verwalteten Pächter die Anlage als Staatsdomäne. In den Jahren 1985 bis 1989 wurde mit Millionenaufwand der Süd- und Westflügel restauriert. In den Jahren 2003 bis 2005 sanierte die Gemeinde den Nordflügel.
Heute befindet sich in der Burg ein Kulturzentrum mit Musik, Kabarett, Theater, ein Ballettverein, ein Gewölbekeller mit Restaurant. Für Lesespaß sorgt eine Bücherei und eine Musikschule bietet Unterricht für Kinder und Erwachsene. Außerdem wurde ein Trauzimmer und ein Repräsentationsraum eingerichtet. Das Schützencorps Aer-

Die von Wassergräben umgebene Domänenburg Aerzen wurde 1293 erstmals urkundlich erwähnt.

zen e.V. ist der älteste Verein in der Burg.
Adresse: Domänenburg Aerzen, Burgstraße 6, 31855 Aerzen,
05154/709417, www.aerzen.de

▸ Schlosshotel Münchhausen
Das Gut Schwöbber war von 1510 bis 1919 im Besitz des niedersächsischen Adelsgeschlechts Münchhausen, dem auch der berühmte Lügenbaron angehörte und das zu den großen Bauherren der Weserrenaissance gehörte. 1920 wurden Gut und Schloss verkauft. Heute ist nur noch der geringste Teil im Originalzustand erhalten. Die Gestaltung der 1920er-Jahre steht unter Denkmalschutz.
2002 wurde das inzwischen einsturzgefährdete Gebäude für 35 Millionen Euro restauriert und modernisiert. Im Jahr 2004 wurde das 5-Sterne Schlosshotel Münchhausen eröffnet. Zum Hotel gehören zwei direkt anliegende 18-Loch-Golfplätze und eine Parkanlage, in der mehr als zehn seltene Pflanzenarten zu bewundern sind. Auch Nicht-Hotelgäste können ihn auf Anfrage besichtigen.
Adresse: Schlosshotel Münchhausen, Schwöbber 9, 31855 Aerzen,
05154/70600,
www.schlosshotel-muenchhausen.com

▸ Rittergut Posteholz
Das Rittergut mit dem ehemaligen Wehrturm und einer wunderschönen kleinen Kapelle liegt unterhalb des Ortes Posteholz. Der ehemalige Wehrturm und die kleine Kapelle befinden sich in einem guten baulichen Zustand und sind einen Besuch wert.
Bauherr des Gutes war der lippische Geheime Rat Arnold Ludwig von Post. Der mächtige Torturm aus dem 16. Jahrhundert stammt von der einstigen Wasserburg der Herren von Post. Das Fachwerk-Herrenhaus wurde Ende des 18. Jahrhunderts erbaut. Für zwei Generationen bewohnten es die Münchhausen. 1943 erbte Baron Siegfried Hanach von Alten, der 2004 verstarb, das Rittergut. Zu Fuß ist das Rittergut vom Ortsteil Groß Berkel über den Großen Rundwanderweg Aerzen AE10 erreichbar.

Schloss Schwöbber mit Schlosspark.

Das Rittergut Posteholz in Posteholz

Freizeit und Natur

Hummetalbäder Aerzen
Das Frei- und Hallenbad in Aerzen im Weserbergland sorgt für Erfrischung und Badespaß. Von Mai bis September ist das Freibad geöffnet und von Oktober bis April steht das Hallenbad zur Verfügung.
www.hummetalbaeder.de

Großer Rundwanderweg Aerzen AE 10
Eine anspruchsvolle Wandertour über 45 km führt einmal rund um das Aerzener Becken. Der Weg verläuft dabei über schöne Waldpfade und auf Feld-, Forst- und Wiesenwegen. Über einen Abstecher stößt man auf einen breiteren, mit einer 12 markierten Weg, um durch Wiesen direkt zum Rittergut zu gelangen. Zurück auf dem AE10 genießt man die Ruhe der Natur und die grandiosen Ausblicke auf Wesergebirge, Ith und die Ottensteiner Hochebene. Großartig ist von hier aus auch der Blick weit hinein in das Lipper Land.
Über verschiedene Zugänge kann der Wanderweg von Aerzen aus in kleineren Etappen erwandert werden. Es gibt einige Wanderparkplätze, die mit Infotafeln aufwarten. Start und Ziel ist die Kirche in Groß Berkel.
www.weserbergland-tourismus.de/de/tour/wanderung/grosser-rundwanderweg-aerzen/20138928/

Ausblick Schwarze Bruch in Aerzen.

Auetal

(Landkreis Schaumburg)

Auetal hat seinen Namen von der durch das Gemeindegebiet fließende Aue, die in die Weser mündet. In Auetal leben 6800 Einwohner, die sich auf 16 Orte verteilen. Auetal liegt in einem breiten Tal im südlichen Teil des Landkreises Schaumburg und wird begrenzt von den bewaldeten Hängen der Bückeberge im Norden, dem Wesergebirge im Südwesten und dem Süntel im Süden. Aufgrund der verkehrsgünstigen Lage an der Autobahn A2 wird Auetal als das „Tor ins Weserbergland" bezeichnet.

Gemeinde Auetal
Rehrener Straße 25
31749 Auetal-Rehren
05752/1810
www.auetal.de

Sehenswertes

Historische Kirchen

Die beiden historischen Kirchen in Hattendorf und Kathrinhagen aus dem 12. und 13. Jahrhundert sind die Sehenswürdigkeiten in Auetal. Vor der Kirche in Kathrinhagen steht eine Sommerlinde, die 600–800 Jahre alt ist. Der hohle Stamm ist durch eine offene Seite begehbar. Auch die gotische Kapelle aus dem 16. Jahrhundert in Rehren ist einen Besuch wert. Weitere Information findet sich auf der Internetseite „Kirchen im Auetal".

www.kircheimauetal.de

Die imposante Linde in Kathrinhagen mit mächtigem begehbarem Stamm.

Rittergut Bodenengern

Im Ortsteil Bodenengern liegt das gleichnamige Rittergut. Es handelt sich um ein von einem Wassergraben umgebenes Wasserschlösschen aus dem 17. Jahrhundert mit einem parkähnlichen Garten.

www.bodenengern.jimdofree.com

Museen

Heimatmuseum Auetal im OT Hattendorf

Das Heimatmuseum bietet in 20 Räumen einen Einblick in die Tradition und Geschichte Auetals. Eine vollständige und arbeitsfähige Schmiede ist in einem Nebengebäude aufgebaut. Dort kann man einem Schmied bei der Arbeit zusehen.

Adresse: Langenfelder Str. 47, 31749 Auetal, 05752/600,

www.heimatmuseum-auetal.de

Schmied am Feuer im Heimatmuseum Auetal.

▸ Ein Stück des Pilgerweges „Loccum-Volkenroda“

Eine Etappe von 18 km führt von Stadthagen nach Auetal-Rehren. Gleich hinter dem Bückeberg führt ein Wanderweg am Rastplatz „Eichenhütte“ vorbei nach Kathrinhagen mit der Katharinenkirche. Vor der Kirche steht ein seltenes Naturdenkmal, eine etwa 600 Jahre alte Linde. Von Kathrinhagen sind es noch drei Kilometer nach Rehren, dem Zielort der Etappe, wo sich eine gotische Wallfahrtskapelle befindet, die zur Andacht und Besichtigung einlädt.

🌐 www.loccum-volkenroda.de

🌐 www.pilgerweg-navigator.de/

Freizeit und Natur

▸ Freibad „Sonnental“ in Rolfshagen

Das Freibad „Sonnental“ liegt landschaftlich herrlich eingebettet am Ortsrand von Rolfshagen. Seit Anfang 2020 wird das Beckenwasser durch Wärmelieferung aus einer ortsansässigen Biogasanlage beheizt. Das temperierte Wasser lädt Jung und Alt zum Badevergnügen ein. Geöffnet Mitte Mai–Mitte September.

Adresse: Horstsiek 11, 31749 Auetal/Rolfshagen, ✆ 05753/960199

Bad Eilsen

(Landkreis Schaumburg)

Bad Eilsen liegt zwischen den Bückebergen und dem Höhenzug Harrl. Der Kurort ist wegen seiner Heilquellen bekamt, die bereits 1647 erwähnt wurden. Es handelt sich um Mineralquellen mit einem starken Anteil von Schwefelwasserstoffgas und anderen wirksamen Substanzen. Fürstin Juliane zu Schaumburg-Lippe ließ im Jahr 1794 ein Schwefel-Schlamm-Bad bauen. Der Ort gehört als einer von fünf Ortsteilen zur Samtgemeinde Eilsen, die 6900 Einwohner zählt.

Haus des Gastes
Bückeburger Straße 2
31707 Bad Eilsen
✆ 05722/88650
🌐 www.bad-eilsen.de

Schaumburger Land Tourismus
✆ 05722/890550
🌐 www.schaumburgerland-tourismus.de

Sehenswertes

▸ Kurpark

Der zentral gelegene Kurpark mit dem Rosarium ist Anziehungspunkt für Kurgäste und viele Besucher. Ein Säulenbogen im Park ist Bad Eilsens Wahrzeichen. Das Rosarium wurde 1920 angelegt. Heute blühen darin 56 Rosensorten und etwa 1500 andere Pflanzen. Ein Rondell umfasst sechs Platanen, die 100 Jahre alt sind. Die Bäume können bis zu 50 Meter hoch werden und stammen aus Nordamerika und dem Orient. Sehenswert sind außerdem einige historische Gebäude, wie die Brunnenstube mit dem Georgenbrunnen, das Kurmittelhaus, der Kur- und Theatersaal sowie das Naturtheater.

Kurpark Bad Eilsen mit Rosarium.

▸ Fürstenhof

Mit Millionen Goldmark und dem Bau eines Hotels wollte Fürst Adolf zu Schaumburg-Lippe Bad Eilsen in den Kreis der bekanntesten Bäder Deutschlands befördern. Im Fürstenhof residierten Filmschauspieler, Musiker, Industrielle und der Hochadel. 1918 galt es als das schönste Hotel Europas.

▸ Georg-Wilhelm-Haus

Fürst Georg-Wilhelm zu Schaumburg-Lippe ließ das Kurhaus 1808 als „Großes Logierhaus" bauen. Besonderheit: Wegen des morastigen Bodens wurde das Haus auf Pfähle aus Buchenholz gebaut.

Museen

▸ Heimatmuseum

Ein kleines Heimatmuseum befindet sich in der Touristinfo im Haus des Gastes. Gezeigt werden die Ortsgeschichte Bad Eilsens und historische Trachten.
Adresse: Bückeburger Straße 2, 31707 Bad Eilsen, ☏ 05722/85372

Freizeit und Natur

▸ ☺ Eisenbahnerlebnis

Ein alter Uerdinger Schienenbus aus dem Jahr 1960 fährt als „Der Schaumburger" an vielen Sonntagen auf der Strecke Rinteln–Bad Eilsen–Obernkirchen–Stadthagen auf einer landschaftlich reizvollen Strecke.
In Obernkirchen wird in der nach altem Vorbild renovierten Bahnhofsgaststätte an den Fahrtagen für das leibliche Wohl der Gäste gesorgt.
🌐 www.der-schaumburger-ferst.de

▸ ☺ Minigolf im Kurpark

Die renovierte Minigolfanlage im Kurpark neben dem Tennisplatz lädt zum Spiel ein.
www.bad-eilsen.info/freizeit/minigolf

▸ Golfclub Am Harrl

Im Ortsteil Luhden liegt in idyllischer Lage am Harrl ein öffentlicher 6-Loch-Kurzplatz und die 9-Loch-Anlage des Golfclubs.
🌐 www.golfclubamharrl.de

▸ ☺ Boule-Kinderspielplatz Englischer Garten

Hinter dem Rathaus bei der Musikmuschel im Kurpark findet man neben dem Kinderspielplatz die Boulebahnen und kann spontan und unkompliziert diesen Sport ausprobieren. Boule-Kugeln können ausgeliehen werden.

▸ Teufelsbad

Direkt an das östliche Gebiet von Bad Eilsen grenzt ein 60 Hektar großes Naturschutzgebiet, das Teil der Heeßer Berge ist. Hier gibt es zwei Rundwanderwege von 5 km und 3,2 km. Rund um Bad Eilsen finden sich weitere familienfreundliche Wanderwege.
🌐 www.family4travel.de/wandern-bad-eilsen

Pilgerweg Loccum–Volkenroda – Ein neuer Weg auf alten Spuren

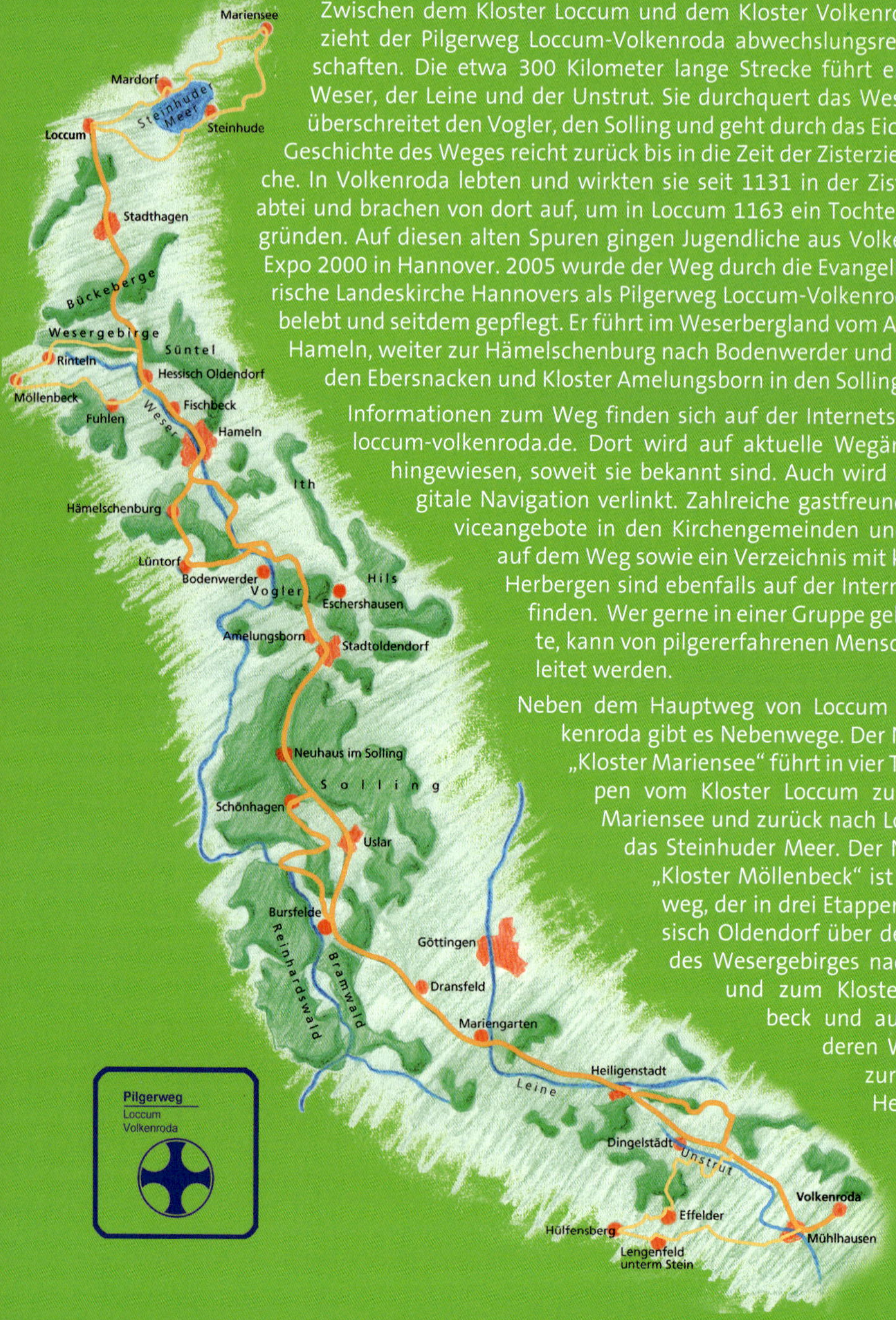

Zwischen dem Kloster Loccum und dem Kloster Volkenroda durchzieht der Pilgerweg Loccum-Volkenroda abwechslungsreiche Landschaften. Die etwa 300 Kilometer lange Strecke führt entlang der Weser, der Leine und der Unstrut. Sie durchquert das Wesergebirge, überschreitet den Vogler, den Solling und geht durch das Eichsfeld. Die Geschichte des Weges reicht zurück bis in die Zeit der Zisterzienser Mönche. In Volkenroda lebten und wirkten sie seit 1131 in der Zisterzienserabtei und brachen von dort auf, um in Loccum 1163 ein Tochterkloster zu gründen. Auf diesen alten Spuren gingen Jugendliche aus Volkenroda zur Expo 2000 in Hannover. 2005 wurde der Weg durch die Evangelisch-lutherische Landeskirche Hannovers als Pilgerweg Loccum-Volkenroda wiederbelebt und seitdem gepflegt. Er führt im Weserbergland vom Auetal nach Hameln, weiter zur Hämelschenburg nach Bodenwerder und dann über den Ebersnacken und Kloster Amelungsborn in den Solling.

Informationen zum Weg finden sich auf der Internetseite www.loccum-volkenroda.de. Dort wird auf aktuelle Wegänderungen hingewiesen, soweit sie bekannt sind. Auch wird auf die digitale Navigation verlinkt. Zahlreiche gastfreundliche Serviceangebote in den Kirchengemeinden und Klöstern auf dem Weg sowie ein Verzeichnis mit kirchlichen Herbergen sind ebenfalls auf der Internetseite zu finden. Wer gerne in einer Gruppe gehen möchte, kann von pilgererfahrenen Menschen angeleitet werden.

Neben dem Hauptweg von Loccum nach Volkenroda gibt es Nebenwege. Der Nebenweg „Kloster Mariensee“ führt in vier Tagesetappen vom Kloster Loccum zum Kloster Mariensee und zurück nach Loccum um das Steinhuder Meer. Der Nebenweg „Kloster Möllenbeck“ ist ein Rundweg, der in drei Etappen von Hessisch Oldendorf über dem Kamm des Wesergebirges nach Rinteln und zum Kloster Möllenbeck und auf der anderen Weserseite zurück nach Hessisch Oldendorf führt.

Etappen	Etappenlänge	Wegstationen in der Reihenfolge des Erreichens
Hauptweg (soweit er im Weserbergland verläuft)		
Etappe 1	ca. 21 km	Kloster Loccum – Pollhagen – Stadthagen
Etappe 2	ca. 19 km	Stadthagen – Kathrinhagen – Rehren
Etappe 3	ca. 16 km	Rehren – Rannenberg – Rohdental – Segelhorst – Hessisch Oldendorf – Krückeberg – Weibeck – Stift Fischbeck
Etappe 4	ca. 11 km	Stift Fischbeck – Hameln
Etappe 5a	ca. 13 km	Hameln – Tündern – Hagenohsen – Grohnde
Etappe 5b	ca. 17 km	Hameln – Klein Berkel – Ohr – Hämelschenburg – Lüntorf
Etappe 6a	ca. 13 km	Grohnde – Hajen – Daspe – Bodenwerder
Etappe 6a	ca. 15 km	Lüntorf – Hehlen – Kemnade – Bodenwerder
Etappe 7	ca. 12 km	Bodenwerder – Linse / Buchhagen – Kirchbrak
Etappe 8	ca. 11 km	Kirchbrak – Holenberg – Kloster Amelungsborn
Etappe 9	ca. 22 km	Kloster Amelungsborn – Stadtoldendorf – Deensen – Schorborn – Schießhaus – Silberborn
Etappe 10a	ca. 19 km	Silberborn – Neuhaus im Solling – Uslar
Etappe 10b	ca. 14 km	Silberborn – Neuhaus im Solling – Schönhagen
Etappe 11a	ca. 20 km	Uslar – Vernawahlshausen – Arenborn – Heisebeck – Fürstenhagen – Kloster Bursfelde
Etappe 11b	ca. 20 km	Schönhagen – Vernawahlshausen – Kloster Lippoldsberg
Etappe 12	ca. 16 km	Kloster Lippoldsberg – Gieselwerder – Oedelsheim – Kloster Bursfelde
Etappe 13	ca. 14 km	Kloster Bursfelde – Löwenhagen – Dransfeld

Nebenweg II

Etappe 1 ca. 24 km
Hessisch Oldendorf – Segelhorst – Steinbergen – Rinteln

Etappe 2 ca. 10 km
Rinteln – Kloster Möllenbeck – Rinteln

Etappe 3 ca. 22 km
Rinteln – Hohenrode – Klein Hesslingen – Fuhlen – Hessisch Oldendorf

Halbes Pilgerdenkmal in Loccum.

Bad Karlshafen

(Landkreis Kassel)

Die 1699 von Landgraf Carl gegründete Barockstadt liegt am Dreiländereck von Nordrhein-Westfalen, Hessen und Niedersachsen im nördlichsten Teil Hessens am Zusammenfluss von Weser und Diemel. Im Jahr 1838 wurden heilkräftige Solequellen gefunden und machten Bad Karlshafen zu einem anerkannten staatlichen Heilbad. Die Stadt mit 3600 Einwohnern besteht aus der Kernstadt und dem über 1000 Jahre alten Ortsteil Helmarshausen und ist von einer Mittelgebirgshöhenlage begrenzt, die von den Tälern der Diemel und der Weser gebildet wird.

Tourist Information
Weserstraße 19
34385 Bad Karlshafen
05672/9226140
www.bad-karlshafen-tourismus.de

Sehenswertes

Barocke Stadtanlage mit Hafen
Bad Karlshafen wurde als barocke Planstadt angelegt. Der Barockhafen bildet den Mittelpunkt und ist umschlossen von zwei Mittelcarrées, den beiden Halbcarrées und dem ehemaligen Packhaus von 1718, dass heute das Rathaus der Stadt ist. Durch eine Schleuse von der Weser aus, ist der Barockhafen für Sportboote, kleinere Yachten und Kanus befahrbar gemacht. Hier erlebt man mitten im Weserbergland das mediterrane Flair des Südens. (Schleusenfahrten siehe Freizeit und Natur)

Barockhafen – Flair des Südens

Hugenottenturm
Der aus Wesersandstein 1913 erbaute und 2011 sanierte Turm kann über eine Wendeltreppe mit 100 Stufen im Inneren bestiegen werden. Er steht auf etwa 170 m Höhe zwischen der Diemelmündung und den Hessischen Klippen. Seine Aussichtsplattform bietet einen schönen Blick auf Bad Karlshafen und die Hänge des Solling und des Reinhardswaldes. Ein knapp 10 Kilometer langer Rundwanderweg verbindet den Hugenottenturm mit dem Skywalk auf dem gegenüberliegenden Ufer der Weser.

Mittelalterstadt Helmarshausen
Der Stadtteil Helmarshausen liegt südlich der Kernstadt und wurde 944 erstmalig urkundlich erwähnt. Charakteristisch für den Ort sind mehrere mit viel Liebe zum Detail renovierte Fachwerkhäuser. Als Gründung von Helmarshausen gilt die Schenkung eines Hofes durch König Otto I. an Matrona Helmburg. Das ehemalige Benediktinerkloster in Helmarshausen war Reichsabtei und im frühen Mittelalter mit seiner Malschule und Goldschmiedewerkstatt weltberühmt. Bis heute bestimmen

das Stadtbild die Krukenburgruine, die alten Klostergebäude, Stadtturm und Wehranlagen. Berühmt ist das aus dem 12. Jahrhundert stammende Evangeliar Heinrichs des Löwen. Eine Faksimile-Ausgabe befindet sich im Museum im alte Rathaus und in der Stadtkirche.

▸ Weser-Skywalk

Zwischen Bad Karlshafen und Würgassen wurde 2011 auf den Hannoverschen Klippen 80 Meter über der Weser eine Aussichtsplattform aus Stahl errichtet. Der Skywalk ist jederzeit zugänglich und ragt vier Meter über den Klippenrand hinaus. Er bietet eine herrliche Aussicht über das Wesertal flussaufwärts bis Bad Karlshafen und flussabwärts bis zur Weserbrücke Würgassen. Von Bad Karlshafen und Würgassen führen verschiedene Routen zum Skywalk.

Blick vom Weser-Skywalk auf Bad Karlshafen.

Die Krukenburg in Bad Karlshafen.

▸ Krukenburg

Auf dem Krukenberg bei Helmarshausen steht die Ruine der Krukenburg, einst eine mächtige Kirchenburg. Die Burg wurde nie durch kriegerische Handlungen zerstört, sie verfiel allmählich. Die gesamte Anlage wurde in den letzten Jahren restauriert und der Aussichtsturm bietet einen weiten Blick auf Weser und Solling.

▸ Benediktinerabtei

Im Jahr 997 wurde die Klosteranlage von Graf Eckhard von Reinhausen gegründet. Das Benediktinerkloster war Reichsabtei und im frühen Mittelalter mit seiner Malschule und Goldschmiedewerkstatt in der ganzen Welt bekannt. 1538 wurde das Kloster in Zuge der Reformation aufgelöst. In den Jahren 1965/68 wurden die Grundmauern teilweise ausgegraben. Danach war eine Rekonstruktion des Grundrisses möglich. Dieser ist durch Steinplatten dargestellt und kann besichtigt werden.

Museen

Heimatverein Helmarshausen
Der Verein hat es sich zur Aufgabe gemacht, die Geschichte und historischen Schätze der Stadt Helmarshausen bekannt zu machen und auszustellen. Im Museum ist ein Faksimile des berühmten Evangeliars Heinrichs des Löwen ausgestellt. Das Original liegt in der Herzog August Bibliothek in Wolfenbüttel. Eine Ausstellung mit dem Thema „Buchmalerei im Mittelalter" informiert über die bedeutsame Epoche des ehemaligen Benediktinerklosters.
Adresse: Altes Rathaus Helmarshausen, Poststraße 40, 34385 Bad Karlshafen-Helmarshausen,
www.heimatverein-helmarshausen.de

Deutsches Hugenotten-Museum
Das 1980 gegründete Deutsche Hugenotten-Museum befindet sich in einer ehemaligen Tabakfabrik in der Hugenottenstadt Bad Karlshafen. Über drei Stockwerke verteilt finden Sonderausstellungen, Vorträge und Lesungen statt. Das Leben der Hugenotten, vor allem ihr Leiden und ihre Verfolgung als Minderheit im katholischen Frankreich, sind Thema einer Ausstellung.

Cevennenstube im Hugenottenmuseum in Bad Karlshafen.

Eine weitere Ausstellung zeigt die Aufnahme und die Integration der aus Frankreich geflohenen Hugenotten in Deutschland.
Adresse: Deutsches Hugenotten-Museum, Hafenplatz 9 a, 34385 Bad Karlshafen,
05672/1410,
www.hugenottenmuseum.de

Freizeit und Natur

Wandern
In unmittelbarer Nähe von Bad Karlshafen verlaufen verschiedene Wanderwege: Die Rundtour „Weser-Skywalk" ist 5 Kilometer lang mit mittlerer Schwierigkeit. Der Rundweg „Bad Karlshafen-Weser-Skywalk" umfasst knapp 14 Kilometer und bietet traumhafte Aussichten über das Wesertal und führt durch eine sehr schöne Natur am Rand des Solling. Eine abwechslungsreiche Tour von ca. 10 Kilometern verläuft beiderseits der Weser mit den Höhepunkten Weser-Skywalk und Hugenottenturm. In der weiteren Umgebung von Bad Karlshafen gibt es zahlreiche attraktive Wandertouren im Solling und Reinhardswald.

Radfahren
Der Weser-Radweg verläuft entlang des gleichnamigen Flusses von Hann. Münden bis nach Cuxhaven. Weite Strecken sind beidseitig der Weser befahrbar. Die erste Etappe ist knapp 71 Kilometer lang und verläuft von Hann. Münden durch Bad Karlshafen bis nach Höxter. Mountainbiker kommen im Solling auf den ausgewiesenen Trails auf ihre Kosten.
Der mit 5 Sternen ausgezeichnete Diemelradweg, gehört ab Januar 2023 zu den zwei exzellentesten Qualitätsradwegen in Deutschland. Von der Quelle in Usseln bis zur Mündung in Bad Karlshafen ein wunderbares Erlebnis.

Freizeitanlage Bad Karlshafen
Am Zusammenfluss von Weser und Diemel bietet diese Anlage viel Spaß für Erwachsene und Kinder. Beliebt ist vor allem die gepflegte Minigolfanlage. Kinder können mit batteriebetriebenen Autos ihre ersten Fahrstunden nehmen.
Adresse: An der Schlagd 4, 34385 Bad Karlshafen, 05672/922883, www.minigolf-bad-karlshafen.de

Auf der Weser
An Samstagen und Sonntagen besteht die Möglichkeit, an Schleusenfahrten mit einem motorbetriebenen Weidling (kleines Holzboot) teilzunehmen. Bis zu acht Personen finden im Boot Platz. Ein erfahrener Bootsführer schleust aus dem Hafen heraus und fährt eine kleine Tour von eineinhalb Stunden auf der Weser, bevor es durch die Schleuse wieder zurück in den Hafen geht. Mit dem Motorschiff „Hessen" kann man von Bad Karlshafen aus Schiffstouren im Dreiländereck von Nordrhein-Westfalen, Hessen und Niedersachsen unternehmen.

Mit der „Hessen" auf der Weser.

Wesertherme
Die Weser-Therme, direkt an der Weser gelegen, bietet Badespaß mit unterschiedlichen Thermalsolebecken in warmen, verschiedenen Solekonzentrationen und

Außenbereich der Weser-Therme.

einer großen Saunalandschaft. Die große Thermenwelt besteht aus drei Innen-, einem großen Außenbecken sowie zwei Solebecken mit 12-prozentiger Sole. Die Sole fördert die Gesundheit der Haut, der Muskulatur und des Stoffwechsels. Die Therme ist barrierefrei.
Adresse: Kurpromenade 1, 34385 Bad Karlshafen, 05672/92110, www.wesertherme.de

Veranstaltungen und Feste

Rathauskonzert
Im historischen Landgrafensaal des Rathauses von Bad Karlshafen präsentiert die Musikschule seit rund drei Jahrzehnten regelmäßig Künstlerinnen und Künstler aus unserer Region und der ganzen Welt. Der Eintritt zu den Konzerten ist frei

Weserbeleuchtung
Jährlich veranstaltet der Verein der Freiwilligen Feuerwehr Bad Karlshafen die traditionsreiche Weserbeleuchtung. Neben toller Musik erwartet den Besucher ein vielfältiges Programm. Eine stimmungsvolle Beleuchtung sorgt für einen schönen Sommerabend an der Weser. Das Fest findet direkt an der Kurpromenade bei der Weserbrücke statt. Termin: www.bad-karlshafen-tourismus.de

Bad Münder am Deister

(Landkreis Hameln-Pyrmont)

Rathaus Bad Münder am Deister mit Söltjerbrunnen.

Im Deister-Süntel-Tal liegt die Kurstadt Bad Münder. Früh wurden die Sole-, Schwefel- und Bitterquellen entdeckt. Bereits zwischen 856 und 869 wurde erstmals „Munimeri“ erwähnt. Von 1033 bis 1924 wurde Salz gewonnen. Seit 1936 ist Bad Münder eine Kurstadt mit einem eindrucksvollen Gradierwerk, in dem Solewasser verrieselt wird. In mehreren Kur- und Rehakliniken werden die Kurgäste betreut. Die Kurstadt besitzt eine reizvolle Altstadt mit historischen Altbauten aus Sandstein und Fachwerkhäusern aus der Weserrenaissance. Die Stadt besteht aus 16 Ortsteilen mit 17 400 Einwohnern. Bad Münder selbst hat 8000 Einwohner und ist Verwaltungssitz.

Stadt Bad Münder
Steinhof 1
31848 Bad Münder
05042/9430
www.bad-muender.de

Sehenswertes

▸ Altstadt
Im Mittelpunkt der Altstadt steht die im 10. Jh. errichtete St. Petri Kirche, mit ihrem markanten Turm, der 2005 bis 2009 in umfangreichen Baumaßnahmen saniert wurde. Der historische Stadtkern ist liebevoll restauriert, zahlreiche Cafés und Restaurants befinden sich in Fachwerkhäusern und Bauten der Weserrenaissance und laden zum Verweilen ein. Buntes Treiben herrscht aus dem Marktplatz.

▸ Söltjerbrunnen
Der Söltjerbrunnen an der Marktstraße zeugt von einer 1000-jährigen Geschichte der Salzgewinnung. Zwei Figuren, ein Salzsieder und ein Salzträger, sind dort bei ihrer schweren Arbeit abgebildet.

▸ Gradierwerk
Das Gradierwerk aus Reisig wurde 1999 nach historischem Vorbild errichtet und dient heute therapeutischen Zwecken. Wertvolle Heilquellen aus Sole, Schwefel, Eisen und Bitterwasser sprudeln aus der Tiefe und verdunsten über dem Reisig.

▸ Söltjer-Rundweg
Wer mehr über die Salzgewinnung und ihrer Bedeutung für die Kurstadt erfahren will, kann sich von einem Söltjer über einen Rundweg führen lassen. Eine historische Spurensuche mit einem sechsstündigen Programm wird von der Touristikinformation angeboten, unter anderem mit dem Besuch des Bergwerkes Osterwald und des Museums Coppenbrügge.

Museen

▸ Wettbergscher Adelshof und Bürgerhaus von 1752

Das Museum präsentiert über mehrere Etagen Informationen aus der Geschichte der Stadt, dem Steinkohlbergbau und der Salzgewinnung. Außerdem sind Architekturfragmente des 14.–18. Jahrhunderts ausgestellt. Im ehemaligen Wettbergschen Adelshof gelangen Besucher über „Stolperstufen" des vormaligen Wehr- und Wendeltreppenturms ins Erdgeschoss. Hier befindet sich unter anderem eine Mineralsammlung. Schwerpunkt bilden Weiß- und Blauglasprodukte aus den Glashütten der Region. In einer Biedermeierstube wird die Einrichtung einer bürgerlichen Küche aus dem 19. Jh gezeigt.
Im benachbarten restaurierten Bürgerhaus, gebaut 1752/ restauriert 1880, können die Besucher sehen, wie die Menschen des 19. Jahrhunderts lebten.
Adresse: Kellerstraße 13, 31848 Bad Münder, ✆ 05042/52276,
🌐 www.museum-bad-muender.de

▸ Bürgerhaus von 1752

Im Bürgerhaus von 1752 wird die Vergangenheit lebendig. Es wird die Zeit um 1880 in einem typischen Bürgerhaus vorgestellt. Im vorderen Teil befinden sich die Stuben, darüber die Schlafkammern, anschließend folgen die offene Rauchküche, Abstellräume und Kuhstall. Auf dem Hof befinden sich „Klohaus" und Schweinestall. Damals lebte hier die Schusterfamilie Kallmeyer. Sie betrieb eine kleine Landwirtschaft mit Acker- und Gartenland. Wohnen, Gewerbetreiben, Viehhaltung und Vorratswirtschaft spielten sich unter einem Dach ab.
Adresse: Kellerstraße 19, 31848 Bad Münder

▸ Deutsches Stuhlmuseum

In Einbeckhausen, 5 km von Bad Münder entfernt, steht das Deutsche Stuhlmuseum. Hier beeindrucken die Vielfalt der Stuhlformen und die handwerklichen Fähigkeiten der Stuhlbauer. 1500 dieser Möbelstücke beinhaltet das Museum, neben Werkzeugen und Holzbearbeitungsmaschinen aus dem Beginn des 20. Jahrhunderts. Der Stuhlbau war bis ins 20. Jahrhundert ein wichtiger Handelszweig der Region.
Adresse: Fritz-Hahne-Straße 6, 31842 Bad Münder, ✆ 05042/81152,
🌐 www.deutsches-stuhlmuseum.de,
🌐 www.plattdeutsch-wehrhahn.de

▸ Glasstelenpfad

Der Glasstelen- und Bergmannspfad sind Bestandteil des Netzwerkes „Erlebbare Industriegeschichte". Entstanden ist ein in der Natur liegendes Museum, das an das damals weltweit bekannte Lauensteiner Glas erinnert. Auf dem Bergmannpfad informieren Glastafeln an sechs Standorten in Bad Münder und Salzhemmendorf den Besucher über die ehemaligen Glashütten.
Adresse: Forum Glas e.V., ✆ 05042/929416,
🌐 www.forum-glas-bad-muender.de

Freizeit und Natur

▸ Deister-Kreisel

Der Deisterkreisel gehört zur Fahrradregion Hannover und schließt an die Radwegenetze der Nachbarregionen an. Vielfältige Radtour-Kombinationen lassen sich zusammenstellen, je nach Fitnessgrad.
🌐 www.deister.de

▸ Minigolfleistungszentrum

Auf einer City-Golf-Filzanlage werden nationale und internationale Wettkämpfe ausgetragen. **Adresse**: Am Kurpark 5,

31848 Bad Münder, 05042/952992,
www.minigolf-wm-badmuender.de

Mineralwasser-Freibad
Im großen Rohmel-Freibad genießen Besucher das mit Mineralwasser aus wertvollen Quellen gefüllte Becken.
Adresse: Am Rohmelbad 1, 31842 Bad Münder, 05042/2743,
www.rohmelbad.bad-muender.de

Kur- und Landschaftspark
Die moderne Kuranlage hebt sich deutlich von anderen Parkanlagen ab. Züricher Landschaftsarchitekten haben die Grünanlage mit wohltuenden Kontrasten erstellt, die die Sinne beflügeln. Der Park ist sogar Anziehungspunkt für Besucher von weither. An höchster Stelle liegt der Kurparksee mit dem Aussichtspunkt Bellevue, von dem man eine gute Sicht auf die Stadt und die Landschaft erhält.

Süntelbuche im 11000 m² großen Süntel-Buchen-Reservat in der Nähe von Nettelrede.

Süntelbuchenreservat
Rund 5 Kilometer nördlich von Bad Münder befindet sich ein Sündelbuchenreservat. Die Süntelbuche ist eine seltene Mutation der Rotbuche, die sich durch einen drehwüchsigen Stamm mit zickzackförmigen Ästen auszeichnet, ein typisches Erscheinungsbild der Deister-Süntel-Region. Der örtliche Heimatbund unterhält diesen Wald.
Adresse: Heimatbund Ortsgruppe im Museum Bad Münder, 05042/52276 oder 3249
www.suentelbuchen.de

Sünteltrum
Auf der Hohen Egge (437 m) steht der denkmalgeschützte Rundturm. 1882 wurde er als Holzturm errichtet. Nachdem er baufällig geworden war, ersetzte man ihn 1899 durch einen Turm aus Sandstein. Er ist 25 m hoch und die Aussichtsplattform kann über eine Steinwendeltreppe erreicht werden. Sie bietet einen Blick auf das Steinhuder Meer im Norden, zum Deister in Nordosten und dem Nesselberg im Osten. Ein Wanderweg über Basberg, Schweineberg und Unsen ist gut zu bewältigen. 1988 wurde der Turm saniert und seitdem betreibt die Stadt dort eine Gaststätte.
Adresse: 05042/4258,
www.suentelturm.de

Veranstaltungen und Feste

Im stilvollen Ambiente des Martin-Schmidt-Konzertsaales treten namhafte und hochkarätige Künstler auf. Populäre Adresse ist der „Schaafstall", in dem auch Kunstausstellungen und Theaterdarbietungen stattfinden. Konzerte der Reihe „Soundmix im Park" sind etwas für Rock- und Pop-Fans. Ein musikalisches Kleinod ist das Konzert in der Konzertmuschel.

Bad Nenndorf

(Landkreis Schaumburg)

Bad Nenndorf ist seit 1866 Staatsbad. Es hat 10 000 Einwohner, vier Stadtteile und liegt zwischen Deister und den Bückebergen. Die Stadt ist verkehrstechnisch sehr gut angebunden. Sie verfügt über einen S-Bahnanschluss zur Landeshauptstadt Hannover und liegt an der Bundesautobahn A2 mit einer eigenen Abfahrt. Bad Nenndorf verwöhnt seine Gäste mit der Anerkennung als Mineral-, Moor- und Thermalheilbad und mit seiner mehr als 200-jährigen Badekultur.

Kur-und Tourrismusgesellschaft
Hauptstraße 4
31542 Bad Nenndorf
05723/748560
www.badnenndorf.de

Schaumburger Land Tourismus
05722/890550
www.schaumburgerland-tourismus.de

Sehenswertes

▸ Kurpark

Ein 35 Hektar großer Kurpark schließt sich mit botanischen Raritäten und über 200 Jahre alten Baumbeständen an die Kurpromenade an. Einmalig in Deutschland ist die märchenhafte Süntelbuchenallee am westlichen Rand des Kurparks, die aus knapp 100 seltenen Süntelbuchen besteht. Sie stellt eine weltweit einzigartige Formation der seltenen Süntelbuchen dar. Auf einer Länge von 300 m tauchen die Besucher ein in zauberhafte Welten

Süntelbuchenallee im Kurpark von Bad Nenndorf.

zwischen Lichtspiel, Blätterrascheln und Windgeflüster. Der Anblick und die verwunschene Anmutung ziehen Wanderer, Hobbyfotografen oder Erholungssuchende gleichermaßen in den Bann. Die Süntelbuchenallee ist frei zugänglich.

▸ Historische Gebäude

Damit der frisch gekürte Kurfürst Wilhelm I. – vorher bekannt als Landgraf Wilhelm IX. von Hessen – fürstlich residieren konnte, ließ er sich im Jahre 1806 im grünen Herzen des Kurparks ein Schlösschen im „reinsten Klassizismus“ erbauen. Heute werden in dem prächtigen Räumlichkeiten Hochzeiten und viele weitere Events abgehalten. Über der Schwefelquelle im Kurpark steht das Wahrzeichen der Stadt, der Brunnentempel. Er wurde 1842 erbaut. Das 1791 erbaute Landgrafenhaus und das Hotel Esplanade sind ebenfalls sehenswert. Steinmetz- und Bildhauerkunst lassen sich im alten Sonnengarten bestaunen. Die Wandelhalle teilt sich in die Bereiche kleiner und großer Festsaal, Foyer und Bistro. Das Kurtheater und das

Kino (Phoenix Kurlichtspiele) sowie die Seminar- und Tagungsräume im Haus Kassel sind von der Wandelhalle aus direkt erreichbar. Dazu gehört eine Leselounge und ein Bistro. Das Kurtheater wurde im Sommer 2013 renoviert.
Adresse: Tourist-Information, Hauptstraße 4, 31542 Bad Nenndorf, ✆ 05723/748560,
🌐 www.badnenndorf.de

▸ St.-Godehardi-Kirche
Nach dem Abriss der 1136 erbauten Kirche wurde das heutige Gebäude als dreischiffige Emporkirche 1848 bis 1853 errichtet. Planer der Kirche war der Kasseler Kirchenbauarchitekt Julius Eugen Ruhl. Die Kirche besitzt eine historische Orgel von 1826 und von den 2000 Pfeifen sind immerhin noch 200 original.
Adresse: Hauptstr.36, 31542 Bad Nenndorf, ✆ 05723/3588,
🌐 www.kirche-bad-nenndorf.de

Museen

▸ Agnes-Miegel-Haus
Die Schriftstellerin Agnes Miegel lebte von 1953 bis 1964 in Bad Nenndorf. In ihrem Wohnhaus befindet sich das Literaturmuseum, das an das Leben und Werk der Autorin erinnert und Vergangenheit lebendig werden lässt.
Adresse: Agnes-Miegel-Platz 3, 31542 Bad Nenndorf , ✆ 05723/917317,
🌐 www.agnes-miegel-gesellschaft.de

▸ Museum Bad Nenndorf
Über 1000 Jahre Stadt- und Landgeschichte Bad Nenndorfs und seiner Umgebung wollen entdeckt werden. In dem von ehrenamtlichen Helfern eröffneten Museum sind neben historischen Karten und archäologischen Funden auch originalgetreue Nachbildungen von Uniformen und alter Ballkleidung ausgestellt.
Kramerstraße 1, 31542 Bad Nenndorf
🌐 www.museum-bad-nenndorf.de

Freizeit und Natur

Das Schaumburger Land bietet traumhafte Touren und lohnende Ausflugsziele. Diese Landschaft ist ein durch und durch sehenswerter Landstrich am Rande von Niedersachsen, zwischen Weser und Steinhuder Meer. Ob spannende Trecker-Planwagenfahrten oder mit dem Förster durch den Wald, es gibt vielerlei Angebote.

▸ ☺ Landgrafentherme
Die in der Landgrafentherme verwendete Schwefel-Sole-Quelle zählt zu den schwefelhaltigsten Quellen Mitteleuropas. Sie wurde 1965 neu gebohrt und kommt aus einer Tiefe von 300 Metern. Die Therme mit ihrer 33 Grad warmen Natursole hat ein Innen- und Außenbecken, sowie eine Saunalandschaft, Meersalzgrotte und einen Wellnessbereich.
Adresse: Kurhausstraße 2, 31542 Bad Nenndorf, ✆ 05723/702650,
🌐 www.landgrafentherme.de

▸ ☺ Kleiner Zoo/Vogelpark am Krater
Große Volieren beherbergen Greifvögel, Flamingos, Wattvögel und Reiher. Daneben gibt es Papageien, Hühnervögel, Gänse, Enten und Sittiche. Ebenso zu sehen sind Schweine, Ziegen und Waschbären. Heimische Eulenarten ergänzen das Leben im Zoo. Er ist ein Privatzoo mit rund 500 Tieren
Adresse: Stadthagener Straße 4, 31542 Bad Nenndorf, ✆ 05723/9802861,
🌐 www.kleinerzooamkrater.de

Wandern auf dem Bückeberg-Weg
Der Bückeberg-Weg ist der Hauptwanderweg im Schaumburger Land. Er führt von Bad Nenndorf durch grüne Wälder und saftige Wiesen zur Porta Westfalica. Die Strecke ist 58 km lang und kann in drei Tagen erwandert werden.
Informationen und Wegbeschreibungen unter
www.schaumburgerland-tourismus.de

Sigwardsweg
Der Pilgerweg auf den Spuren des Bischofs Sigward von Minden nach Idensen. Bad Nenndorf liegt an dem 170 Kilometer langen Pilgerweg mit zahlreichen sehenswerten Kapellen, Kirchen und Klöstern an 24 Stationen.
www.sigwardsweg.de

Radwandern Deister-Kreisel
Bad Nenndorf-Barsinghausen-Wennigen-Springe-Bad Münder-Rodenberg: Ein Radrundweg über 80 km, in vier Teilstrecken gegliedert, führt durch ein beliebtes Naherholungsgebiet in der Region Hannover. Die Strecke ist auch für wenig geübte Radfahrer geeignet.
www.deisterkreisel.de

Veranstaltungen und Feste

Kurkonzerte: Veranstaltungen in der Wandelhalle gehören zu den Top-Events im Schaumburger Land. Das ganze Jahr über gibt es viele Gelegenheiten, Festivals in der Kurstadt zu besuchen. Dazu zählen das Gourmetfest, LustiKe Festspiele sowie der Bauern- und Weihnachtsmarkt. Bad Nenndorf ist 2026 Ausrichter der Landesgartenschau.
www.badnenndorf.de
www.kurparkfeste.de

Bad Oeynhausen

(Kreis Minden–Lübbecke)

Bad Oeynhausen ist das einzige Staatsbad des Landes Nordrhein-Westfalen und hebt sich mit Alleen, Brunnen und schönen Parklandschaften von anderen Städten der Region ab. Die Enge des Mittelalters fehlt der Stadt, denn sie wurde Mitte des 19. Jahrhunderts nach dem Fund einer Thermalsolequelle durch Oberbergrat Carl von Oeynhausen auf der grünen Wiese geplant. 200 Jahre zuvor war bereits eine kalte Salzquelle erschlossen worden, aus der ein Salzwerk mit Saline entstand. König Friedrich Wilhelm IV. förderte persönlich die Entwicklung des Badeortes und benannte es 1848 in „Königliches Bad Oeynhausen“ um. Besondere Bedeutung kommt heute dem weit über die Landesgrenzen hinaus anerkannten Herz- und Diabeteszentrum zu. In Bad Oeynhausen leben etwa 17 000 Einwohner in acht Stadtteilen.

Touristinformation (Haus des Gastes)
Am Kurpark
32545 Bad Oeynhausen
05731/1300
www.badoeynhausen.de
www.staatsbad-oeynhausen.de

Sehenswertes

Kurpark
Wer möchte, kann Bad Oeynhausen fast ausschließlich durch Parks durchqueren. Der größte ist der 26 ha große und herrschaftlich angelegte Kurpark. Der Park wurde vom königlichen Garten-

direktor Peter Joseph Lenné geplant und 1853 angelegt. Im Kurpark finden sich großzügige Kur- und Badegebäude. Das Badehaus wurde im klassizistischen Stil erbaut und gilt als Meisterwerk deutscher Badearchitektur. Weitere interessante Bauten sind das Kurhaus, das Theater und die Wandelhalle. Heute ist der Kurpark als Ruhepol mitten in der Stadt bei Besuchern beliebt. Über das Jahr finden verschiedene Veranstaltungen statt, so an jedem ersten Augustwochenende das Fest der Parklichter. Während des Wochenendes feiern bis zu 30 000 Besucher bei Musik, Tanz sowie dem traditionellen Feuerwerk.
www.parklichter.com

Aqua Magica
Der Park der Magischen Wasser ist ein Landschaftspark, der im Rahmen der Landesgartenschau gebaut wurde. Attraktion des Parks ist ein 18 m tiefer Wasserkrater, aus dem eine Wasserfontäne bis über den Kraterrand hinaus aufsteigt und als eine begehbare, unterirdische Brunnenskulptur angelegt ist. Weitere Sehenswürdigkeiten sind die Allee des Weltklimas, die Wassergärten, ein Biotop sowie ein Hochseilgarten (siehe Freizeit und Natur). Auf einer Naturbühne finden im Sommer das Sommerfest der „kleinKunst", ein Bürgerfest und das Literaturfest „Poetische Quellen", das vier Tage dauert, statt.
Adresse: Bültestraße 50, 32545 Bad Oeynhausen, 05732/100323,
www.aquamagica.de

Wasserkrater auf dem Gelände der „Aqua Magica" in Bad Oeynhausen.

Museen

Museumshof
Stadtnah gelegen findet sich im landschaftlich reizvollen Siekertal am Osterbach der Museumshof der Stadt Bad Oeynhausen. Es ist ein kleines Freilichtmuseum mit unterschiedlichen Gebäuden und zeigt Wohnen, Leben und Arbeiten auf dem Lande im 19. Jahrhundert. Am Osterbach steht zwischen zwei Mühlenteichen die Hofwassermühle. Ein Backhaus und eine Scheune runden die Zusammenstellung ab. Von Mai bis Oktober bietet der Museumshof ein vielfältiges Veranstaltungsprogramm, bestehend aus Vorführungen alter Handwerkstechniken wie Korbflechten, Flachs- und Wollespinnen, Klöppeln und Stricken. Besondere Angebote gibt es auch für Kindergeburtstage, Kindergartengruppen und Schulklassen.
Adresse: Schützenstraße 35a, 32545 Bad Oeynhausen, 05731/91488

Freizeit und Natur

Hochseilgarten Bad Oeynhausen
Der Hochseilgarten Bad Oeynhausen auf dem Gelände der Aqua Magica liegt direkt am großen Wasserkrater. Mit über 85

Kletterelementen zählt er zu den größten seiner Art in Deutschland. Sechs verschiedene Parcours mit insgesamt 800 Metern Strecke und unterschiedlichen Schwierigkeitsgraden sorgen für Nervenkitzel und Spaß. Hier findet jeder die ultimative Herausforderung.
Adresse: Bültestraße 93, 32545 Bad Oeynhausen, 0541 99899841,
www.teammotion.de

Hochseilgarten Bad Oeynhausen auf dem Gelände der „Aqua Magica".

Emil, der Wolkenschieber (Kinder)
Um Bad Oeynhausen auf eine gemütliche Weise kennenzulernen, nutzt man eine Stadtrundfahrt mit Emil, dem Wolkenschieber. Emil steht für elektrische Mobilität – man ist umweltfreundlich unterwegs. Dabei erfährt man Wissenswertes über die Stadt und entdeckt viele Sehenswürdigkeiten. Der Name Wolkenschieber erinnert an die fleißigen Helfer, die früher Kurgäste in ihren Rollstühlen durch Bad Oeynhausen und den Kurpark schoben. Anders als in heutigen Rollstühlen saß bzw. lag man damals weit zurückgelehnt im Rollstuhl und „guckte" sozusagen „in die Wolken". Startpunkt für „Emil" ist das Verkehrshaus Café & Weinstube am Inowroclaw-Platz. „Emil" ist mittwochs sonntags und an Feiertagen unterwegs. Montag und Dienstag ist Ruhetag.
www.staatsbad-oeynhausen.de/kultur-geschichte/stadtfuehrungen-und-rund-fahrten/

Oldtimerbustouren
Bustouren in einem Schweizer Alpenpostbus starten von Bad Oeynhausen zu unterschiedlichen Zielen in der Region. Startplatz ist der Inowroclaw-Platz Bad Oeynhausen.
Adresse: DALPKE Oldtimerbustouren,
05731/22525,
www.oldtimerbustouren.de

Bali Therme
Die Bali Therme in Bad Oeynhausen gleicht einem indonesischen Inselparadies. Das warme Quellwasser in den Thermal-Mineral-Sole-Becken lädt zu einem Wohlfühlbesuch ein und wirkt sich positiv auf die Gesundheit aus. Die Becken sind mit Heilwasser aus der größten kohlensäurehaltigen Thermalsolequelle der Welt gefüllt. Ob drinnen oder draußen – in insgesamt elf Saunen können Besucher schwitzen und entspannen. Die exotische Badelandschaft auf 10000 qm bietet ein Kinderland, eine Grottenlandschaft, einen Wildwasserkanal und vieles mehr.
Adresse: Morsbachallee 5, 32545 Bad Oeynhausen, 05731/30530,
www.balitherme.de

Wandern und Radfahren
Das Wiehengebirge beginnt am nördlichen Stadtrand Bad Oeynhausens und ist ein Wanderparadies. Zahlreiche Wanderwege führen über die Höhen und bieten traumhafte Blicke auf die Stadt oder die norddeutsche Tiefebene. Wanderrouten mit unterschiedlichen Anforderungen laden zum Erkunden ein, wie der Wittekindsweg oder der Mühlensteig, die zum Kaiser-Wilhelm-Denkmal bei Porta-Westfalika führen. Weitere empfehlenswerte Wanderungen: Rund um den Jordansprudel, Walking Trail durch das Siekertal, Walking Trail durch den Sielpark, A4–Kaiser-Wilhelm-Weg oder der Wanderweg „Vielfalt" durch Kurpark und Oeynhausener Schweiz (Auswahl).
Entlang der beiden Flüsse Weser und Werre lässt es sich hervorragend radeln. Hier findet man zahlreiche Routen um die Kurstadt – von gemütlich bis herausfordernd sportlich. Mit dem Weser-Radweg verläuft einer der beliebtesten Radwanderwege Deutschlands durch Bad Oeynhausen
www.staatsbad-oeynhausen.de/natur-aktiv/wandern-und-radfahren

Sielbad
In seiner 140-jährigen Geschichte hat sich das Sielbad kontinuielich verändert. Mit dem kompletten Neubau 2022 wurde ein hochmodernes Hallen- und Freibad geschaffen. Es bietet ein 50-m-Sportbecken mit fünf Bahnen, eine Sprunganlage (3-m-Plattform und 1-m-Brett), ein attraktives Kinderbecken im Außenbereich und ein Multifunktionsbecken im Hallenbad.
Adresse: Kanalstr. 1, 32545 Bad Oeynhausen,
www.stadtwerke-badoeynhausen.de/de/Baeder/

Freibad Lohe
Das Bad ist ein Treffpunkt für Jung und Alt. Sportliche Schwimmer können sich auf sechs Bahnen im 25-m-Sportbecken freuen. Aber auch Nichtschwimmer kommen auf ihre Kosten: Ein eigenes Nichtschwimmerbecken sorgt für Sicherheit. Ein 3-m-Sprungturm an separatem Sprungbecken ist ebenfalls vorhanden.
Adresse: Loher Straße 30, 32545 Bad Oeynhausen, 05731/92434,
www.stadtwerke-badoeynhausen.de/de/Baeder/

Veranstaltungen und Feste

Bad Oeynhausen bietet im Jahresverlauf zahlreiche Veranstaltungen und Konzerte an. Tagesaktuelle Veranstaltungen werden im Veranstaltungskalender bekannt gegeben.
www.staatsbad-oeynhausen.de/kultur-geschichte/veranstaltungskalender

Pfingstmarkt
Auf dem Pfingstmarkt ist Trödeln und Bummeln angesagt. Es gibt regionale Spezialitäten und ein großes kulinarisches Angebot. Daneben findet man einen Krämermarkt mit Vergnügungsbuden. Die Kinder können Karussell fahren und sich in einer Hüpfburg austoben.
Veranstaltungsort: Aqua Magica Park, Bültestraße 39, 32545 Bad Oeynhausen, 05732/100323, www.aquamagica.de

Innenstadtfete
Den Besuchern der Innenstadtfete wird im Juni/Juli auf mehreren Bühnen ein abwechslungsreiches Programm geboten. Auch kulinarisch erwartet den Besucher ein reiches Angebot, das vom Kaffeegarten über Gastronomiestände bis hin zum gro-

ßen Biergarten reicht. **Veranstaltungsort**: Innenstadt Bad Oeynhausen, 32545 Bad Oeynhausen, 05731/1300

Parklichter
Am ersten Augustwochenende beleuchten aufwendige Lichtinszenierungen drei Tage lang den Kurpark. Es gibt ein großes Höhenfeuerwerk. Open-Air-Konzerte sorgen für musikalische Stimmung, zusätzlich werden anspruchsvolle Bühnenprogramme angeboten. Am Sonntag verwandelt sich der Kurpark in einen Spielplatz für Kinder und Familien.

Herbst- und Bauernmarkt
Im Oktober präsentieren an zwei Tagen Aussteller ihre Produkte, wie Äpfel, Honig, Gewürze, Brotaufstriche, Bergkäse, Fleisch- und Fischspezialitäten. Verschiedene Dekorationen für Haus und Garten, Kunsthandwerk, Kleidung, Schmuck, Naturprodukte und Spielwaren ergänzen das Angebot und sorgen für Freude auf den Herbst.
Veranstaltungsort: Innenstadt Bad Oeynhausen, 32545 Bad Oeynhausen, 05731/1300

Bad Pyrmont

(Landkreis Hameln-Pyrmont)

Das traditionsreiche niedersächsische Staatsbad ist eine Kurstadt und verfügt seit 1793 über solereiche Quellen. Seither war Bad Pyrmont Treffpunkt für Adel und Könige aus ganz Europa. Eine reichhaltige Gästeliste bezeugt den hohen Zuspruch des Staatsbades. Belegt sind ebenfalls 510 Jahre Wellnesskultur, die heute mit der modernen Hufeland-Therme fortgesetzt wird. Mit 700 000 Übernachtungen zeigt das Staatsbad eine hohe Bilanz, sechs Heilquellen und sieben Kliniken runden das stolze Bild ab. Zudem locken viele kulturelle Veranstaltungen über das Jahr Besucher in den Kurort.

Touristinformation Bad Pyrmont
Europa-Platz 1
31812 Bad Pyrmont
05281/940511
www.badpyrmont.de

Sehenswertes

Historischer Kurpark mit englischem Landschafts- und Palmengarten
Mit der Auszeichnung „Schönster Park Deutschlands“ wurde der Park 2005 besonders hervorgehoben. Sehenswert sind der Erdbeertempel aus dem Jahre 1786 und die Springbrunnenallee. Die Arkaden mit dem Lesesaalgebäude und dem Konzerthaus wurden 1926–1928 erbaut. Neu ist die Chesterfield-Couch aus Sandstein kreiert vom Kölner Steinmetz Michael

Luftbild des Palmengartens in Bad Pyrmont.

Pitack. Sie steht an den Malerteichen und lädt zum Verweilen ein.

▸ Dunsthöhle
Auf dem Gelände eines ehemaligen Steinbruchs liegt die Dunsthöhle. Im 17 Jahrhundert stellten Arbeiter fest, dass in bestimmter Tiefe ein „Dunst" auftrat. Vermutet wurde Schwefeldunst, der von dem Brunnenarzt Dr. Johann Philipp Seip 1712 für trockene Schweißbäder verwendet wurde. Heute wird das CO_2-Quellgas neben dem Moor und der Sole als Naturheilmittel eingesetzt. Es soll schnell und gut wirken.
Adresse: An d. Dunsthöhle, 31812 Bad Pyrmont, ✆ 05281/151588 oder 05283/8487

▸ Historische Hauptallee
Einer der ältesten Kurparkanlagen Deutschlands beginnt nördlich am Brunnenplatz – die älteste Heilquelle Pyrmonts – wo der Hyllige Born in einem zwölfsäuligen Brunnentempel vor der Wandelhalle sprudelt. Hier befindet sich auch der Brodelbrunnen, das Wahrzeichen der Stadt. Die Hauptallee führt zum Europa-Platz, vorbei am Lortzing-Denkmal, dem Kurtheater von 1818, dem Kaiserhof, dem Brandenburger Tor und dem Konzerthaus. Zum Flanieren laden mächtige Lindenbäume ein und die Gäste finden ein umfangreiches gastronomisches Angebot vor. Die mit einem Wasserlauf in Szene gesetzten Skulpturen des Künstlers Jürgen Goertz markieren das Ende der Hauptallee.

Museen

▸ Museum im Schloss Bad Pyrmont
Schloss Bad Pyrmont wurde im 16. Jh. erbaut, war Teil der Festung Pyrmonts und diente den Grafen von Spielberg und Waldeck-Pyrmont als Sommerresidenz. Der bestehende Bau stammt aus dem 18. Jh. und beherbergt ein Museum. Hier wird die Geschichte der Kurstadt mit ihren illustren Gästen gezeigt. Kreative Sonderausstellungen und Theater finden statt, Führungen über die Schlossinsel werden angeboten.
Adresse: Schlossstraße 13, 31812 Bad Pyrmont, ✆ 05281/949248,
🌐 www.museum-pyrmont.de

Das Schloss aus der Barockzeit befindet sich auf einer Wallanlage.

Freizeit und Natur

▸ ☺ Hufeland-Therme
Die Hufeland-Therme ist ein Heil- und Wellnessbad mit Tradition. Das Bad ist mit fünf Wellness-Sternen ausgezeichnet und es empfängt seine Gäste mit traumhaft schöner Schwimmlandschaft. Finnische Saunen, russische Banja, Wasser-Shiatsu oder Sole-Biking – hier findet jeder das Passende.
Adresse: Forstweg 17, 31812 Bad Pyrmont,
✆ 05281/151750,
🌐 www.hufeland-therme.de

▸ ☺ Tierpark Bad Pyrmont
2008 wurde der Tierpark modernisiert, Wege und Beete erhielten ein neues Ge-

Ein riesiges Hüpfkissen macht großen Spaß.

sicht und Miniaturwelten entstanden. Der Park zeigt einige selten in Zoos gehaltene Arten. Er ist der einzige Zoo in Deutschland, in dem Riesensamtgeckos (Madagaskar-Riesengeckos) leben. Außerdem ist er einer der vier deutschen Halter des unterartreinen südbrasilianischen Nasenbären. Im Park leben ca. 300 Tiere auf dem 30.000 qm großen Gelände. Daneben gibt es einen großen Abenteuerspielplatz mit einem riesigen Hüpfkissen.
Adresse: Hauptmann-Boelcke-Weg, 31812 Bad Pyrmont, 05281/2539,
www.tierpark-badpyrmont.de

Movelo
Durch das gesamte Weserbergland führt ein E-Bike-Netz mit Aufladestation. Es werden geführte Touren angeboten, Transfer-Service für One-Way-Fahrten. Fahrräder mit und ohne Akku lassen sich mieten. Der Naturparkbus von Bad Pyrmont nach Detmold nimmt Fahrräder auf und hält an Sehenswürdigkeiten.
Adresse: 0581/940522,
www.movelo.de und
www.badpyrmont.de

Wandern
Wer gerne im Urlaub wandern möchte, findet in Bad Pyrmont zahlreiche Möglichkeiten. Ein Netz von 500 km erschließt die Region. Es geht urch grüne Laubwälder, schöne Panoramen, auch mit leichten Steigungen. Zu empfehlen: die Pyrmonter Pilger-Pfade.
www.badpyrmont.de

Schellenturm
Der Schellenturm ist ein aus Ruinen der Burg Schell-Pyrmont errichteter Aussichtsturm mit einem Blick in das Pyrmonter Tal. Die Reste des Turmes aus der Zeit 1184 zeigen die frühere Besiedelung des Tales. Nach aufwendiger Sanierung im Jahre 2009 wurde der Turm wieder freigegeben.
www.badpyrmont.de

Veranstaltungen und Feste

Pyrmonter Theater Companie
Im September 2008 wurde durch theaterbegeisterte Bürger der Förderverein der Pyrmonter Theater Companie gegründet. Junge professionelle Künstler präsentieren unterhaltsame Stücke.
Adresse: Großer Schlosshof auf der Schlossinsel, Karten in der Wandelhalle am Brunnenplatz, 05281/151543, oder im Infozentrum am Europa-Platz
www.theatercompanie.de

Konzerthaus
Die Orgel im Konzerthaus wurde 1928 revitalisiert. In ehrwürdiger Umgebung lauschen die Besucher u. a. Weltklassik am Klavier oder Gospelsängern.
Adresse: Schloßstraße 1, 31812 Bad Pyrmont, Karten 05281/151543,
www.badpyrmont.de

▸ Regelmäßige Veranstaltungen
Landpartie im Kurpark: Im Mai präsentieren 100 Aussteller ihre Produkte aus Haus, Garten und Lebensart. Der Historische Fürstentreff, ein Umzug, findet im Juli statt. Im selben Monat gibt es den Pyrmonter Landschaftsmarathon, und zwar schon seit 1998. Das Kleinkunstfestival im großen Kurpark lockt im August die Gäste an. Das traditionelle Lichterfest, der Goldene Sonntag, findet im September statt. Das Kurorchester spielt im Sommer zweimal täglich in der Musikmuschel, bei schlechtem Wetter in der Wandelhalle.

Bad Salzuflen

(Landkreis Lippe)

Die große Mittelstadt Bad Salzuflen liegt am Rande der Ravensberger Mulde, am Zusammenfluss der Werre mit Salze und Bega. Berühnt wurde die Stadt durch ihre Thermal- und Solequellen. Die Gründung des fürstlichen Solebades liegt 100 Jahre zurück, den Namenzusatz „Bad" erhielt das Staatsbad erst am 14. April 1914. Neue Badehäuser entstanden, weitere Quellen wurden gefunden, die starke Heilkraft des Quellwassers sorgte für den hohen Bekanntheitsgrad des Bades. Salzuflen besaß in Lippe das Salzmonopol. Der Handel mit Salz über die Landesgrenze hinweg bescherte der Stadt wirtschaftlichen Aufschwung und veränderte das Stadtbild. Bis heute dokumentieren die vielen Renaissancebauten in der historischen Altstadt den Wohlstand der Bürger. Bad Salzuflen hat elf Ortsteile mit ca. 55 000 Einwohnern.

Stadt Bad Salzuflen
Rudolph-Brandes-Allee 19
32105 Bad Salzuflen
05222/9520
www.stadt-bad-salzuflen.de

Sehenswertes

▸ Fachwerkhäuser
Die Innenstadt von Bad Salzuflen weist eine Vielzahl denkmalgeschützter Fachwerkhäuser auf, die zumeist giebelständig und mit aufwendigen Schnitzereien versehen sind. Prachtvolle Steinbauten aus der Renaissance sind in der Langen Straße zu bewundern. Das älteste Fachwerkhaus der Stadt steht in der Wenkenstr. 10a. Es stammt aus dem Jahr 1520. Das prächtigste Haus ist das Haus Backs (1631) in der Wenkenstraße 8, ein dreigeschossiges Giebelhaus über spitzwinkeligem Grundriss.

▸ Katzenturm
Teil der alten Stadtmauer ist der Katzenturm, dessen Namen vermutlich aus dem mittelhochdeutschem Wort Katte (Schanze) entstanden ist. Weil dort später Diebe und Gauner einsaßen, wurde er auch Diebesturm genannt. Als höchster Punkt der Stadtmauer war er ein wichtiger Teil des Frühwarnsystems im Mittelalter. Weitere Überreste der alten Stadtmauer befinden sich in der Mauerstraße und der Otto-Kühne-Promenade.

▸ Villen und Bäderarchitektur
1818 entwickelte sich die Stadt mit ihren Thermal- und Solequellen zu einem lippischen Staatsbad. 1914 erhielt sie den Namenzusatz Bad. Dies hatte Auswirkungen auf die Stadtentwicklung. Es entstanden

Historisches Rathaus in Bad Salzuflen.

klassische Bad- und Anwendungshäuser, das Badehaus I (1855–1856) das Leopold Bad und das Inhalatorium (1903). Die beiden Letzeren sind noch gut erhalten, wenn auch in teilweise anderer Funktion. Nach den Plänen von Fritz Seiff wurden das Kurhaus (1900) und das Kurtheater (1908) erbaut. Es entstanden Pensionshäuser und Villen in der Bismarck- und Parkstraße. Das im Stil des Neobarock erbaute Haus des Fabrikanten Nikolaus Dürrkopp ist eines der beeindruckendsten Gebäude.

▸ Konzerthalle Bad Salzuflen

Die Konzerthalle mit angrenzender Wandelhalle wurde in den 1960er-Jahren erbaut und 1963 eingeweiht. Die denkmalgeschützte Konzerthalle wird wegen ihrer guten Akustik gelobt und als Wunderbau bezeichnet. Das 1981–1983 errichtete Kurgastzentrum ist seit 2011 das jüngste Baudenkmal der Stadt.

▸ Der Bad Salzufler Kurpark

Vor 100 Jahren wurde der Kurpark nach Vorbild englischer Gärten angelegt und bis heute ist der historische Baumbestand erhalten. Dazu kommen die farbenfrohen Blumenbeete, die sich im Frühling in ein Blütenmeer verwandeln. Der Kurpark bietet viele Stellen, an denen man sich niederlassen und innehalten kann. Neu ist die Kneipp-Insel mit anschließendem Barfußpfad, den Besucher unweit des Leopold Sprudels finden. Die Kombination aus Barfuß- & Balance-Training garantiert Spaß für Groß und Klein. Bei schönem Wetter spielt in den Sommermonaten auf der Konzertmuschel im Kurpark das Staatsbad Orchester – ein Genuss für die Seele. Eines der Highlights ist der Solestrand, in dessen Mitte ein Wasserspiel fröhlich vor sich hin sprudelt. Hier kann man in bequemen Strandkörben Platz nehmen, die Augen schließen und die Zeit genießen.

🌐 www.staatsbad-salzuflen.de

▸ Schloss Stietencron

Schloss Stietencron wurde im Stil des Spätbarocks 1729–1732 erbaut. Auftraggeber war der schwedische und kurhessische Staatsminister August Moritz Abel Plato von Donop. 1831 übernahm die Familie Stietencron das Rittergut, Schloss und Park sind seit 1949 im Besitz der Stadt Schötmar. Heute residiert die städtische Musikschule in dem Schloss.

▸ Gradierwerk

Ein Überbleibsel der Salzgewinnung sind die Gradierwerke in einer Länge von 300 Metern. Von den ursprünglich vier Gradierwerken sind zwei erhalten. Ein drittes aus

Das große Erlebnis-Gradierwerk.

dem 17. Jahrhundert musste wegen Baufälligkeit abgebrochen werden. Es wurde als Erlebnisgradierwerk von Grund auf neu erbaut und am 28. Juli 2007 festlich eingeweiht. Es zählt zu den modernsten Gradierwerken Europas. Eine Reihe von Besonderheiten macht die Anlage einmalig. Sie gibt Einblick in die Bauweise der Gradierwerke. Über die an Schwarzdornbündeln herabrieselnde Sole, täglich 600 000 Liter, wird ein feiner Nebel erzeugt. Das Einatmen der salzhaltigen Luft beeinflusst die Atemorgane positiv und dient der Heilung von Atemwegserkrankungen. Zu der Sole-Nebelkammer führen kleine Ruhenischen mit modernster Lichttechnik. Für einen Ausblick über die Stadt sorgt eine Aussichtsplattform. Das große Gradierwerk am Rosengarten ist das Wahrzeichen der Stadt und gehört zu den größten Freiluft-Inhalationseinrichtungen Deutschlands.
🌐 www.staatsbad-salzuflen.de

Museen

▸ **Dauerausstellung in der Wandelhalle**
Die Geschichte der Kur- und Salzestadt wird vielseitig, überraschend, informativ und unterhaltsam als Bad Salzuflens „Stadtgeschichten" präsentiert. Fast 250 Exponate auf 160 Quadratmetern erzählen die Stadt- und Regionalgeschichte vom Mittelalter bis zur Gegenwart und vermitteln Wissenswertes über Salzufler Persönlichkeiten. Beim Besuch der Ausstellung erwartet den Besucher eine Zeitreise durch verschiedene Epochen, die nahezu 1000 Jahre umspannen.
Adresse: Im Kurpark, 32105 Bad Salzuflen

Freizeit und Natur

Die Lust am Fahrradfahren lockt Besitzer von Drahteseln aller Art, in die Pedale zu treten und die Umgebung zu erkunden. Mit dem Rad rund um Salzuflen zu strampeln ist die schönste Art, die Lippische Landschaft zu erkunden. Die Radtouren sind abwechslungsreich, mit und ohne Steigungen, familiengerecht und sportlich. Sie sind zwischen 20 und 40 km lang. Die Touristikinformation unterhält einen Fahrrad- und E-Bike-Verleih, vorinstallierte GPS-Leihgeräte stehen zur Verfügung.
Adresse: Touristikinformation im Kurgastzentrum, ✆ 05222/183183

Paulinchen
Auf einem 35-minütigen Rundkurs fährt im Kurgebiet die touristische „Paulinchen-Bahn". Startpunkt ist der Haupteingang des Kurparks am Gradierwerk. Die Bahn führt durch den Landschaftsgarten und die historische Altstadt. Mit dem Tagesticket kann die Fahrt beliebig unterbrochen werden. Die Bahn ist mit einem behindertengerechten Einstieg ausgestattet.

Kutschfahrten
Per Kutsche durch Bad Salzuflen. Die ca. 50 Minuten dauernde Fahrt startet am Gradierwerk, führt durch die Altstadt, dem Kurparksee und den Landschaftsgarten in das Kurgebiet am Obernberg.
Adresse: Hermann Haumering
05222/600929 oder 0177/7535169

Reiten
Auf drei Reiterhöfen gibt es Reitangebote. Information:
www.silber-ranch.de,
www.reitehof.de,
www.reitverein-badsalzuflen.de

Kanufahrten
Die Flüsse Bega und Werre, in reizvoller Landschaft rund um Bad Salzuflen, eignen sich gut für einen Ausflug mit dem Kanu. Der Veranstalter Rio Negro Kanutouristik gestaltet umweltbewusste Kanutouren.
Information: www.rionegro.de

Minigolf
Die turnierfähige Minigolfanlage am Waldrestaurant „Zur Loose" ist ein Ausflugziel für die ganze Familie. Die kleinen Bahnen laden zu einem Geschicklichkeitswettbewerb ein.
Adresse: Loose 1, 31108 Bad Salzuflen,
05222/13466

Golf
Inmitten einer hügeligen, reizvollen Landschaft mit alten Baumbeständen liegt der 18-Loch-Platz des Golf- und Landclubs Bad Salzuflen. Die Natürlichkeit des Platzes fordert Golfer jeder Stärke und jeglicher Ambitionen heraus. **Adresse**: Schwaghof 4, 32108 Bad Salzuflen, 05222/10773,
www.golfclub-bad-salzuflen.de

Bega-Bad
Das Erlebnis-Freibad bietet für Groß- und Klein mit Riesenrutsche, Strömungsbad, Sprungtürmen viele Bewegungsmöglichkeiten. Für Kinder ist der Wasserspielgarten mit Seeräuberboot und Elefantenrutsche ein Erlebnis. Es gibt große Liegewiesen mit Beachvolleyball-Feldern und Streetball-Anlagen.
Adresse: Uferstraße 36–44, 32105 Bad Salzuflen, 05222/8080

VitaSol-Therme
Wer die positiven Effekte des Thermalwassers erleben will, nutzt die 1700 m² große Thermenlandschaft. Das Intensivsolebecken mit Unterwassermusik ist ein Highlight. Im weitläufigen Saunapark laden innen- und außen Themensaunen zum Erholen ein. In der Wellnesslounge kann der Besucher sich mit Massage und Beautypackungen verwöhnen lassen.
Adresse: Extersche Straße 42, 31105 Bad Salzuflen, 05222/807540,
www.vitasol.de

Veranstaltungen und Feste

In der Stadt und im Kurpark werden einige Veranstaltungen angeboten: Aktiv im Park, Vormittagskonzert, Musik am Morgen. Informationen: www.stadt-bad-salzuflen.de/leben-und-freizeit/veranstaltungen

Barsinghausen

(Region Hannover)

Barsinghausen ist eine ehemalige Bergbaustadt am Nordrand des 405 Meter hohen Deisters. Der Deister mit seinen Wander- und Radwegen bestimmt das Freizeitangebot um Barsinghausen. Der Ort besteht aus 18 Ortsteilen mit etwas mehr als 34 000 Einwohnern.

Stadt Barsinghausen
Bergamtstraße 5
30890 Barsinghausen
05105/7740
www.stadt-barsinghausen.de
www.barsinghausen-info.de

Sehenswertes

Kloster Barsinghausen
Das Kloster Barsinghausen wurde 1193 erstmals urkundlich erwähnt. Das Kloster wurde von Graf Wedekind von Schwalenberg einige Jahre zuvor als Doppelkloster (Augustinerchorherren und Augustinerchorfrauen) gestiftet, ab 1229 verzeichnet die Chronik aber ausschließlich Nonnen. Es ist das älteste der insgesamt fünf im ehemaligen Fürstentum Calenberg gelegenen Frauenklöster. 1543 wurde im Kloster die Reformation eingeführt und das Kloster als Damenstift in die Klosterkammer Hannover überführt. Die Klosterkirche St. Marien ist seitdem auch die Pfarrkirche der evangelisch-lutherischen Mariengemeinde.
Adresse: Bergamtstraße 8, 30890 Barsinghausen, 05105|61938,
www.kirchenkreis-ronnenberg.de/angebote/klosterbarsinghausen.html

Das Kloster Barsinghausen.

Besucherbergwerk Klosterstollen
Im Klosterstollen Barsinghausen kann man die Arbeit und das Leben unter Tage hautnah erfahren und miterleben. Das Be-

Mit einem Loren-Zug geht es in den Klosterstollen.

sucherbergwerk befindet sich im Zustand eines aktiven Bergwerks. Der Besucher taucht in eine faszinierende Welt ein und erfährt während einer spannenden Vorführung, wie die Bergleute einst Steinkohle zutage förderten. Besonders spektakulär ist die horizontale Einfahrt, die sich über eine Strecke von 1380 Metern erstreckt. Zum Besucherbergwerk gehören ein angegliedertes Museum und Veranstaltungsräume.
🌐 www.klosterstollen.de/

▸ Skulpturenlehrpfad
Die Skulpturen von Peter Lechelt geleiten die Besucher zum Deister und zur Deister-Freilicht-Bühne, die ihren Sitz am Festplatz unter den Eichen hat. Peter Lechelt war in den 80er-Jahren als Klosterkünstler in Barsinghausen tätig.

▸ Rittergüter
Im Stadtgebiet gibt es neun Rittergüter. Die jahrhundertealte Bausubstanz der stilistisch völlig unterschiedlichen Herrenhäuser beeindruckt. Einige Gutsbesitzer sind dazu übergegangen, ihre Anwesen zu öffnen. Auf den Rittergütern Großgoltern und Wichtringhausen sind Veranstaltungshallen entstanden.
Teile des Rittergutes Langreder hat die Familie von Ilten zu einer Pension ausgebaut. Der Park des Langreder Gutes und der Gutspark der Familie von Heimburg in Eckerde sind im Sommer im Rahmen der Aktion „Offene Pforte" zu besichtigen. Weiter Informationen finden sich auf der Internetseite des Tourismus-Vereins:
🌐 www.barsinghausen-info.de/sehenswertes.html

▸ Holländerwindmühle in Wichtringhausen
Bevor die jetzige Holländerwindmühle im Jahr 1819 gebaut wurde, entstand 1752 etwa 50 Meter entfernt die erste Holländermühle der Region. Der Mühlenturm, der aus sechs Stockwerken besteht, ist aus Deistersandstein gebaut worden und besitzt eine für diese Mühlenart typische Galerie. Die Mühle kann bei Veranstaltungen, wie z. B. dem Mühlentag oder dem Entdeckertag der Region, besichtigt werden.
Adresse: Mühlenverein Windmühle Wichtringhausen e. V., An der Windmühle 28, 30890 Barsinghausen, OT Wichtringhausen, ☏ 05105/773435,
🌐 www.windmuehle-wichtringhausen.de

Holländerwindmühle in Wichtringhausen.

Museen

▸ Backhaus Barrigsen
Am Dorfeingang des Ortsteils Barrigsen steht ein 160 Jahre altes Backhaus aus dem Weserbergland, das mit alten Handwerkstechniken neu aufgebaut wurde. Jedes Jahr im September findet ein großer Backtag statt, zu dem Gäste willkommen sind, um die Köstlichkeiten aus dem Holzbackofen zu genießen.
Adresse: Backhaus Barrigsen e.V., Am Hänken 4, 30890 Barsinghausen,
🌐 www.backhaus-barrigsen.de

Freizeit und Natur

Deister-Freilicht-Bühne
Sommertheater im Deister: Komödie, Schauspiel und Familien-Musical auf der wunderschönen Waldbühne inmitten eines alten Steinbruchs. Die aktuellen Termine, Infos und vieles mehr ist auf:
www.deister-freilicht-buehne.de

Annaturm
Der Annaturm auf dem Bröhn (mit 405 m über NN der höchste Punkt im Deister) liegt direkt am Kammweg, einem uralten Verkehrsweg auf dem Rücken des Deisters, an dem Wegesteine aus dem 16. bzw. 17. Jahrhundert zu finden sind.
Adresse: Kammweg, Auf dem Bröhn, 31832 Springe, 05103/3242,
www.annaturm-deister.de

Nordmannsturm
Der Nordmannsturm ist ein 19 Meter hoher Aussichtsturm im Deister auf der Gemarkung von Nienstedt, einem Ortsteil der Stadt Bad Münder. Er liegt auf dem Reinekensiekskopf am Kammweg des Deisters in einer Höhe von 382 Meter. Am Fuß des Turms befindet sich eine Waldgaststätte. Der Turm kann während der Öffnungszeiten der Gaststätte gegen eine Spende von 50 Cent bestiegen werden.
www.nordmannsturm.de

Deisterbad und Freibad Goltern
Spaß und Erholung pur für kleine und große Wasserratten bietet das Deisterbad und das Freibad Goltern. Ein großer Badespaß für die ganze Familie.
Adresse: Deisterbad: Einsteinstraße 2, 30890 Barsinghausen, 05105/81772,
www.deisterbad.de
Freibad Goltern: Hauptstraße 70, 30890 Barsinghausen, 05105/63014,
www.freibad-goltern.de

Der Deisterkreisel
Der Deisterkreisel, ein gut 100 Kilometer langer, bestens ausgeschilderter Radrundwanderweg, ist in vier Teilstrecken gegliedert. Die Route 1 führt auf einer Strecke von 22 Kilometern von Bad Nenndorf nach Wennigsen. Die Route 2 verläuft auf gut 14,5 Kilometern von Wennigsen nach Völksen und die Route 3 mit einer Länge von 18,5 Kilometern von Völksen nach Bad Münder. Die Route 4 ist mit 25 Kilometern die längste und leitet den Radfahrer von Bad Münder zurück nach Bad Nenndorf. Dank der meist eben verlaufenden Streckenprofile kommen selbst wenig geübte Radler nicht aus der Puste und Familien mit Kindern können auch längere Wege ohne große Kraftanstrengungen zurücklegen.
www.deister.de

E1 durch den Deister
Die Etappe des Fernwanderweges E1 durch den Deister ist eine Wanderung von Bad Nenndorf bis Bad Münder. Er folgt dem Hauptkamm des wald- und wildreichen Deisters. Markiert ist der E1 mit einem weißen Andreaskreuz auf schwarzem Grund.
www.deister.de

Veranstaltungen und Feste

Deistertag
Der jährlich stattfindende Deistertag verspricht seinen Besuchern mit einem abwechslungsreichen Programm eine attraktive Mischung aus Erlebnis, Information und Spannung – mitten in der Natur.
www.deister.de

Bevern

(Landkreis Holzminden)

Die Samtgemeinde Bevern mit ihren Mitgliedsgemeinden Golmbach, Holenberg, Negenborn und dem Flecken Bevern ist umgeben von den Ausläufern des Nordsollings, den Höhenzügen des Voglers und dem Wesertal. Gut markierte Rad- und Wanderwege geben den Blick frei ins Tal oder über die Hügel bis weit in das westfälische Nachbarland hinein. Die Gemeinde besteht aus neun Ortsteilen mit annähernd 3800 Einwohnern.

Samtgemeinde Bevern
Angerstraße 13a
37639 Bevern
05531/9944-0
www.samtgemeinde-bevern.de

Sehenswertes

Schloss Bevern
Zu den bedeutendsten Baudenkmählern der Weserrenaissance gehört das Schloss Bevern. Es wurde in den Jahren 1603–1612 nach wesentlichen Vorgaben des Bauherrn Statius von Münchhausen errichtet. Das Schloss wurde als regelmäßige Vierflügelanlage um einen quadratischen Innenhof mit Wassergraben, zwei Brücken und einem Schlossgarten gebaut. Es ist das kulturelle Zentrum im Landkreis Holzminden. Dort finden zahlreiche Ausstellungen, Konzerte, Theaterstücke oder Vorträge statt.
Adresse: Weserrenaissance Schloss Bevern, 37639 Bevern, 05531/707109,
www.schloss-bevern.de

Zisternzienserkloster Amelungsborn
Das Zisternzienserkloster Amelungsborn in der Nähe der Gemeinde Negenborn wurde im 12. Jahrhundert als reines Männerkloster mitten im Weserbergland erbaut. Der mittelalterliche Klostergarten gibt Einblicke in die zisterziensische Gartenanlage mit alten Pflanzen und Kräutern. In der Umgebung finden sich eine Reihe von Wander- und Pilgerwegen. Das Kloster Amelungsborn liegt an der B64 zwischen den Orten Negenborn und Eschershausen im Landkreis Holzminden.
www.kloster-amelungsborn.de

Museen

Heimatmuseum Bevern
Das Heimatmuseum des Heimat- und Kulturvereins Bevern ist im Schloss Bevern untergebracht. Es umfasst eine in sechs Themenkreisen geordnete Anzahl von Objekten, die vom früheren Leben, Wohnen und Arbeiten der Menschen in Bevern berichten. Der Rundgang durch das Heimatmuseum zeigt Dinge des alltäglichen Lebens aus dem 18. Jahrhundert, Handwerksgerate und -erzeugnisse bis ins 20. Jahrhundert sowie eine Druckerei.
Adresse: Schloss Bevern, 05532/8644,
www.schloss-bevern.de

Freizeit und Natur

Wandern
Ein großes Wanderangebot bietet die Solling-Vogler-Region im Weserbergland, die sich offiziell „Qualitätsregion Wanderbares Deutschland“ nennen darf und damit zu den besten Wanderregionen in Deutschland zählt.
www.solling-vogler-region.de

Veranstaltungen und Feste

▸ Kirschblütenfest
Am vorletzten Wochenende im April findet in den Orten Rühle, Golmbach und Reileifzen das Kirschblütenfest mit Veranstaltungen und Informationen „Rund um die Kirsche“ statt. Angeboten werden geführte Wanderungen zur Kirschblüte. Zu diesem Fest gehört jährlich die Wahl der „Kirschblütenkönigin“.
🌐 www.reileifzen.de

Beverungen

(Kreis Höxter)

Die ehemalige Ackerbürgerstadt mit fachwerkbuntem Gepräge liegt an der Mündung der Bever in die Weser am Dreiländereck NRW-Niedersachsen-Hessen. Beverungen wurde schon Mitte des 9. Jahrhunderts urkundlich erwähnt und erhielt im Jahre 1417 die Stadtrechte. Das 27 Meter hohe Turmhaus des früheren Burgkomplexes ist das Wahrzeichen der Stadt. Beverungen hat zwölf Stadtteile mit etwa 13 300 Einwohnern.

Tourist Information
Weserstraße 16
37688 Beverungen
☏ 05273-392221
🌐 www.beverungen.de

Der Wohnturm des ehemaligen Schlosses Beverungen.

Sehenswertes

▸ Burg Beverungen
Im Jahr 1330 lässt das Bistum Paderborn zur Sicherung seiner Interessen an der Weserschiffahrt gegenüber Hessen und Braunschweig Burgen in Blankenau, Corvey (Tonenburg) und Beverungen errichten. Im Dreißigjährigen Krieg fügen die Hessen der Burg durch Brandstiftung schwere Schäden zu. Im 19. Jahrhundert beginnt der endgültige Niedergang der Burg. Zunächst werden die Mauern auf halbe Höhe abgetragen, um Material für den Straßenbau zu gewinnen, dann erfolgt der Abbruch. 2014 kauft die Stadt Beverungen die Burg, von der nur noch der quadratische, fünfgeschossige Wohnturm steht, für den symbolischen Betrag von einem Euro zurück. Heute ist die Burg in Privatbesitz und beherbergt ein Restaurant mit schöner Außenterrasse.

Blick auf Herstelle mit Abtei und Burg.

▸ Historische denkmalgeschützte Bauwerke
Viele sehenswerte Gebäude zeugen von der Geschichte Beverungens. Die Touristinformation hält die Broschüre „Beverunger Stadtspaziergang" bereit und bietet Stadtführungen an. Eine ausführliche Liste der Gebäude findet sich unter
🌐 de.wikipedia.org/wiki/Liste_der_Baudenkmäler_in_Beverungen

▸ Kloster Herstelle
Ursprünglich war das Kloster für die Franziskaner gebaut worden, die seit dem 17. Jahrhundert die Seelsorge in Herstelle übernommen hatten. 1899 entstand der Vorläufer der heutigen Abtei als Subpriorat der Benediktinerinnenabtei von der ewigen Anbetung im luxemburgischen Peppingen. 2004 wurde das Gästehaus St. Scholastika, benannt nach Scholastika von Nursia, der Schwester des Ordensgründers Benedikt von Nursia, eröffnet, außerdem ein neuer Klosterladen. Arbeitsfelder der Schwestern sind die Beherbergung und Begleitung von Gästen entsprechend der benediktinischen Regel sowie verschiedene kunsthandwerkliche Tätigkeiten in der Keramik oder auch der Kerzenherstellung. Besucher des Klosters können nicht nur an den Gottesdiensten teilnehmen, sondern auch an Führungen, Tagungen und Besucherprogrammen.
Adresse: Abtei Heilig Kreuz zu Herstelle, Carolus-Magnus-Str. 9, 37688 Beverungen, ✆ 05273/8040, 🌐 www.abtei-herstelle.de

Museen

▸ Korbmacher-Museum
Seit 1994 existiert in Dalhausen ein eigenes Korbmacher-Museum. Auf 400 Quadratmetern wird in zwölf Räumen das Handwerk des Korbmachers erklärt. Zu den Exponaten zählen Transport- und Reisekörbe, Tauben- und Wäschekörbe, umflochtene Ballonflaschen, Kinderschlafkörbe und Fahrradkindersitze. Dem Museum ist eine Werkstatt angegliedert, in der ein Ehepaar das Handwerk des Korbmachers vorführt. Die Produkte können dort auch erworben werden.
Adresse: Lange Reihe 23, 37688 Beverungen, ✆ 05645/18 23,
🌐 www.korbmacher-museum.de

Korbmachermuseum.

▸ Kragstuhlmuseum

Das Museum wurde im Jahr 1979 von Axel Bruchhäuser, einem Mitinhaber des Möbelherstellers Tecta, als „Stuhlmuseum Burg Beverungen" gegründet. Die Kragstuhlsammlung im Museum dokumentiert mit rund 1000 Exponaten die Entwicklung des „hinterbeinlosen Stuhls" von der starren Kragkonstruktion bis zum federnden Freischwinger und zeigt eine umfassende Sammlung zur Geschichte des modernen Möbeldesigns. Seit 2004 befindet sich das Museum in Lauenförde (siehe Boffzen).

Fassade des Kragstuhlmuseums.

Adresse: Tecta Kragstuhlmuseum, Sohnreystraße 8, 37697 Lauenförde,
🌐 www.kragstuhlmuseum.de

Freizeit und Natur

▸ Hannoversche Klippen & Weser-Skywalk

Nahe Würgassen, dem einzigen auf der rechten Weserseite gelegenen Ortsteil von Beverungen, ragt ein Ensemble von sieben Klippen in die Höhe. Die bis zu 80 Meter hohen Hannoverschen (früher Würrigser) Klippen aus Wesersandstein gehören zum gleichnamigen Naturschutzgebiet und sind seit jeher ein beliebtes Ausflugsziel. Auf der östlichsten und höchsten der sieben Klippen wurde 2011 eine neue Aussichtsplattform eröffnet. Der Weser-Skywalk ragt etwa fünf Meter über den Klippenrand hinaus und eröffnet eine spektakuläre Aussicht über das Wesertal. Von Würgassen aus geht man am besten ab dem Dampferanleger über den sogenannten Holzweg.

▸ Wandern

Einer der schönsten Wanderwege des Weserberglandes führt bei den Ortschaften Dalhausen und Jakobsberg über die Höhen beiderseits des Bevertales. Exotisch anmutende Orchideen auf Halbtrockenrasen, blumenbunte Bergwiesen, üppige Laubwälder und kühle Bachtäler sorgen für Abwechslung. Die Hänge um Dalhausen dienten bis Mitte des letzten Jahrhunderts Ziegen als karge Weide. Die Lieblingsnah-

Der Skywalk auf den Hannoverschen Klippen

rung der Ziege ist das Laub der Bäume und Sträucher. Kräuter werden dagegen weniger stark verbissen. Ziegenweiden präsentieren sich deshalb als äußerst blütenreiche Trockenrasen. An zwei Stellen führt der Wanderweg über Ziegenweiden. Besondere Höhepunkte auf der 13 km langen Wanderung sind die wunderschönen Ausblicke ins Bevertal und der Kreuzweg am Kiepenberg.

▸ Radfahren

Beverungen ist ideal für Radfahrer. Ob sportlich aktiv oder eher genussorientiert, die leicht hügelige Landschaft in Kombination mit der Weser bietet für jeden Geschmack etwas. Von Beverungen aus lassen sich viele Touren unternehmen, um das Weserbergland zu erkunden. Bereits dreimal hintereinander wurde der Weser-Radweg R99 zum beliebtesten Radweg Deutschlands gewählt. Und einer der schönsten Abschnitte dieser herrlichen Radwanderstrecke vom Ursprung der Weser bis an den Nordseestrand führt durch das idyllische Weserbergland und durch Beverungen.

Informationen: Tourist Information, Weserstraße16, 37688 Beverungen, ☏ 05273-392221

▸ ☺ Eisbahn

„Das größte Eisvergnügen im Weserbergland!" Dieser Slogan lädt in den Wintermonaten von November bis März zur Beverunger Eisbahn ein, wo Eislaufen, Eisstockschießen und Eishockey betrieben werden können. Die Ausrüstung kann selbstverständlich vor Ort geliehen werden.

Adresse: Beverunger Eisbahn, Am Weseranger 33, 37688 Beverungen, Reservierungshotline: ☏ 0172/1808031, Eisbahntelefon: ☏ 05273/367359, 🌐 www.beverunger-eisbahn.de

▸ ☺ Minigolfplatz und Kinderspielplatz

Spaß für die ganze Familie bietet ein Minigolfplatz und ein großer Kinderspielplatz mit Tret-Gokartbahn, Mais-Schwimmbad und Riesen-Hüpfkissen. Auch ein Café ist vorhanden.

Adresse: Erlenhof 2, 37688 Beverungen, ☏ 05273/392221, 🌐 www.erlenhof-cafe.de

▸ ☺ Freibad Beverungen

Reizvoll im Grünen an der Bever gelegen, locken die 32-m-Rutsche und der 3-m-Turm ebenso wie eine Rutsche für die Kleinsten. Daneben weist das ansprechend hergerichtete Freibad viele Attraktionen auf, wie ein 25-Meter-Becken für Schwimmer, zwei Nichtschwimmerbecken, ein ca. 100 m² großes Hüpfkissen, eine Wasserkaskade und einen Strömungskanal. Für die kleinsten Gäste sind ein Kinderplanschbecken und eine Kinderrutsche vorhanden. Die Liegeflächen sind großzügig bemessen, ein Beachvolleyballfeld lädt zu Strandaktivitäten ein und im Café können sich Besucher erfrischen.

Adresse: „Die Batze" – Freibad Beverungen, Bevertrift 23, 37688 Beverungen, 05273/1330, www.diebatze.de

Veranstaltungen und Feste

▸ Blütenfest

Mit dem Blütenfest in der Innenstadt bietet Beverungen im Mai viele verschiedene Aktionen, Spaß und Livemusik für die Besucher. Dazu gehört ein Floh- und Trödelmarkt, der Kinderflohmarkt, der Jahrmarkt, eine Autoschau und ein Puppentheater. Die innerstädtischen Straßen sind während des Blütenfestes für den Fahrzeugverkehr gesperrt. Ein Bummel durch die Gassen Beverungens bietet Groß und Klein beste Unterhaltung.

Information: Beverungen Marketing e.V., Weserstraße 16, 37688 Beverungen, 05273/392111, www.beverungen-marketing.de

Bodenfelde

(Landkreis Northeim)

Im südlichen Niedersachsen, an der Weser, liegt die Einheitsgemeinde Bodenfelde am Südrand des Naturparks Solling-Vogler. Bodenfelde entstand nach einer Gebietsreform 1974 aus den Gemeinden Nienover und Wahmbeck und der Kerngemeinde Bodenfelde und hat etwa 3000 Einwohner. In der Gemeinde hat der Fremdenverkehr einen festen Platz. Dabei spielt der Erholungsfaktor eine große Rolle. In reizvoller Landschaft gibt es großzügige Rad- und Wanderwege mit Ruhebänken, Schutzhütten und Grillplätzen.

Flecken Bodenfelde
Amelither Str. 23
37194 Bodenfelde
05551/7080
www.bodenfelde.de

Sehenswertes

▸ Bauten und Denkmäler

Die Christuskirche aus dem Jahr 1853 und 1855 gehört zum Kirchenkreis Leine-Solling und wurde im neuromanischen Stil erbaut. Der mittelalterliche Turm ist erhalten. Die Kirche liegt am Weser-Radweg, wie auch an der Mountainbiker-Region Solling-Vogler, und wird daher als Radwegekirche bezeichnet. Das Taufbecken und die Orgel wurden 1856 eingebaut. 1888 wurde der Turmhelm durch einen Blitz zerstört, der durch ein spitz zulaufendes Dach im neugotischen Stil ersetzt wurde.

▸ Mittelalterhaus

Der Nachbau eines städtischen Fachwerkhauses aus der Zeit um 1230 wurde in der Ortschaft Nienover im Jahr 2008 fertiggestellt. In regelmäßigen Abständen gibt es Führungen und Veranstaltungen, bei denen das mittelalterliche Leben neu erwacht. In der Nähe befindet sich der Hutewald, in dem Exmoor-Ponys und Heckrinder im freien Gelände beobachtet werden können.

www.mittelalterhaus-nienover.de

▸ Schloss Nienover

Zum ersten Mal erwähnt wird die Burg Nienover im Jahr 1144. Die Grafen von Northeim errichteten auf einer Anhöhe im Reihertal das wuchtige Gebäude. 1303 wurde die Burg an die Herzöge von Braunschweig verkauft, die sie als Jagdschloss und Witwensitz nutzten. Im Dreißigjährigen Krieg wurde die Burg zerstört. Zwischen 1640 und 1653 entstand das Schloss, das in seinem Aussehen bis heute nahezu unverändert blieb. Zur Anlage des Schlosses gehören die herrschaftliche Mühle, der Amtskrug, eine Zehntscheune und das Wildenhaus. Das Schloss befindet sich in Privatbesitz und ist Sitz eines Reiterhofes. Führungen und Besichtigungen nach Absprache unter 05572/7549.

Blick von der Zufahrt zum Fähranleger am südlichen Weserufer auf Wahmbeck und die Fähre.

Gierseilfähre Wahmbeck
Eine Gierseilfähre aus dem Jahr 1937, die die Weser allein durch die Kraft der Wasserströmung überquert, wird in der Bodenfelder Ortschaft Wahmbeck von März bis Oktober betrieben.

Museen

Heimatmuseum
Im Heimatmuseum Bodenfelde, das sich in einem der ältesten Fachwerkhäuser des Ortes befindet, erfahren Besucher, wie das damalige Landleben aussah. Neben einer traditionellen Ausstellung gibt es eine Vorführung der historischen Salzsiederei mit der natürlichen Sole.
Adresse: Heimatmuseum Bodenfelde, Blumenstr. 4, 37194 Bodenfelde, 05572/809

Freizeit und Natur

Freibad Bodenfelde
In den Sommermonaten steht das Freibad mit Schwimmer- und Nichtschwimmerbecken, einer Riesenrutsche und einem Planschbecken zur Verfügung. Spielgeräte und eine großzügige Liegewiese laden zum Verweilen ein.
Adresse: Nienoverer Weg 25, 37194 Bodenfelde, 01578/0350551, www.freibad-bodenfelde.de

Veranstaltungen und Feste

Living History
Im Ortsteil Nienover findet in den Sommermonaten die Living-History-Veranstaltung statt. Hier wird „gelebte Geschichte" in Darstellungen eines fiktiven Tagesablaufs entsprechender Epochen gezeigt.
www.mittelalterhaus-nienover.de

Bodenwerder

(Landkreis Holzminden)

Zwischen Hameln und Holzminden an der Oberweser liegt Bodenwerder. Seit 2011 ist der Ort anerkannter staatlicher Erholungsort. Die Stadt wurde durch den Wohnsitz des „Lügenbarons" Hieronymus Carl Friedrich Freiherr von Münchhausen bekannt, der vor über 300 Jahren am 11.

Blick vom Bismarckturm auf Bodenwerder in Richtung Rühle.

Mai 1720 in Bodenwerder geboren wurde. Sie trägt daher seit 2013 den Zunamen „Münchhausenstadt". Die Ottensteiner Hochebene, der Ith und die Rühler Schweiz, bieten eine sehenswerte Landschaft mit Blick ins Wesertal, die zu Fuß, mit dem Mountainbike oder dem E-Bike erkundet werden kann. Die Stadt Bodenwerder hat ca. 5600 Einwohner und vier eingemeindete Orte (Kemnade, Rühle, Linse, Buchhagen).

Tourist-Information Bodenwerder
Münchhausenplatz 3
37619 Bodenwerder
05533/40541
www.muenchhausenland.de

Sehenswertes

Bismarckturm

Ein denkmalgeschützter Aussichtsturm aus Sandstein, errichtet 1913 auf dem Eckberg am rechten Weserufer von Bodenwerder. Im Eingangsbereich steht über dem Türsturz eine gotische Inschrift: „Bismarck, dem Schöpfer des Deutschen Reiches – 1913". Über eine Innentreppe mit 58 Stufen erreicht man die auf 13 Metern Höhe befindliche Aussichtsplattform mit einem spektakulären Ausblick auf das Wesertal und den Vogler. Auf der Plattform steht eine Feuerschale auf drei Beinen, die zur damaligen Zeit mit Teer, Pech und gepresster Holzwolle befeuert wurde.

www.muenchhausenland.de

Münchhausen-Brunnen am Münchhausenmuseum.

Museen

▸ Münchhausen-Museum

Auf dem ehemaligen Gutshof liegt das Geburtshaus des Freiherrn von Münchhausen, das heutige Rathaus von Bodenwerder. Nebenan steht das älteste Gebäude der Stadt, die um 1300 erbaute „Schulenburg", in der das Münchhausen-Museum untergebracht ist. Hier wird über das Leben des Fabulierers berichtet und dieses mit den bedeutenden Ereignissen des 18. Jhs. verknüpft. Es erinnert an seine fantastischen Erzählungen.

Adresse: Münchhausen-Museum, Münchhausenplatz 1, 37619 Bodenwerder, 05533/409147, www.muenchhausen-museum-bodenwerder.de

▸ Klosterkirche St. Marien Kemnade

Mitten im Ortsteil Kemnade liegt die Klosterkirche Sankt Marien, eingebettet in eine Reihe alter Fachwerkhäuser. Das Kleinod romanischer Baukunst ist aus Weser-Buntsandstein gebaut, es wurde 1046 von Bischof Bruno von Minden eingeweiht. Die Pfeilerbasilika ist im klaren kreuzförmigen Grundriss erbaut. Wertvolle Kunstschätze und Grabplatten aus verschiedenen Jahrhunderten können von den Besuchern bestaunt werden. Auch Hieronymus Carl Friedrich Freiherr von Münchhausen wurde in der Klosterkirche beigesetzt und eine schlichte Steinplatte erinnert an den „Lügenbaron". Die Klosterkirche wird heute von der evang. Kirchengemeinde für Gottesdienste und Konzerte genutzt. Pilger, die auf dem Weg von Loccum nach Volkenroda sind, halten hier Einkehr. Die Kirche setzt damit die Tradition als Wallfahrtskirche fort.

Adresse: Am Kirchplatz, 37619 Bodenwerder, www.klosterkirche-kemnade.de

Freizeit und Natur

▸ Sommerrodelbahn

Die Sommerrodelbahn in Bodenwerder ist ein Spaß für die ganze Familie. Mit über 60 Höhenmetern und einer Länge von 950 m ist die Rodelbahn ein Top-Erlebnis. Zum Rodelpark gehören noch eine Miniaturgolf- und Billardgolfanlage, für die Kleinsten elektrische Autos und vieles mehr. Mehrere Spielplätze und viele Möglichkeiten, die Landschaft zu genießen, sind auf dem Gelände zu finden. Ein großer Biergarten mit frischen Speisen lädt zum Verweilen ein.

Adresse: Grüne Schleite 1, 37619 Bodenwerder, 05533/934800, www.rodelpark.de

Sommerrodelbahn Bodenwerder.

▸ Rühler Schweiz

Der westlichste Teil des im Weserbergland gelegenen Voglers zwischen Rühle, Golmbach und Reileifzen wird als Rühler Schweiz bezeichnet. Die größte Erhebung der Rühler Schweiz, der Große Schweinsberg, ist 329 Meter hoch. Von ihm aus ergibt sich ein herrlicher Ausblick über die angrenzenden Täler. Die Landesstraße 580 ist im Gebiet der Rühler Schweiz als Passstraße angelegt. Das stellt weit nördlich in Deutschland eine Besonderheit dar. Die Straße verbindet die Talorte Rühle und Golmbach in Nord-Süd-Richtung. Die waldfreie Passhöhe liegt auf einer Höhe von 254 Metern, wo besonders während der Kirschblüte ein eindrucksvolles Panorama zu bewundern ist. Bei Rühle verlaufen die Deutsche Märchenstraße und der Weser-Radweg.

🌐 www.ruehler-schweiz.de

Panorama von der „Passhöhe" bei Golmbach.

Veranstaltungen und Feste

Münchhausen „Das Musical“
Auf einer Freilichtbühne erleben die Besucher ein kurzweiliges, fantasievolles Musical und werden mit den berühmten Geschichten des „Lügenbarons“ bekannt gemacht. Sonntäglich Aufführungen von Mai bis Oktober. Der Eintritt ist kostenlos.
Information: Tourist-Information Bodenwerder, 05533/405-41
Termine: www.muenchhausenland.de

Das Münchhausen-Spiel
Hieronymus Carl Friedrich Freiherr von Münchhausen erzählt seine weltbekannte Geschichte auf der Treppe seines Geburtshauses. Im Vorfeld werden die Gäste musikalisch unterhalten. Der Eintritt ist frei.
Termine: www.muenchhausenland.de

Stadtführung für jedermann
Von Mai bis Oktober bietet Bodenwerder Stadtführungen für jedermann mit einem erfahrenen Gästeführer entlang der historischen und wichtigsten Orte der Stadt an.

Das Münchhausen-Museum.

Startpunkt ist das Münchhausen-Museum am Münchhausenplatz 1.
Information: Tourist-Information Bodenwerder, 05533/40541,
Termine: www.muenchhausenland.de

Erlebnisführung mit Frau Nolte
Münchhausens Haushälterin führt durch die Stadt und erzählt dabei über das Leben des Barons von Münchhausen.
Startpunkt ist das Münchhausen-Museum, am Münchhausenplatz 1.
Information: Tourist-Information Bodenwerder, 05533/40541,
Termine: www.muenchhausenland.de

Boffzen

(Landkreis Holzminden)

Die Samtgemeinde Boffzen liegt im südlichen Niedersachsen, östlich der Weser am Naturpark Solling Vogler, eingebettet zwischen den Städten Höxter und Beverungen, an der Deutschen Märchenstraße und der Straße der Weserrenaissance. Zur Samtgemeinde gehören die Orte Fürstenberg, Lauenförde, Meinbrexen und Derental, der Sitz der Samtgemeinde ist in Boffzen. Hier leben ca. 6700 Menschen. Urkundlich erwähnt wird Boffzen unter dem Namen Boffeshus in Corveyer Akten. In der Samtgemeinde wird die Tradition der Glas- und Porzellanherstellung großgeschrieben.

Samtgemeinde Boffzen
Heinrich-Ohm-Straße 21
37691 Boffzen
05271/95600
www.boffzen.de

Sehenswertes

▸ Ölmühle Solling

Die Ölmühle Solling, eine familiengeführte Bio-Manufaktur, besteht seit über 25 Jahren.
Adresse: Höxtersche Straße 3, 37691 Boffzen, 05271/966660,
www.oelmuehle-solling.de

▸ Erlöserkirche

Am Rande von Boffzen liegt die evangelische Erlöserkirche an einem gepflegten Platz. Die Kirche wurde 1730–1737 am Rande der Weserniederung erbaut. Das Dach besteht aus Solling-Sandstein. Im Inneren der Kirche befindet sich eine barocke Kanzel von etwa 1736, 1858 kam ein gläserner Kronleuchter hinzu. Imposant ist die Deckenmalerei aus dem Jahr 1880. 2002 bekam die Kirche eine neue Orgel.
www.trinitatis-gesamtkirchengemeinde.de

Museen

▸ Porzellanmuseum Fürstenberg

Das Museum befindet sich mitten im Weserbergland im ehemaligen Jagdschloss der braunschweigischen Herzöge. Das einzigartige Porzellanmuseum im historischen Schloss bietet mit seinem modernen und vielfältigen Ausstellungskonzept Spaß und Infotainment für alle Generationen. Die umfangreiche Dauerausstellung und das Programm aus Sonderausstellungen und Aktionen machen nicht nur die 275-jährige Historie der Manufaktur und die Technologie der Porzellanherstellung für die Besucher erlebbar. Vielmehr öffnet das Wissen über die Bedeutung von Porzellan in den Lebenswelten der Menschen einen neuen, spannenden Zugang zu Geschichte und Kultur verschiedener Epochen. In der Besucherwerkstatt zeigen Porzelliner ihr Kunsthandwerk und im Schaumagazin faszinieren Tausende Porzellane vom 18. Jahrhundert bis zur Gegenwart.
Adresse: Museum Schloss Fürstenberg, Meinbrexener Str. 2, 37699 Fürstenberg, 05271/96677810,
www.fuerstenberg-schloss.com

Freizeit und Natur

▸ Radfahren

Schön gelegen und an der Weser angrenzend verläuft das Radwegenetz im Bereich der Samtgemeinde Boffzen. Von der Ortschaft Lauenförde bis zur Ortschaft Boffzen kann mit geringen Steigungen das Wesertal erkundet werden. Für geübtere Radler bietet sich der Bereich um die Gemeinden Fürstenberg und Derental bis tief in den Solling mit geführten Mountainbike-Touren an.

▸ Wandern

Ein dichtes Netz an Wanderwegen umschließt die Gemeinden Boffzen, Derental, Fürstenberg, Lauenförde und Meinbrexen.

Porzellanmuseum Fürstenberg: Blick in die Besucherwerkstatt

Bückeburg

(Landkreis Schaumburg)

Die niedersächsische Kleinstadt Bückeburg liegt ca. 50 km westlich von Hannover und 10 km östlich von Minden am Höhenzug Harrl. Nördlich des Stadtzentrums wird sie vom Mittellandkanal durchquert. Sie verdankt ihre Entstehung einer um 1300 errichteten Wasserburg, dem heutigen Schloss Bückeburg. 1601 verlegte Graf Ernst zu Holstein-Schaumburg seinen Regierungssitz von Stadthagen nach Bückeburg. Heute wohnt in dem prunkvollen Schloss, umgeben von einem malerischen Park, Fürst Alexander mit seiner Familie. Die Familie öffnete das Schloss für Besucher und lädt zu Events und Konzerten ein. 1990 wurde der Marktplatz nach historischem Vorbild rekonstruiert. Unweit des Schlosstores steht das Rathaus aus dem 20. Jahrhundert im Stil der Weserrenaissance. Alte Villenviertel und malerische Fachwerkhäuser zeugen von einstigem Wohlstand. Bückeburg ist der Sitz des niedersächsischen Staatsgerichts und des Landarchivs.

Tourist-Information
Lange Straße 45
31675 Bückeburg
05722/206181 oder 206180
www.bueckeburg.de

Schaumburger Land Tourismusmarketing e.V.
Lange Str. 45
31675 Bückeburg
05722/890550
www.schaumburgerland-tourismus.de

Sehenswertes

Stadtkirche
1608 beauftragte Graf Ernst von Holstein-Schaumburg den Bildhauer Giovanni Maria Nosseni mit dem Bau einer Residenzkirche, die 1615 abgeschlossen wurde. Das Gotteshaus wurde aus Obernkirchener Sandstein gebaut, für die künstlerische Ausgestaltung waren die Bildhauer Jonas Wolf und Hans Wolf verantwortlich. Die Stadtkirche gehört zu den bedeutenden Kirchen des frühen Barocks. Besondere Elemente sind das Taufbecken von 1613 und die Kanzel. Die Stadtkirche ist heute Sitz der evangelisch-lutherischen Kirchengemeinde sowie Haupt- und Bischofskirche von Schaumburg-Lippe.
Adresse: Lange Straße/Kreuzweg 2, 31675 Bückeburg, 05722/95770, www.stadtkirchengemeinde.bueckeburg.de

Lange Straße mit Stadtkirche.

▸ Schloss Bückeburg

In einer 80 Hektar großen, weitläufigen Garten- und Parkanlage befindet sich das Wasserschloss Schloss Bückeburg. Erstmals erwähnt im Jahr 1300, wurde es als Wohn- und Wehrturm erbaut. Die mittelalterliche Wehrfestung wurde im 1600 Jahrhundert zu einem glänzenden Renaissanceschloss ausgebaut. Das Schloss ist seit 700 Jahren im Familienbesitz der Fürstenfamilie von Schaumburg-Lippe. Es wird seit dieser Zeit durchgängig bewohnt. Zahlreiche Schlossführungen zeigen beeindruckende Meisterwerke der Schnitzkunst. Das Café-Restaurant „Alte Schlossküche" lädt zum Verweilen ein. Im eigenen Park steht das größte private Mausoleum, errichtet von Fürst Adolf (1911–1915), es hat die größte Goldmosaikkuppel Europas und es diente der Familie als Grabstätte. Am Rande des Schlossparks können Wohnmobile parken.

Adresse: Schlosspark 1, 31675 Bückeburg,
✆ 05722/5039,
🌐 www.schloss-bueckeburg.de und
🌐 www.alte-schlosskueche.de

▸ Fürstliche Hofreitschule

Deutschlands einzige Hofreitschule befindet sich im Gebäudekomplex des Fürstenschlosses. Sie ist eine private Einrichtung zur Erhaltung und Förderung der Reitkunst des 17. und 18. Jahrhunderts. Nur fünf Einrichtungen weltweit beanspruchen den Namen „Hofreitschule". Das Reithaus von 1609 wurde 2004 restauriert und der Öffentlichkeit zugänglich gemacht. Beim öffentlichen Training und den Vorführungen zeigen die Pferde barocke Reitkunst wie grandiose Schrittfolgen, untermalt von Musik. Im begehbaren „Stall der Fürstlichen Hengste", einem Marstall, stehen 18 Hengste aus acht barocken Reitkunst-

Schloss Bückeburg mit Terrassencafé.

Pferderassen. Ein Marstallmuseum zeigt Objekte zur Hofreitkunst sowie die erste gummibereifte Kutsche.
Adresse: Schlossplatz 7b, 31675 Bückeburg, 05722 /898350,
www.hofreitschule.de

Wissenswertes über das Barockreiten
Sämtliche Reitaktivitäten werden ausschließlich von Barockpferden ausgeführt, einer Pferderasse, die optisch an die damals gezüchteten Kriegs- und Reitpferde erinnert.
Im 15. Jahrhundert hatte das Pferd auf dem Schlachtfeld ausgedient. In der militärischen Ausbildung kam es darauf an, dass Pferde ohne Hilfe lenkbar waren. Dies ist die Grundlage der klassischen Reitkunst aus dem Zeitalter des Barock, die mit minimalen Hilfestellungen des Reiters zum Ziel führt. Im historischen Reithaus wird die Kunst des Schritthaltens, untermalt mit Musik, in der Reitbahn vorgeführt.
Die Pferde werden erst im Alter von fünf oder sechs Jahren ausgebildet. Die Figuren, die sie lernen, werden als Training der Muskeln angesehen, individuell auf das Pferd zugeschnitten und vom Boden aus am langen Zügel erarbeitet. Man unterscheidet beim barocken Reiten zwischen Schulen über oder auf der Erde. Mit der Schule über der Erde sind Piaffe, Seitwärtsgehen, Galoppwechsel, Passagen, Pirouetten sowie Kapriolen und Levaden gemeint. All dies können Besucher in der Reithalle bestaunen, wenn die Reiter, bekleidet in frühbarocken Kostümen, mit ihren herausgeputzten Pferden ihre Künste zeigen. Bückeburg ist der einzige Ort in Deutschland, in dem die Hohe Schule des Reitens zu sehen ist.

Museen

Hubschraubermuseum

1961 wurde auf dem Flugplatz der Heeresfliegerwaffenschule ein kleines Hubschraubermuseum begonnen. Da dieses im militärischen Bereich lag, konnte es nicht der Öffentlichkeit zugänglich gemacht werden. 1970 zog das Museum in den 1463 erbauten Münchhausenhof in der Stadtmitte. 1978–1980 wurden 2000 Quadratmeter angebaut. Das Museum ist bundesweit das einzige Hubschraubermuseum. Ausgestellt werden fünf Generationen von Hubschraubern und Tragschraubern mit historischen Fotos, technischen Anschauungs- und Lehrmodellen. Ein Nachbau des ersten Hubschraubermodells aus dem Jahr 1907 ist ebenfalls vorhanden. Im Simulator kann man selbst einen Flug am Bildschirm wirklichkeitsnah nacherleben.
Adresse: Sable-Platz 6, 31675 Bückeburg,
05722/5533,
www.hubschraubermuseum.de

Die Geschichte der Hubschrauberentwicklung wird anschaulich dargestellt.

Museum Bückeburg für Stadtgeschichte und Schaumburg-Lippische-Landesgeschichte
Das Museum ist das älteste Museum im Weserbergland und präsentiert unter anderem die Geschichte des Fürstentums. Eine Vielzahl der schaumburg-lippischen Trachten und ihre Anfertigung wird in einer Lehrschau gezeigt, ebenso das Handwerk der Schumacher, Blaudrucker, Näherinnen und Stickerinnen.
Die Geschichte der fünf in Bückeburg tätigen Hilfsorganisationen wird im „Schaumburger Hof" in den ehemaligen Schul- und Büroräumen dokumentiert.
Adresse: Lange Straße 22, 31675 Bückeburg, 05722/4868,
www.museum-bueckeburg.de

Freizeit und Natur

Idaturm
Auf der höchsten Stelle des Bückebergs, dem Harrl, steht der 28 Meter hohe Idaturm. Er wurde im Jahr 1847 von Fürst Georg Wilhelm zu Schaumburg-Lippe gebaut. 128 Stufen führen zu einer wunderschönen Aussicht über das Mindener Land und über das Wesergebirge bis zum Steinhuder Meer. Der Turm ist aus Sandstein gebaut und ein beliebtes Ausflugsziel.
Adresse: Idaturm im Harrl, 31675 Bückeburg, Birkenallee, 05722/955870,
www.schloss-bueckeburg.de

Bückeberg-Weg
Über eine Strecke von ca. 58 km führt dieser Hauptwanderweg durch das nördliche Weserbergland. Drei Teilstrecken bieten sich dem Wanderer an. Von Porta Westfalica nach Bad Eilsen (19 km), von Bad Eilsen nach Apelern (20 km), und von Apelern nach Bad Nenndorf (19 km). Durch landschaftlich reizvolle Umgebung geht es am Harrl und dem Bückeberg vorbei. Zu sehen sind historische Wehranlagen, Denkmäler, Schlösser und vieles mehr.
www.schaumburgerland-tourismus.de/de/tour/fernwanderwege/

Bergbad-Bückeburg
Auf acht Bahnen im 50-m-Sportbecken können sich sportliche Schwimmer betätigen. Mit einem Erlebnisbecken und einer Wasserrutsche bietet es für Nichtschwimmer und Eltern mit Kindern großen Erlebnisspaß. Das Freibadgelände am Südhang überrascht mit herrlichen Fernblicken.
Adresse: Birkenallee 3, 31675 Bückeburg, 05722/966980,
www.baeder-bueckeburg.de

Dr. Faust Hallenbad
Sportlichen Schwimmern stehen fünf Bahnen mit 25 m zur Verfügung. Für Nichtschwimmer und Kinder gibt es Schwalldüsen, eine Gegenstromanlage, eine Rutsche und einen Wasserfall.
Adresse: Unterwallweg 5a, 31675 Bückeburg, 05722/966990,
www.baeder-bueckeburg.de

Veranstaltungen und Feste

Landpartie auf Schloss Bückeburg
Im idyllischen Park von Schloss Bückeburg findet jährlich an Fronleichnam das große Fest der Lebensfreude statt. Vier Tage in französischer Lebensart nach dem Motto „Savoir-Vivre" mit den neuesten Trends aus Wohnen & Garten.
Zum umfangreichen Rahmenprogramm gehört selbstverständlich die barocke Reitkunstvorführung. Für Oldtimerfans gibt es außergewöhnliche Modelle zu sehen.
Adresse: Landpartie Schloss Bückeburg

GmbH & Co. Kg Schlossplatz 6, 31675 Bückeburg, 05722/955835, www.landpartie-schloss-bueckeburg.de

▸ Nachtwächterführung
Jeden ersten Donnerstag im Monat führt der Nachtwächter durch die Innenstadt. Er sorgt für Ordnung und erzählt den Tratsch und Klatsch aus seinem interessanten Berufsleben.

▸ Mittelalterliches Phantasie Spectaculum
Das Mittelalterliche Phantasie Spectaculum findet im wunderschönen Schlosspark statt. Es ist die größte mobile Ritterveranstaltung Deutschlands.

▸ Antikmarkt Bückeburg
Im September findet in der Schloss-Remise der beliebte Antikmarkt statt.

▸ Weihmachtsmarkt
Anfang Dezember trifft man sich auf dem Weihnachtsmarkt. Die Hofreitschule präsentiert im Advent die Gala der Reitkunst. **Informationen**: www.bueckeburg.de/de/Veranstaltungen/Veranstaltungskalender

Hofreitschule und Marstallmuseum.

Coppenbrügge

(Landkreis Hameln-Pyrmont)

Am Fuße der über 400 m hohen Ith liegt die Ortschaft Coppenbrügge mit 7900 Einwohnern an der alten Handelsstraße, der heutigen Bundesstraße 1, die von Aachen bis Königsberg führt. Fünf weitere Ortschaften und Coppenbrügge selbst gehörten einst zur Grafschaft Spiegelberg. 1557 ging die Grafschaft an das Haus Nassau-Oranien, 1819 an das Königreich Hannover. Erstmals erwähnt wurde Coppenbrügge unter dem Namen Cobbanbrug im Jahr 1000.

Flecken Coppenbrügge
Schlossstraße 2
31863 Coppenbrügge
05156/78190
www.coppenbrügge.de

Touristikzentrale östliches Weserbergland, GeTourGmbH
Hannoversche Straße 14a
31848 Bad Münder
05042/929804
www.östliches-weserbergland.de

Sehenswertes

▸ Historische Burganlage Wasserburg Coppenbrügge
Graf Moritz I. von Spielberg erwarb die Burg 1281 vom Stift Wunstdorf. Von der Existenz des Hauses Coppenbrügge ist die Rede im Jahr 1303. Die Burg wurde im 18. Jahrhundert im Barockstil umgebaut. Die Burgruine ist mit einem Wall und Wassergraben umgeben und liegt inmitten des

Burgruine mit umlaufendem Wassergraben.

Ortes. Eine gepflegte Burganlage lädt zu einem Spaziergang rund um die Wasserburg ein, in der sich Bildhauerarbeiten zeitgenössischer Künstler befinden. Außerdem gibt es ein Museum (siehe Museum).

‣ Schloss Bisperode
Das denkmalgeschützte barocke Wasserschloss in Bisperode wurde 1694 bis 1700 vom Paderborner Fürstbischof Hermann Werner von Wolff-Metternich zu Gracht erbaut. Das Schloss ist eine Dreiflügelanlage mit ringsherum laufendem Wassergraben. 1979–1984 erfolgte eine Außensanierung. Die Parkanlage ist frei zugänglich.
Adresse: Försterbrink 1, 31863 Coppenbrügge-Bisperode, ☎ 05159/96020

‣ Schwefelbrunnen Bessingen
Das Wahrzeichen des Ortes Bessingen ist der Schwefelbrunnen. Der Quellbereich wurde 1941 in Stein gefasst. Das Wasser, „stinkender Born" genannt, diente früher als Trink- und Heilwasser.

‣ Rittergut Voldagsen
Im Ortsteil Marienau der Gemeinde Coppenbrügge steht das Rittergut Voldagsen, ein landwirtschaflicher Gebäudekomplex mit einem Schloss im Stil der Neorenaissance. Es ist von einer ausgedehnten Parkanlage umschlossen. Über das Grundstück fließt die Aue, die den See der Parkanlage versorgt.
Adresse: Rittergut Voldagsen, Voldagsen 6, 31853 Coppenbrügge (Marienau),
☎ 0163/7777741,
🌐 www.rittergut-voldagsen.de

Museen

‣ Museum Coppenbrügge
Das in der Burg befindliche Museum beherbergt Schätze alter Zeiten. Gezeigt wird eine frühere Hofküche, eine Töpferwerkstatt und eine Schuhmacherei. Für das leibliche Wohl sorgt ein Burgcafé. Neben dem Museum wurde ein Barfußweg angelegt.
Adresse: Osterstraße 1, 31863 Coppenbrügge, ☎ 05156/8623,
🌐 www.museum-coppenbruege.de

Freizeit und Natur

‣ Ith-Hils-Weg
Von Coppenbrügge bis Salzhemmendorf verläuft der Ith-Hils-Weg. Er führt über

den schmalen Höhenrücken, vorbei an historischen Türmen, Kultstätten, Seenlandschaften und imposanten Felsformationen. Er ist als Qualitätsweg „Wunderbares Deutschland“ zertifiziert und zieht sich mit grandiosen Ausblicken über 80 km durch Niedersachsen. Dieser Weg macht Lust auf Wandern. Die Strecke kann in sieben Etappen bewältigt werden.
www.ith-hils-weg.de

▸ Adam und Eva
Eine leichte Wanderung von Coppenbrügge in den nördlichen Teil des Ith, einen ausgedehnten Höhenzug, etwa 22 km lang und 439 Meter hoch liegend. Die Wanderung führt an markanten Felsen mit teils merkwürdigen Namen vorbei. Auf dem Weg zum Ithturm stehen zwei größere Felsbrocken, aus einem bestimmten Blickwinkel kann man mit etwas Fantasie an einem der Felsen die schwangere Eva entdecken.

▸ Peterlinde
Die Peterlinde wurde zu Ehren des Zaren Peter der Große im Jahr 1697 so benannt. Er war auf dem Weg von Moskau nach Amsterdam, und just hier kam es zu einem historisch belegten Treffen mit der Kurfürstin Sophie von Hannover und ihrer Tochter. Vereinbart wurde der „Damenfrieden von Coppenbrüggen“, der den Krieg zwischen Österreich und Brandenburg-Preußen verhinderte. Die Peterlinde mit einem Stammumfang von sechs Meter und ca. 20 m Höhe steht auf dem Burgwall in Coppenbrügge. Der Baum wurde um das Jahr 1426 gepflanzt und ist ca. 600 Jahre alt.

Dassel

(Landkreis Northeim)

Die Kleinstadt Dassel liegt im südlichen Niedersachsen. Bereits im Frühmittelalter, nämlich um 1100, wurde der Ort urkundlich erwähnt. Die Namensgebung leitet sich ab von dem Grafengeschlecht Rainald von Dassel. Um 1325 erhielt Dassel das Stadtrecht. Zwischen 1523 und 1643 gehörte Dassel den welfischen Herzögen, in dieser Zeit wurde das Wasserschloss, die Erichsburg im Stil der Weserrenaissance erbaut. Damit begann die wirtschaftliche Entwicklung des Ortes. Dassel grenzt an das Weserbergland und den Solling-Vogler, einen der einhundert in Deutschland ausgewiesenen Naturparks. Die Stadt ist umgeben von einem malerischen Landschaftsbild, so fließen zwei Bäche durch die Stadt. Eine hohe bewaldete Buntsandsteinkuppe läuft am Stadtrand von Dassel aus. Bis in das 19. Jahrhundert wurden ausschließlich Fachwerkhäuser gebaut und die Dächer mit Wesersandsteinplatten gedeckt. Im 20. Jahrhundert wurden viele Häuser durch Sandsteinbauten ersetzt. Im Ortskern aller Stadtteile Dassels findet man Fachwerkbauten, die auf einem historischen Rundgang durch die Altstadt bestaunt werden können. Am Teichplatz stehen die beiden Museen, „Blankschmiede“ und Museum „Grafschaft Dassel“, die sehr zu empfehlen sind.

Stadt Dassel
Stadtverwaltung
Kirchplatz 2, 37586 Dassel
05564/2020,
www.stadt-dassel.de

Sehenswertes

▸ Historische Innenstadt

Zahlreiche Fachwerkhäuser sind in der Stadt erhalten. Um Baumaterialien zu sparen, wurden sie in schlichtem Stil unmittelbar an die Stadtmauer gebaut. 1817 wurde im Fachwerkstil das alte Rathaus am Marktplatz gebaut, heute befindet sich darin die Stadtbücherei. Dem Rathaus gegenüber steht die im Jahr 1588 gegründete Stadtmühle, die bis 1969 in Betrieb war. Sie wurde als einziges Gebäude der Stadt aus Stein gebaut. Der mittelalterliche Stadtkern ist an mehreren Stellen von der im 14. Jh. erbauten Stadtmauer umgeben. Gretchenturm und Balderturm sind in ihren Grundmauern erhalten. Der Mauerring wird von einem typisch gotischen Spitzbogen unterbrochen, der vom Ritterhof von Rauschenplat abgebaut wurde. Zwei denkmalgeschützte Fachwerkhäuser stehen in der Stadtmauer, auf den Fundamenten des alten Balderturms aus dem Jahr 1350.

🌐 www.stadt-dassel.de

🌐 www.weserbergland-tourismus.de

▸ St. Laurentius-Kirche

Im Jahr 1447 wurde die spätgotische Hallenkirche gebaut. Die Kirche steht im Zentrum der Altstadt, leicht erhöht. Sie ist seit 1542 evangelisch-lutherisch und gehört zur Emmaus Gemeinde Dassel-Solling. Das Satteldach der Kirche wurde im 18. Jahrhundert durch einen Brand zerstört und mit einer Welschen Haube ersetzt. Im Hauptschiff finden sich an den Wänden einzigartige protestantische Renaissancemalereien aus der Nachreformationszeit um 1577, darunter ein Konfessionsbild. Drei Jahrhunderte lang waren die Malereien mit einer Kalkschicht überzogen. Sie wurden 1947 freigelegt und sind seitdem in seltener Farbintensität zu bewundern. Der deutlich ältere Kirchturm war der ursprünglich errichtete Wehrturm, an seinen romanischen Fundamenten und Sockelresten zu erkennen.

Adresse: Kirchplatz 7, 37586 Dassel

▸ St.-Michael-Kirche

Die 1847 im Im Stil des Klassizismus erbaute katholische Kirche steht in der Sievershäuser Straße 2. Im Inneren sind ein barocker Altar und ein Taufbecken aus dem 17. Jh. zu sehen.

Museen

▸ Technikmuseum Blankschmiede Neimke

Das Museumsgebäude ist als mitteldeutsches Querdielenhaus konstruiert und wird vom Spüligbach durchflossen. Das Dach wurde aus Sandstein gebaut. Die Blankschmiede ist ein Kulturdenkmal und wurde bis 1985 von der Familie Neimke bewohnt und bewirtschaftet. Der hinterlassenen Hausrat, bestehend aus zeitgenössischen Objekten, dient dem 1993 eröffneten Museum der Veranschaulichung der Alltagskultur. Die Blankenschmiede Neimke ist ein Technik- und Landwirtschaftsmuseum, das eine wasserbetriebene Hammerschmiede beherbergt.

Adresse: Teichplatz 2, 37586 Dassel, ☏ 05564/2721

▸ Museum Grafschaft Dassel

Die 700-jährige Geschichte der Stadt Dassel und die Geschichte der Grafen von Dassel findet man im Museum der „Grafschaft Dassel“. U. a. werden edle Papiere aus der Hahnenmühle und Dasselöfen aus der Eisenhütte ausgestellt. Für Webbegeisterte finden interaktive Seminare auf dem 200-jährigen Webstuhl statt.

Adresse: Teichplatz 1, 37586 Dassel, 01520/5665875, www.museum-grafschaft-dassel.de

Freizeit und Natur

Wandern, Mountainbiking und vieles mehr

Die Solling-Vogler-Region befindet sich in der 2022 vom Deutschen Wanderverein zertifizierten „Qualitätsregion Wanderbares Deutschland". Die Region erhielt diese Auszeichnung in Partnerschaft mit dem Naturpark Solling-Vogler und dem Niedersächsischen Landesforst. Die Wanderer erwarten eine gepflegte Wanderinfrastruktur und gute Übernachtungsmöglichkeiten. Der Europaradweg R1, der deutsche Abschnitt D-Route 3, ein Radfernweg von der französischen Atlantikküste über Holland, Deutschland bis Polen, führt durch das Stadtgebiet Dassel.
Informationen: Touristikzentrum Solling-Vogler-Region im Weserbergland, www.solling-vogler-region.de

Klettergarten

Der Waldseilgarten TreeRock bietet Kletterabenteuer auf 83 Kletterstationen in sieben Schwierigkeitsgraden. Für die Kleinsten gibt es einen Kinderkletterpark ab 3 Jahre sowie einen Barfußweg.

Wichtelpfad

Balancieren auf Baumstämmen, Fühlboxen, Barfußfühlpfade: So hat wohl kaum jemand bisher den Wald erlebt! Der Wichtelpfad Sievershausen bietet mit seinen verschiedenen Stationen etwas für alle Sinne. Interaktive Elemente enthalten verborgene Nachrichten, die der Besucher aktiv entschlüsseln muss. Über Spaß und Spannung wird ein Bezug zur Natur hergestellt und gleichzeitig das Umweltbewusstsein gefördert.
Adresse: Unter den Eichen 9, 37586 Dassel
Start: Ortschaft Sievershausen, am Ortsausgang in Richtung Abbecke.

Sollingbad Dassel

Das beheizte Freibad bietet eine Menge Spaß mit vielen Veranstaltungen.
Adresse: An der Badeanstalt 1, 37586 Dassel, 01523/3830716

Sinrambad Markoldendorf

Beheiztes Freibad, Amelser Straße 1, 37586 Dassel-Markoldendorf, 05562/6671

Badesee Lauenberg

Idyllisch, mitten in der Natur und dazu noch umweltverträglich: In der Ortschaft Lauenberg der Stadt Dassel wurde ein bestehendes unbeheiztes Freibad in einen Badesee umgestaltet. Angeschlossen ist ein Jugendzeltplatz sowie eine Wohnmobilanlage mit Ver- und Entsorgung.
Information: Heimat- und Förderverein Lauenberg e. V., Herr Holger Bode, Sollingstr. 38, 37586 Dassel, 05562/930320

Veranstaltungen und Feste

Sollinglauf

Die Laufgruppe des Dassler SC bietet sportbegeisterten Besuchern im Mai eine echte Herausforderung. Der Sollinglauf führt über wunderschöne Waldwege und durch abwechslungsreiche Landschaft. Der Lauf ist für alle Altersgruppen möglich und erlaubt es, unterschiedlich lange Laufstrecken zu wählen.
Adresse: Laufgruppe des DSC Dassel, 37586 Dassel, www.sollinglauf.de

Emmerthal

Landkreis Hameln-Pyrmont

Durch das „Gesetz zur Neugliederung der Gemeinden im Raum Hameln" am 1. Januar 1973 wurde aus siebzehn bis dahin selbstständigen Gemeinden die Gemeinde Emmerthal. Die Ortsteile liegen auf beiden Seiten der Weser inmitten der typischen Höhenzüge des Weserberglandes, im kulthistorischen Dreieck Hameln-Bodenwerder-Bad Pyrmont. Emmerthal ist ideal zur Erholung und Entspannung, bietet aber gleichzeitig einen abwechslungsreichen Urlaub. Der Ort hat knapp 10 000 Einwohner.

Gemeinde Emmerthal
Berliner Straße 15
31860 Emmerthal
05155/690
www.emmerthal.de
www.verkehrsverein-emmerthal.de

Sehenswertes

Schloss Hämelschenburg

Eines der schönsten Schlösser Norddeutschlands, als Kleinod inmitten der Emmerthaler Landschaft, ist Schloss Hämelschenburg. 1588 wurde das Wasserschloss im Stil der Weserrenaissance errichtet und über Generationen vollständig erhalten. Im Schlossmuseum findet man Kunstsammlungen, Gebrauchsgegenstände und Mobiliar aus den letzten Jahrhunderten. Das dazugehörige Adelsgut wird heute nachhaltig bewirtschaftet. Nach einem erholsamen Spaziergang zur historischen Wassermühle, der Grabpyramide und der ersten protestantischen Kirche Deutschlands laden das Café und der Biergarten zum Verweilen ein.

Adresse: Schlossstraße 1, 31860 Emmerthal, 05155/951690,
www.schloss-haemelschenburg.de

Schloss mit Tor und Brücke.

Treidler

Die Skulpturen der vier weißen Männer, der „Treidler", am Weser-Radweg stammen vom Bildhauer Jan D. Ehlers. Er erinnert damit an die mühsame Arbeit der Menschen, die die Frachtkähne mit Seilen stromaufwärts zogen. Die Skulpturen stehen im Ortsteil Hajen, hier befindet sich auch ein schöner Rastplatz.

Treidler-Skulpturen an der Weser.

Adresse: Am Weser-Rad-Weg Hajen, 31860 Emmerthal

▸ St.-Marien-Kirche

Die 1563 erbaute Schlosskapelle wurde nach einem Brand im Jahr 1544 auf den alten Resten neu aufgebaut und 1652 zur Gemeindekirche von Hämelschenburg ernannt. Die Kirche zählt zu den ältesten freistehenden evangelischen Kirchen Deutschlands. Sie ist mit reichem Schmuck der Renaissancezeit ausgestattet, der nahezu unverändert erhalten ist. Das Altarbild wurde 1919 durch einen Öldruck des Abendmahls von Leonardo da Vinci ersetzt. Der Taufstein auf einer Sandsteinsäule mit einem hölzernen Taufsteindeckel geht auf das 1600 Jahrhundert zurück. Der Taufdeckel ist so schwer, dass er mit einer Seilwinde gehalten werden muss und so einen schwebenden Zustand der Gemeinde zeigt. Das im Jahr 1480 durch die Hildesheimer Schule entstandene „Paradiesgärtlein" befindet sich über dem Altar, es zeigt das Motiv „Maria im Rosengarten". Eine kostenlose Führung unter Aufsicht wird an den Wochenenden zwischen 14 und 17 Uhr für Besucher angeboten.
Adresse: Pfarramt Hämelschenburg, Hämelschenburger Str. 13, 31860 Emmerthal, ☏ 05155/346

Museen

▸ ☺ Museum für Landtechnik und Landarbeit

In einem denkmalgeschützten Gebäudeensemble mit Bauernhaus, Scheune, Schaftstall, Backhaus und der alten Kirche Niederbörry zeigt die Gemeinde Emmerthal ein Museum mit über 200 Jahre altem Handwerk wie Stellmacher, Schmied und Schuhmacherei. Auf dem großen Außengelände werden Ausstellungen und die Entwicklung vom personalisierten Bauernhof zum technisierten Landwirtschaftsbetrieb präsentiert. Eine Traktorenausstellung zeigt Fahrzeug ab dem 1938. Ein Backhaus lädt im Museumscafé zum Verweilen ein.
Adresse: Museum für Landtechnik und Landarbeit Börry, Frenker Straße 22, 31860 Emmerthal-Börry, ☏ 05155/69114

▸ Heimatstube Frenke

Auf 400 m² zeigt die Heimatstube Exponate aus früherer Zeit, die über viele Jahre zusammengetragen wurden. In jährlichen Ausstellungen werden Gegenstände der Landwirtschaft, des Handwerkes, Schulbuchsammlungen, Spielzeug, Militaria u. v. m. dargestellt.
Adresse: Wilhelm Hölscher, Frankenstraße 8, 31680 Frenke

▸ Feuerwehrmuseum Hameln-Pyrmont

Im Feuerwehrmuseum stellt der Kreisfeuerwehrverband Hameln-Pyrmont Dokumente und Geräte von gefährlichen Einsätzen der Feuerwehr aus und zeigt die Entwicklung der technischen Geräte. Dokumentiert sind die ältesten Feuerwehren des Landkreises.
Adresse: Reherstraße 15a, 31860 Emmerthal, Ortsteil Kirchohsen, ☏ 05151/980002

Freizeit und Natur

▸ Ohrbergpark

Zum Rittergut Ohr gehört die imposante Parkanlage im englischen Stil, die zu jeder Jahreszeit einen Besuch wert ist. Der Park wurde 1815 von Oberst Georg Adolph angelegt, er ist ca. 45 ha groß und enthält zahlreiche exotische Bäume und Sträucher aus Nordamerika. Ein Blütenmeer bieten

die vielen Rhododendren und Azaleen. Auf einigen Aussichtspunkten ist ein weiter Blick über Emmerthal und Grohnde möglich. Die Anlage ist frei zugänglich.
Lage: Über die B83 von Hameln kommend Richtung Bodenwerder. Am Institut des Solarenergieforschungszentrums rechts fahren. Der Ohrberg zieht sich bis nach Klein-Berkel.
Information: www.ohrbergpark.de

▸ Wandern und Radeln

Ausgangspunkt für viele Rad- und Wanderwege ist der Schlosspark an der Hämelschenburg. Kurze und lange Wanderungen führen an der Emmer entlang durch erholsame Buchenwälder.

▸ Pilgerweg Loccum – Volkenroda

Der Pilgerweg Loccum – Volkenroda führt an der Hämelschenburg vorbei. 1163 wurde dieser Pilgerweg von Zisterziensermönchen gegründet und verbindet die Klöster Loccum und Volkenroda. Der Weg führt auf einer Etappe von 17,2 km durch das Emmerthal, durch wunderschöne Landschaften und an zahlreichen Baudenkmälern entlang. Es gibt die Möglichkeit einer Pilgerbegleitung (siehe Seite 12).
Information: Region Pilgerweg, Archivstraße 3, 30168 Hannover, 0511/1241592, www.loccum-volkenroda.de

▸ Gierseilfähre

Wer in Grohnde die Weser mit dem Rad oder zu Fuß überqueren möchte, kann mit der Gierseilfähre zu übersetzen. Die Fähre kann bis zu 45 Personen, Fahrräder und Autos aufnehmen und nutzt die Strömung und ein Drahtseil, das von einem zum anderen Ufer gespannt ist.
Adresse: Grohnde Fähre Grohnde, 31860 Emmerthal, 01577/4377196

Gierseilfähre bei Grohnde.

▸ Vithalbad

Hallenbad mit Schwimmerbecken, Kinderbecken und Babybecken. Drei 25-Meter-Bahnen, 3-m-Sprungturm und 1-m-Sprungbrett.
Adresse: Berliner Straße 21, 31860 Emmerthal, 05155/69240

Eschershausen

(Landkreis Holzminden)

Im Norden des Landkreises Holzminden findet man die Landstadt Eschershausen, eine Mitgliedsgemeinde der Samtgemeinde Eschershausen-Stadtoldendorf. Umgeben von den Mittelgebirgszügen des Ith, des Vogler, Hils und des Homburgwalds, liegt Eschershausen inmitten des Weserberglandes. Eschershausen ist der Geburtsort des Schriftsteller Wilhelm Raabe, Vertreter des poetischen Realismus. Daher wird die Stadt auch „Raabestadt“ genannt. 1015 und 1036 wird in der Vita Meinwerci der Name der Stadt Escherhausen als Assiereshusun gesichert benannt. 1814 bis 1941 gehörte es zum Herzogtum Braunschweig und erhielt im Jahr 1833 die Stadtrechte. Seit 1941 wurde es zur preußischen Provinz Hannover und noch im selben Jahr vom neugegründeten Land Niedersachsen übernommen. Zur Stadt Escherhausen gehören die Ortsteile Scharfoldendorf und Wickensen. An der Stadt vorbei laufen die Bundesstraße 64 und der Bundesstraße 240. Die Samtgemeinde bietet für Erholungssuchende oder Aktivurlauber viele Angebote und hat etwa 7700 Einwohner.

Stadtverwaltung Eschershausen
Raabestraße 10
37632 Eschershausen
05532/90050
www.eschershausen.de
www.eschershausen-stadtoldendorf.de

Sehenswertes

Rothesteinhöhle

Im Ith, einem Bergrücken des Weserberglandes, zwischen Holzen und Coppenbrüggen ragen unterhalb eines Kammes zerklüftete Dolomitklippen auf. Nordöstlich befinden sich sechs Höhlen, wobei die Rothesteinhöhle die archäologisch interessanteste ist. Ende des 19. Jahrhunderts beauftragte der Geschichtsverein Wolfenbüttel den Studenten Alfred Wollemann mit einer archäologischen Untersuchung. Er machte vier maßgebliche Fundstellen aus, an denen er menschliche und tierische Knochen und Gefäßscherben fand. Außerdem Bronzegefäße. Das Material aus Grabungen um 1909 umfasste mittelalterliche Keramik, Tier- und Menschenknochen. Friedrich Wilhelm von Hase machte 1954 neue Entdeckungen. Seitlich dem Wollemann-Gang entdeckte er eine niedrige, acht Meter lange Höhlenkammer, in der er eine große Steinplatte, Knochengriffe, Ringe und Blechfragmente aus Bronze fand. 1963/64 entdeckte Klaus Grothe weitere eisenzeitliche Keramik und eine eiserne Schwanenhalsnadel. Die Knochenfunde und bronzezeitlichen Gegenstände lassen darauf schließen, dass die Höhle als Kulthöhle angelegt war, in der in vorgeschichtlicher Zeit Opferhandlungen und Kannibalismus vorgenommen wurden. Die Höhle ist vom 1. April bis 30. September frei zugänglich.

Eingang der Rothesteinhöhle.

Museen

▸ Wilhelm-Raabe-Museum
Im Geburtshaus des Dichters Wilhelm Raabe wurde dessen Arbeitszimmer weitgehend original erhalten. Zu den jeweiligen Themenreihen führen visuelle Inszenierungen, begleitet von Text-Bild-Informationen zu den einzelnen Stationen. In dem Museumsraum werden in wechselnden Präsentationen Themen der Stadtgeschichte von Eschershausen präsentiert und so das Museum als Einrichtung der Kultur- und Stadtgeschichte genutzt.
Adresse: Museum Raabe-Haus, Raabestr. 5 37632 Eschershausen, ☏ 05534/3969

▸ NSU-Motorrad & Nostalgie-Museum
Im NSU–Museum werden eine Vielzahl der motorisierten Exponate der Zweiradgeschichte aus den Vor- und Nachkriegszeiten dokumentiert. Der Ferntourismus mit Lambretta wird in eindrucksvoller Szene dargestellt. Alle „Schätzchen" sind restauriert und fahrbereit. Selbst eine NSU aus dem Jahr 1913 wurde restauriert und ist fahrbereit. Für die Liebhaber der 50er- und 60er-Jahre zeigt das Nostalgie-Museum bis auf das Detail genaue historische Einrichtungen, Musiktruhen, Schallplatten uvm. Ein Kolonialwarenladen verblüfft die Besucher mit seinem Angebot aus den 20er-Jahren.
Adresse: NSU-Motorrad- & Nostalgie-Museum, Gutshof Wickensen, Wickensen 16, 37632 Eschershausen, ☏ 05534/941480, 🌐 www.gutshof-wickensen.de

Freizeit und Natur

▸ Mineralwasserfreibad in Eschershausen
Am Rande der Raabestadt liegt das Freibad, das in den Sommermonaten geöffnet ist.
Adresse: Mineralwasserfreibad Eschershausen, Am Freibad 4, 37632 Eschershausen, ☏ 05534/540,
🌐 www.verein-freibad-eschershausen.de

Das NSU-Museum im Gutshof Wickensen.

Extertal

(Landkreis Lippe)

Die Gemeinde Extertal wurde im Rahmen der Kommunalreform 1969 aus zwölf selbstständigen Gemeinden gebildet. Sie hat etwa 12000 Einwohner. Gemeinsam mit den Städten Barntrup und Dörentrup sowie Kalletal bildet Extertal die Region Nordlippe. Der Hauptort Bösingfeld liegt im Bösingfelder Becken, umgeben von Kuppen und Höhenzügen. Die Exter, namensgebender Wesernebenfluss, fließt mitten durch das Gemeindegebiet und mündet in Rinteln in die Weser. Das Gemeindegebiet grenzt an den Naturpark Weserbergland. Nach Norden öffnet sich das Tal der Exter zum Rintelner Becken. Der Dörenberg ist mit 393 m der höchste Berg in der Gemeinde, gefolgt von der Polackenschanze (379 m) und der Hohen Asch (371 m), dem Hausberg Bösingfelds. Das Tal mit seinen schönen Waldhängen, Wiesen, Äckern und romantischen Plätzen verbindet Lippe und Weserbergland.

Rathaus Extertal
Mittelstr. 36
32699 Extertal
05262/4020
www.extertal.de

Marketing Extertal e.V.
Mittelstraße 10–12
32699 Extertal
05262/996824
www.marketing-extertal.de

Sehenswertes

Burg Sternberg

Im Südwesten der Gemeinde liegt die Burg Sternberg. Die Höhenburg wurde 1240 durch den Grafen zu Sternberg erbaut. Nach mehrmaligen Aus- und Umbauten im 15. und 16. Jahrhundert gelangte der Besitz an das Haus Lippe. Die Anlage entging der Zerstörung im Zweiten Weltkrieg. Umfangreiche Bau- und Renovierungsarbeiten an der Burg sind das Ergebnis eines Konzeptes für multifunktionale Nutzung mit dem Schwerpunkt Musik. In den mittelalterlichen Mauern finden Konzerte und stilvolle Feste statt. Die Burg wurde 2002 Denkmal des Monats in Westfalen-Lippe. In der Unterburg befindet sich die Burgherberge für Übernachtungsmöglichkeiten. Führungen finden auf Anfrage statt.
Adresse: Sternbergerstraße 52, 32699 Extertal, 05262/99490, www.burg-sternberg.de

Burg Sternberg.

Museen

Klingendes Museum

Wer sich für historische Musikinstrumente und deren Klang interessiert, sollte einen Besuch dieses Museums nicht versäu-

men. Hier findet man eine umfangreiche Sammlung historischer Instrumente, darunter seltene Kuriositäten, wie die „Nonnentrompete" oder die „Eissäge". Die Instrumente sind nicht verschlossen, sondern dürfen sogar von Laien bespielt werden. Workshops und Fortbildungsseminare werden angeboten. Führungen durch das Museum und die Musikwerkstatt sowie baugeschichtliche Führungen sind möglich.
Adresse: Kulturagentur des Landesverbandes Lippe, Sternberger Str. 52, 32699 Extertal, 05262/99490, www.burg-sternberg.de

Freizeit und Natur

Museumsbahn
Nostalgie im Stil der 50er-Jahre vermittelt die Fahrt auf einer 20 Kilometer langen Strecke von Bösingfeld im Extertal über Barntrup nach Dörentrup im Begatal mit dem historischen „Heckeneilzug". Je nach Anlass fährt die Bahn mit einer Diesel- oder Dampflok. Der Landeseisenbahnverein Lippe bietet neben Regelfahrten auch ein Sonderprogramm wie Grünkohlfahrten, Bahnfahren und Wandern, Oktoberfestfahrten an.

Der Heckeneilzug beim Zwischenstopp in Alverdissen.

Adresse: Landeseisenbahn Lippe e. V. Betriebshof: Am Bahnhof 1, 32699 Extertal-Bösingfeld, www.landeseisenbahn-lippe.de

Draisinenfahrten
Die Fahrraddraisine, ein Fortbewegungsmittel auf Schienen, gibt es in Extertal seit 2001. Ein aktiv-romantisches Fahrerlebnis erleben Besucher auf einer 18 km langen Strecke von Rinteln nach Alverdissen. Die Schienenstrecke schlängelt sich durch Hügellandschaft und Wiesen entlang der Exter. Entlang der historischen Eisenbahnstrecke findet man Picknickplätze und Gasthöfe. Die Draisinen verfügen über einen Aluminiumrahmen, zwei Fahrer- und zwei Beifahrerplätze. Um die Steigungen besser bewältigen zu können, wurden die Fahrzeuge auf E-Draisine umgestellt und mit einer Siebengangschaltung ausgestattet. Für den Fahrkomfort laufen die Draisinen auf Luftreifen. Die Führung auf den Schienen erfolgt mittels Kunststoff-Spurkränzen. Durch die konsequente Leichtbauweise sind zwei Personen in der Lage, die Draisinen für eine Pause aus dem Gleis zu heben. Auch eine Draisine für Rollstuhlfahrer und Fußgänger ist vorhanden. Besonderheit: Hinfahrt 9.00 bis 11.30 Uhr – Rückfahrt ab 14.00 Uhr, egal wo man sich auf der Strecke befindet.
Adresse: Draisinenbahnhof, Basisstation, Extertalstr. 35, 31737 Rinteln, 05751/403988, www.draisinen.de

Wandern
Zwischen der Weser und dem Teutoburger Wald liegt das nordlippische Bergland mit seinen attraktiven und idyllischen Dörfern. Liebevoll restaurierte Gehöfte und Fachwerkhäuser und die Burg Sternberg säumen die Wanderwege. Fantastische

Aussichtsplattform auf dem Steinberg.

Ausblicke auf die Mittelgebirgslandschaft bezaubern und der versierte Wanderer findet eine einzigartige Flora und Fauna. Alle Themenwege sind gekennzeichnet, besonders bekannt ist der Patensteig.
🌐 www.marketing-extertal.de/wandern

▸ Der Patensteig
Der Patensteig ist einer der interessantesten und abwechslungsreichsten Rundwanderwege Lippes. Er verbindet drei der vier größeren Extertaler Wasserfälle und führt durch wildromantische Bachtäler, schattige Wälder und Felder – Naturerlebnis pur für große und kleine Wanderer. Der rund 6 km lange Patensteig ist sehr gut ausgeschildert und beginnt am Parkplatz an der Straße „Im Siek" (K53), die in Extertal-Fütig von der Extertalstraße (L758) abzweigt.

Der Patensteig, ein wildromantischer Wanderweg.

Nahe dem Parkplatz lädt ein als Steinkreis gestalteter Picknickplatz am Wanderweg zu einer Rast ein. Zahlreiche Infotafeln geben spannende Einblicke in die von den Eiszeiten und den harten Gesteinen geprägte Geologie des Gebietes.
Höhepunkte der Wanderung sind der Ausblick auf die Wasserfälle, die besonders an kalten Wintertagen das Wasser zu bizarren Skulpturen aus glitzerndem Eis erstarren lassen. So bietet der Patensteig zu allen Jahreszeiten ein Wanderabenteuer mit stets neuen Entdeckungen.

▸ Aussichtsplattform auf dem Steinberg
In der Nachbargemeinde Dörentrup wurde auf dem Gelände einer ehemaligen Raketen- und Radarstation ein Aussichtshügel aufgeschüttet. Damit ist die höchste Erhebung in Nordlippe entstanden, die einen grandiosen Rundumblick vom Teutoburger Wald bis zum Wesergebirge bietet.
🌐 www.teutoburgerwald.de/reiseziele-geschichten/ausflugsziele/mein-ziel/steinberg-bei-doerentrup

▸ Panoramaerlebnisturm
Am Ortsteil Bösingfeld liegt der Hausberg, die Hohe Asch (370 m ü. NN.) Der Aussichtspunkt auf dem Berg kann direkt mit dem PKW erreicht werden. Bei gutem Wetter bietet sich eine traumhafte Fern-

sicht, die bis zum Kaiser-Wilhelm-Denkmal und dem Hermanns-Denkmal reicht. Der Turm kann kostenfrei bestiegen werden. Er liegt an den Wanderwegen Europäischer Fernwanderweg, Hansaweg und dem Weg der Blicke, der u.a. auch an der Burg Sternberg vorbeiführt. Der Parkplatz am Aussichtsturm ist idealer Ausgangsort für eine Wanderung.
Auskunft zu Wanderwegen gibt's bei Marketing Extertal e.V.

Der Aussichtsturm Hohe Asch.

▸ Freibad Bösingfeld-Assmissen und Laßbruch
Das Schwimmbad bietet sportlichen Schwimmern ein 50-m-Schwimmbecken mit fünf Bahnen. Es ist ein solarbeheiztes Quellwasserfreibad mit Liegewiesen, Spielgeräten für Kinder, Wasserrutsche und Startblöcken. Für Kleinkinder gibt es ein separates Planschbecken und am Kiosk kann man sich versorgen.
Adresse: Zum Senkenberg, 32699 Extertal, ✆ 01577/5783177,
🌐 www.freibad-bösingfeld.de

▸ ☺ Wintersport (Kinder)
Das Skigebiet Sternberg – Linderhofe (Extertal) bietet eine 0,4 km lange Piste zum Skifahren und Snowboarden. Zwei Lifte befördern Skifahrer und Rodler. Bei guter Schneelage wird eine sieben Kilometer lange Loipe für die Langläufer gespurt. Der Einstieg befindet sich am Wanderparkplatz Kreuzung Lüdenhausener Straße.
Adresse: Sternberger Str. 37, 32699 Extertal, ✆ 05262/9440

Veranstaltungen und Feste

▸ Weihnachtsmarkt in Extertal-Bösingfeld
Große und kleine Gäste freuen sich auf die besinnliche Atmosphäre auf dem Weihnachtsmarkt in Extertal-Bösingfeld, der traditionell am ersten Adventswochenende stattfindet. Nach der feierlichen Eröffnung durch den Bürgermeister erwarten die Marktbeschicker mit einem breiten

Freibad Bösingfeld-Assmissen.

Der Blick von der Hohen Asch geht weit ins Land.

Sortiment zahlreiche Besucher. Natürlich gibt es auf dem Weihnachtsmarkt Kulinarisches wie Bratwurst, Gebäck, gebrannte Mandeln und Glühwein. Höhepunkt ist der Besuch des Weihnachtsmannes am Sonntagnachmittag, der die Kinder auf dem Kirchplatz überrascht.
Information: Gemeinde Extertal, Mittelstr. 36, 32699 Extertal, ✆ 05262/402-321

▸ Weitere Veranstaltungen:
Traditionelle Osterfeuer an Osterwochenden in mehreren Ortsteilen. Ostereiersuche im „Park mit Potenzial", immer Ostermontag, und alle zwei Jahre Schützenfeste.

Grünenplan

(Landkreis Holzminden)

Der Ort Grünenplan liegt in einen windgeschützten Talkessel des Mittelgebirgszuges Hils in waldreicher Umgebung. Der Hilskamm bietet einen weiten Rundblick über das Weser- und Leinebergland. 1744 ließ der Braunschweiger Herzog Karl I. die Fürstliche Spiegelglashütte auf dem Grünen Plan errichten, nach einer gleichnamigen Wiese. Der Ort Grünenplan wurde als Arbeitersiedlung im Jahr 1749 angelegt. Aus der 1744 gegründeten Spiegelglashütte entstand das Werk der Deutschen Spiegelglas AG (DESAG), später eine Tochter der Schott AG. Es ist das älteste Werk der glaserzeugenden Industrie in Niedersachsen. Seit dem 1. April 1974 ist Grünenplan gemeinsam mit Hohenbüchen, Delligsen und Kaierde dem Flecken Delligsen zugehörig.

Tourismusinformation
Am Park 2
31073 Grünenplan
✆ 05187/9415-30
www.delligsen.de

Sehenswertes

Schloss Düsterntal
Das dreigeschossige Schlossgebäude wurde 1912 und 1913 nach Plänen von Hermann Schaedler im Stil des Neoklassizismus gebaut. Ein Arbeiterhaus, Pferdestall, ein Forsthaus und ein Uhrenturm sind zum Teil erhalten. 1929 wurden Gut und Schloss an das Land Braunschweig verkauft. 1948 wurde das Schloss vom Land Niedersachsen übernommen, das eine Forstschule zur Ausbildung Forstbediensteter ansiedelte. 1990 wurde daraus ein Therapiezentrum für Suchtkranke. Das Schloss ist nur von außen zu besichtigen.
Adresse: Düsterntal 7, 31073 Delligsen, 05187/94090

Museen

Erich-Mäder-Glasmuseum
Das Erich-Mäder-Glasmuseum zeigt einen umfassenden Überblick des Glasmachens von den Anfängen bis zur Gegenwart. Exponate aus der Frühgeschichte der Glashütten im Hils (11.–13. Jahrhundert) sowie aus spätmittelalterlichen und frühneuzeitlichen Glashütten (14.–17. Jahrhundert) sind ausgestellt. Dazu wird ein Überblick über europäische Glasgeschichte verschiedener Standorte vermittelt.
Adresse: Am Park 2, 31073 Grünenplan, 05187/9415-30

Glasmacherhaus Grünenplan
Im Glasmacherhaus wird die Entwicklung der Grünenplaner Glashütte von ihrer Gründung 1744 bis in die Neuzeit einschließlich moderner Produktion der Deutschen Spezialglas AG gezeigt. Werkzeuge und eindrucksvolle Fotos zeigen die Abläufe der Glasproduktion. Der Alltag

Das Glasmacherhaus in Delligsen.

der Glasbläser und Hüttenarbeiter – wie sie einst lebten und wohnten – wird dem Besucher authentisch dargestellt.
Adresse: Kirchtalstraße 13, 31073 Delligsen, 05187/941530

Der Raabe-Turm auf dem Großen Sohl.

Freizeit und Natur

▸ Wandern

Der Hils mit seinen vielen Bergen bietet zahlreiche Wandermöglichkeiten in einer vielfältigen und abwechslungsreichen Landschaft. Die gut begehbaren Waldwege bieten ideale Voraussetzungen für erholsame und interessante Wanderungen. Vom Von-Langen-Platz an der L484 geht es über die Feuerschneisenhütte mit lohnender Aussicht auf Duingen und Marienhagen stetig bergan über die 480 Meter hohe „Bloße Zelle" zum Raabe-Turm. Hier bietet sich ein weiter Blick bis hin zum Brocken im Harz.

www.ith-hils-weg.de

Hameln

(Landkreis Hameln-Pyrmont)

Weltberühmte Bekanntheit erreichte Hameln als Rattenfängerstadt, zurückgehend auf den Auszug der „Hamelschen Kinder" (1284), aus dem sich später die bekannte Rattenfängersage entwickelte. Diese Geschichte lockt bis heute jährlich viele Touristen. In der Altstadt sind im Straßenpflaster bronzene Ratten eingearbeitet, die zu den Sehenswürdigkeiten führen. Prachtvolle Fassaden der Sandstein- und Fachwerkbauten, faszinierende Architektur, die größtenteils aus der Renaissance stammen, zeugen von einer reichen Vergangenheit der um das Jahr 1200 gegründeten Stadt. Von der ehemaligen Stadtmauer sind keine Originalabschnitte mehr vorhanden, sie wurde 1808 von Napoleon abgetragen. Zwei mittelalterliche Türme aus der Festungsanlage, der Haspelmath- und der Pulverturm, stehen noch. Die Stadt bietet neben vielen Sehenswürdigkeiten und guten Gastronomieangeboten attraktive Freizeitmöglichkeiten.

Hameln Marketing und Tourismus GmbH
Deisterallee 1
31785 Hameln
05151/957824
www.hameln.de

Weserbergland Tourismus e.V.
Deisterallee 1
31785 Hameln
05151/93000
www.weserbergland-tourismus.de

Sehenswertes

▸ Entdeckungsreisen durch die Stadt Hameln

Stadtführungen können spontan gebucht werden. Sie dauern etwa eine Stunde und finden im Sommerhalbjahr täglich statt. Auch Erlebnisführungen mit dem Rattenfänger und dem Türmer werden angeboten.
Auskunft: Tourist Information, 31785 Hameln, Deisterallee 1, 05151/93000

▸ Rattenfängerhaus

Das 1602 errichtete Rattenfängerhaus ist eines der bekanntesten Bauwerke der Weserrenaissance, ein wahres Schmuckstück, das im Original erhalten ist. Seinen Namen trägt das Haus seit 1900 in Form einer Inschrift in einem Holzbalken an der Seite des Hauses zur Bungelosenstraße. Darauf ist von der Sage der verlorenen Kinder durch den Rattenfänger zu lesen, der die

Kinder durch diese Gasse führte. Im Haus befindet sich heute ein Restaurant.
Adresse: Osterstraße 28, 31785 Hameln

Hochzeithaus

Ein bedeutender Weserrenaissance-Bau in Niedersachsen ist das im Jahr 1610 bis 1617 gebaute Hochzeitshaus in Hameln. Es besteht aus Süntelsandstein und gilt als eines der letzten Häuser, das in diesem Stil in Hameln gebaut wurde. Es diente der Bürgerschaft als Fest- und Feierhaus. Seit den 50er-Jahren wird es auch als Standesamt genutzt. Am Giebel wird dreimal täglich die Rattenfängersaga dargestellt. Es öffnet sich eine Bronzetür und die Figuren der Sage erscheinen, begleitet von einem Glockenspiel.
Adresse: Hochzeitshaus, Am Pferdemarkt, 31785 Hameln

St.-Nicolai-Kirche

Im Zentrum der Altstadt Hameln sind die St.-Nicolai-Kirche und das Hochzeithaus zu bewundern. Die Kirche stammt aus dem 13. Jahrhundert und ist die zweitälteste Kirche Hamelns. Weit sichtbar ist der markante grüne Spitzturm. In der Kirche finden regelmäßig Konzerte der Hamelner Kantorei statt. Von Mai bis August gibt es die Reihe „Orgelmusik am Donnerstag".
Adresse: Am Markt, 31785 Hameln,
05151/1067470,
www.marktkirche-hameln.de

Münster St. Bonifatius

Die ehemalige Kloster- und Stiftskirche in Hameln liegt am Südwestrand der historischen Altstadt. Sie ist die älteste Kirche Hamelns, denkmalgeschützt und Teil des

Das Hochzeitshaus am Pferdemarkt mit dem Rattenfänger-Glockenspiel.

Das Stiftsherrenhaus steht unmittelbar neben dem Museum Hameln.

Stadtwappens. Das Münster wurde um 800 n. Chr. als eine dreischiffige gotische Hallenkirche errichtet, ein prachtvoller Bau mit Krypta und großem Altar. Ein Aufstieg über 167 Stufen zur Laterne im Vierungsturm ist möglich. Wer die Mühe nicht scheut wird mit einem grandiosen Rundumblick über Hameln belohnt.
Adresse: Münsterkirchhof 7, 31785 Hameln, 05151/1067470,
www.muenster-hameln.de

Dempterhaus
Am Hamelner Pferdemarkt steht das Dempterhaus, gebaut im Jahr 1607 und benannt nach seinem Erbauer Tobias von Dempter. Das fünfstöckige Haus besticht durch die prunkvolle Fassade. Der Unterbau ist aus Stein gefertigt, darüber befindet sich reich verziertes Fachwerk. Die „Utlucht" – ein Anbau, typisch für die Weserrenaissance – zieht sich über zwei Stockwerke und wird von einer Steinfigur, der antiken Göttin Ceres, gekrönt.
Adresse: Dempterhaus, Am Markt 7, 31785 Hameln

Das Dempterhaus beeindruckt durch seinen Vorbau und die Verzierungen.

Haspelmathturm mit der Galerie „arche"
Entlang der Stadtmauer standen ursprünglich 22 Türme, von denen zwei erhalten sind – der Haspelmathturm und der Pulverturm. Der 1450 erbaute Turm wurde um 1800 von dem Hamelner Tierarzt Friedrich Haspelmath erworben und mit dessen Tod erhielt der Turm seinen Namen. Seine private Kunstsammlung wurde später an den Museumsverein weitergegeben. 1991 wurde der Turm saniert und beherbergt inzwischen die Künstlergruppe „arche".
Adresse: Kastanienwall 12, 31785 Hameln,
www.kuenstlergruppe-arche.de

Museen

Museum Hameln
In der historischen Altstadt Hamelns, im Leisthaus, befindet sich ein Museum, das die Rattenfängersage anschaulich in Bildern, Filmen, Theaterstücken und Musik präsentiert. Es ist barrierefrei zugänglich. In einer Dauerausstellung informiert sich der Besucher über Geschichte und Kultur der Stadt Hameln und des Weserberglands sowie der Schifffahrt.
Adresse: Osterstraße 8–9, 31785 Hameln,
05151/2021215,
www.museum-hameln.de

Das Rattenfänger-Denkmal in der Nähe des Museums.

‣ Automobil-Museum Hefehof
Das Museum der Hamelner Automobilgeschichte befindet sich im Hefehof in Hameln. In den Jahren 1908 bis 1929 wurden am Standort Hameln von den „Norddeutschen Automobilwerken" Klein- und Mittelklassewagen produziert. 1929 übernahm die Firma Selve das Automobilwerk. Der Förderverein der Fahrzeuggeschichte Hameln e. V. stellt in der ehemaligen Karosseriefabrik Oldtimer und alles, was zur damaligen Zeit hergestellt wurde, aus, unter anderem den „Colibri". Im Hefehof befindet sich ein Restaurant, ein Bioladen, eine Backstube und ein Weinhandel.
Adresse: HefeHof 10, 31785 Hameln,
🌐 www.hamelner-automuseum.de

‣ Druckereimuseum
Ebenfalls auf dem Gelände des Hefehofes ist ein Druckereimuseum angesiedelt. Es gibt einen Überblick über die Geschichte von Druck, Grafik und Buchbinderei und zeigt funktionsfähige Maschinen.
Adresse: HefeHof 9, 31785 Hameln,
☏ 05151/27333,
🌐 www.die-bewegliche-letter.de

Freizeit und Natur

‣ Theater Hameln
Kultureller Mittelpunkt der Stadt und der Region Hameln ist das Theater. Es wurde 1951/52 erbaut, 1953 eröffnet und 1991 aufwendig restauriert. Zahlreiche Vorstellungen wie Schauspiel, Oper, Operette, klassische Konzerte, Tanztheater und Ballett werden ebenso gerne besucht wie Vorstellungen für Kinder und Jugendliche. Das Foyer wird für Ausstellungen, Vorträge oder kleine Feierlichkeiten genutzt.
Adresse: Sedanstraße 4, 31785 Hameln,
☏ 05151/916247, 🌐 www.hameln.de

‣ Sumpfblume
Mit einem vielseitigen Programm zeigt sich das soziokulturelle Zentrum „Sumpfblume" in Hameln. Neben seinem kulturellen Programm ist das Zentrum vor allem ein Ort der Begegnung. Menschen aller Altersstufen und Herkunft sind willkommen.
Adresse: Am Stockhof 2a, 31785 Hameln,
☏ 05151/932133, 🌐 www.sumpfblume.de

‣ Werder
Eine Insel mit einem Park befindet sich in der Weser, die mitten durch die Stadt fließt. Eine Fußgängerbrücke verbindet die Insel mit dem Stadtzentrum. Ein kleiner Park und ein Uferrundweg nebst Café und Biergarten laden den Besucher zum Verweilen ein.

‣ Bürgergarten
Zwischen Kastanienwall und Deisterallee liegt der Bürgergarten. Einst ein Exerzier-

platz, dann Sportstadion und seit 1962 ein Garten für die Bürger Hamelns. Zum Bürgergarten gehören ein liebevoll angelegter Spielplatz, eine Konzertmuschel, ein Schachspiel und eine Boulebahn. Daneben kann man Wasserspiele bestaunen. Der Südeingang liegt in der Nähe der Touristinformation, Deisterallee 1.

Südbad

Freibad mit riesiger Liegewiese, Riesenrutsche, 50-m-Becken, zwei Nichtschwimmerbecken, großem und abgetrenntem Eltern-Kind-Bereich sowie Beachvolleyballfeld, Kleinfußballfeld und Basketballkorb.
Adresse: Fluthamelstraße 2, 31789 Hameln, 05151/24567

Hallenbad

Das Hallenbad Einsiedlerbach ist bis Frühjahr 2024 wegen Sanierung geschlossen. Die bestehenden Becken werden saniert und durch drei weitere Becken in einem Anbau erweitert.
Adresse: Einsiedlerbach 3, 31787 Hameln, 05151/788-0

Waldbad

Das Waldbad ist eine idyllische Badeoase mit 25-m-Becken und einem Nichtschwimmerbecken am Waldrand in Hamelns Ortsteil Unsen. Für Kinder steht ein neugebauter Spielplatz mit hochwertigen Spiel- und Klettergeräten bereit.
Adresse: Pferdeweg 2, 31787 Hameln, 0173/3801101

Schiffstour auf der Weser

Von Ostern bis Advent kann mit der Ausflugsschifffahrt die Weser befahren werden. Einige Schiffe bringen ihre Gäste durch viele Weserschleifen in südliche Richtung bis Bad Karlshafen und nach Norden bis Bremen. Es gibt Sonderfahrten mit musikalischen Angeboten. Im Einsatz ist auch der restaurierte Raddampfer „Wappen von Minden".
Abfahrt: Am Stockhof (neben der Rattenfänger-Halle), 05151/939990, www.flotte-weser.de

Schweineberg und Heisenküche

Das Naturschutzgebiet Schweineberg liegt auf dem gleichnamigen Berg in der Stadt Hameln, mitten im Naturpark Weserbergland Schaumburg-Hameln. Geprägt ist das Gebiet von einem alten, naturnahen Waldmeister-Buchenwald. Wegen des guten Waldbodens sind Frühjahrsblüher wie Buschwindröschen und Lerchensporne im Februar und März in voller Pracht zu sehen. Vermutlich findet man hier das größte Vorkommen des Märzenbechers deutschlandweit. Im Ortsteil Holtensen befindet sich ein Informationspavillon, der über die Geschichte der Flora und Fauna aufklärt. Durch das Naturschutzgebiet ziehen sich mehrere Wanderwege in einer zauberhaften Landschaft, hier gibt es auch einen 150 Jahre alten Edelkastanienbestand. Im südlichen Teil des Naturschutzgebietes liegt das alte Forsthaus Heisenküche, das seit 1905 als Waldgaststätte dient. Zweistündige geführte Wanderungen über einen Waldlehrpfad, der an 200 Jahre alten Bäumen entlang geht, können gebucht werden.
Information: Stadtforstamt Hameln, 05151/202-1820, www.hameln.de

Klüt

Westlich der Stadt Hameln liegt der Hausberg der Stadt, der Klüt (258 m ü. NN), ein beliebtes Naherholungsgebiet. Auf dem Plateau steht der Klütturm, ein Aussichtsturm, der einen großartigen Blick auf

Hameln und seine Altstadt bietet. Der Klüt ist mit dem Auto, Bus, Rad oder zu Fuß zu erreichen. Ein Waldlehrpfad (1 km) führt vom Klütturm zum Finkenborn mit einem großen Kinderspielplatz. Das Klüthaus, ein Hotel mit Gastwirtschaft, befindet sich ebenfalls auf dem Hausberg.

Weser-Radweg
Der Weser-Radweg ist ein beliebter Fernradweg durch Deutschland. Auf gut befahrbaren Wegen fast ohne Steigungen führt er den Radfahrer über 500 km von Hann. Münden durch Hameln bis nach Cuxhaven.
www.weserradweg-info.de

Weserbergland- und Hansaweg
Der Weserberglandweg ist 225 km lang und bietet sehenswerte Etappenziele. Der 75 km lange Hansaweg verbindet die Städte Herford, Lemgo und Hameln. Abwechslungsreiche Landschaft, Steigungen (Steinberg bei Dörentrup mit 395 m) bieten dem Wanderer ein intensives Erlebnis.
Information:
www.weserbergland-tourismus.de

Veranstaltungen und Feste

Musical Rats
Auf der Terrasse des Hochzeitshauses am Pferdemarkt führen Darsteller in bunten historischen Kleidern ein Musical auf, das sich an die ursprüngliche Sage des Rattenfängers anlehnt. Das Stück lebt von einer Vielfalt von musikalischen Ohrwürmern. Der Eintritt ist kostenlos, die 45-minütige Aufführung findet im Sommer jeden Mittwochnachmittag statt.
www.musical-rats.de

„Rats", die Aufführung der Rattenfängersage.

Rattenfänger – Freilichtspiel
Jeden Sonntag wird im Sommer auf der Terrasse des Hochzeitshauses die Rattenfängersage als dramatisches Theaterstück aufgeführt. 50 Laiendarsteller in historischen Kostümen präsentieren eindrucksvoll die Geschichte um Wortbruch und fürchterliche Rache. Dauer: 30 Minuten, die Aufführung ist kostenlos.

Weihnachtsmarkt in der Fußgängerzone
Vom 1. Adventwochenende bis einen Tag vor Silvester werden 60 individuell gestaltete Hütten und die riesige Pyramide weihnachtlich in Szene gesetzt. Die Weihnachtsbeleuchtung hüllt die Altstadt in ein festliches, warmes Licht. Kunsthandwerker, Glühweinbuden, Karussells und allerhand Leckereien erwarten die Besucher.

Eingang zur Fußgängerzone.

Die Rattenfängersage

„Der Rattenfänger von Hameln" ist eine deutsche Sage, die nicht zuletzt durch die Brüder Grimm bekannt wurde. Es handelt sich um eine der beliebtesten deutschen Sagen und sie wurde in über 30 Sprachen übersetzt. Der Sage nach ist der Rattenfänger ein Mann, der versprach, mit seiner Flöte und gegen Bezahlung die Stadt von allen Mäusen und Ratten zu befreien. Hameln litt zu dieser Zeit unter einer großen Rattenplage und nahm das Angebot des Fremden dankbar an.

Der Rattenfänger zog durch die Straßen und spielte dabei auf seiner Flöte. Von der Musik angelockt, kamen die Ratten und Mäuse herbei und folgten ihm. Er führte die Tiere aus der Stadt heraus. Als der Rattenfänger aber seine Belohnung verlangte, bekam er nichts.

Einige Wochen später kam der Rattenfänger erneut nach Hameln, um sich zu rächen. Wieder spielte er auf seiner Flöte, aber diesmal kamen Mädchen und Jungen und liefen ihm hinterher. Der Sage nach waren es alle Kinder Hamelns, die älter als vier Jahre waren. Er verschwand mit den Kindern, die nie wieder gesehen wurden.

Heute glaubt man, dass die Sage eigentlich aus zwei Geschichten besteht: aus dem Fangen von Ratten und dem Verschwinden der Kinder. Wissenschaftler bezweifeln, dass man mit so einer Flöte, wie es sie damals gab, tatsächlich Ratten anlocken konnte. Das Verschwinden der Kinder erklärt man sich heute so, dass junge Leute weggelockt wurden, damit sie woanders Dörfer und Städte gründeten.

Aus einem niederländischen Märchenbuch, um das Jahr 1890: Der Rattenfänger lockt Kinder aus der Stadt.

Darstellung der Rattenfängersage.

Über den Rattenfänger wurden bereits mehrere Filme gedreht. In den Niederlanden gab es eine sehr bekannte Fernsehserie für Kinder. Die Stadt Hameln nutzt die Rattenfängersage für touristische Zwecke und bietet den Besuchern u. a. das Rattenfängerhaus, ein Rattenfängermusical und das Rattefängerspiel am Hochzeitshaus.

Die UNESCO kümmert sich für die Vereinten Nationen um die Kultur der Welt. Im November 2013 bewarb sich die Stadt Hameln über das niedersächsische Ministerium für Wissenschaft und Kultur um die Aufnahme des Brauchtums um die Rattenfängersage in das Verzeichnis des immateriellen Kulturerbes. Im Jahr 2014 erklärte die UNESCO die Sage vom Rattenfänger zum Immateriellen Kulturgut. Die Deutsche UNESCO-Kommission begründete die Auswahl unter anderem damit, dass die Ursprungsgeschichte bis heute in ständig neuen Variationen behandelt werde. Die Bandbreite der kulturellen Reflexion des Stoffes in den verschiedensten Medien wie Comic, Dichtung und Musik halte die Geschichte des Rattenfängers von Hameln lebendig. Zum immateriellen Kulturerbe zählt ebenso der Rattenfänger-Literaturpreis, den die Stadt seit 1984 für fantastische Kinder- und Jugendliteratur vergibt.

Hann. Münden

(Landkreis Göttingen)

Hann. Münden wird „Drei-Flüsse-Stadt" genannt, weil sie am Zusammenfluss von Fulda und Werra zur Weser liegt. Der Kernort ist ein staatlich anerkannter Erholungsort. Hann. Münden liegt an der Deutschen Märchenstraße und der Deutschen Fachwerkstraße. Prächtige Fachwerkhäuser aus sechs Jahrhunderten prägen das Bild der Stadt. Um das Jahr 1200 wurde mit dem Bau der Stadtbefestigung mit Stadttoren und Mauertürmen begonnen. Gehandelt und auf der Weser transportiert wurden vor allem Färberwaid, das wichtige blaue Färbemittel, aber auch Glas, Textilien und Flöße mit Holz und Getreide aus Thüringen. Nachweislich wurde das Töpferhandwerk im 16. bis in das 19. Jahrhundert ausgeübt und Weserkeramik hergestellt. Bei Ausgrabungen 1979 fand man Reste von Töpfereien. Ausgedehnte Waldgebiete und ein dichtes Netz von Rad- und Wanderwegen sind ein attraktives Angebot für Besucher und Erholungssuchende.

Stadt Hann. Münden
Böttcherstraße 3
34346 Hann. Münden
05541/750
www.hann.muenden.de

Hann. Münden Marketing GmbH
Am Plan 2
34346 Hann. Münden
05541/75342
www.hann.muenden-marketing.de

Sehenswertes

Historische Altstadt

Reich verzierte Fachwerkhäuser mit Inschriften, Erkern, historischen Türen und Portalen schmücken die mittelalterliche Altstadt von Hann. Münden. Aufgrund der intensiven Sanierungsmaßnahmen ist Hann. Münden eine Fachwerkstadt europäischen Rangs. Das Welfenschloss Münden und das historische Rathaus sind im Stil der Weserrenaissance erbaut worden. Einige Teile der mittelalterlichen Stadtbefestigung Mündens einschließlich ihrer Mauertürme sind erhalten. Im 19. Jahrhundert wurde die steinerne Befestigung in großen Teilen abgerissen, bei einer Ausgrabung 1997 fand man Mauerreste mit einer Stärke von 1,8 m. Die Rotunde, ein Stadttor der Stadtbefestigung, wurde 1579 fertiggestellt. Heute befindet sich dort eine Gedenkstätte für die Opfer der Gewalt des Nationalsozialismus und die Gefallenen der Weltkriege. Im Zentrum der Stadt steht das Rathaus, ein gotischer Saalbau, gebaut im 14. Jahrhundert. In den Jahren 1613 bis 1608 wurde das Gebäude von dem Lemgoer Baumeister Georg Crossmann umgebaut und bis heute ist die schmucke Fassade erhalten. Wandmalereien schmücken die Rathaushalle, sie zeigen die Geschichte der Stadt. Vom Rathausgiebel ertönt dreimal täglich das Eisenbarth-Glockenspiel zum Figurenumlauf: „Ich bin der Doktor Eisenbart, kurier die Leut' auf meine Art ..."

Es werden verschiedene Stadtführungen angeboten, bei denen Besucher die schönsten und interessantesten Seiten Hann. Mündens entdecken können.

Adresse: Hann. Münden Marketing GmbH, Rathaus, Am Plan 2, 34346 Hann. Münden, 05541/75342

Das Rathaus Münden im Stil der Weserrenaissance.

▸ St.-Blasius-Kirche

Inmitten der Altstadt steht die denkmalgeschützte evangelisch-lutherische St. Blasius Kirche, eine dreischiffige, gotische Hallenkirche. Um 1000 stand auf ihrem Platz eine Kapelle, die aber ausbrannte. Auf ihren Grundmauern wurde das heutige Gebäude aufgebaut und 1519 fertiggestellt. Über dem Aufgang des Turmes ist die Zahl 1488 erhalten.

Der Turm ist achteckig, 58 Meter hoch und in das Gebäude eingezogen. Eine Welsche Haube krönt den Turm, der das Satteldach der Kirche nur wenig überragt. An einem Strebpfeiler des Chores wird an den Reformator Antonius Corvinua mit einer Erinnerungstafel gedacht. Im Zentrum der Kirche steht der neue bronzene Altar aus den 70er-Jahren. Das Bronze-Taufbecken ist eine Arbeit aus dem Jahr 1392, sehenswert sind auch der mittelalterliche Flügelaltar, ein Fresko von 1519 und das Grabmal von Herzog Wilhelm dem Jüngeren.

Adresse: Ev.-luth. Stadtkirchengemeinde Münden, Ziegelstraße 16, 34346 Hann. Münden, ✆ 05541/750,

🌐 www.hann.muenden.de

▸ St. Elisabeth

Das neuromanische Gotteshaus ist die katholische Pfarrkirche in Hann. Münden. Sie wurde 1887 bis 1889 mit dem Patrozinium der heiligen Elisabeth von Thüringen erbaut und gehört zum Dekanat Göttingen. Die dreischiffige Basilika wurde aus unregelmäßig behauenem Werkstein in klassischen Proportionen gebaut. Bogenfenster, Bogenfries und Lisenen gliedern die Wandflächen.

Adresse: Böttcherstraße 6, 34346 Hann. Münden, ✆ 05541/4707,

🌐 www.katholische-kirche-muenden.de

▸ Die Tillyschanze

Die Tillyschanze wurde 1881 bis 1885 zur Erinnerung an die Belagerung Mündens durch den Feldherrn Johann t'Serclaes von Tilly 1626 errichtet. Es ist ein Aussichtsturm im Reinhardswald oberhalb der Stadt. Seit 2010 wird der Turm von einem Verein und mithilfe von Spenden instandgesetzt. 1,4 km nordnordwestlich von Altmünden findet man den sagenumwobenen „Freyastein".

Die Tillyschanze von Münden aus gesehen.

▸ Welfenschloss

Das Welfenschloss wurde um 1571 als Vierflügelanlage gebaut. Es befindet sich im nordöstlichen Teil der Altstadt von Hann. Münden. Es steht auf einer leichten Erhöhung, 200 Meter entfernt vom Zusammenfluss von Werra und Fulda zur Weser. Nach einem Brand im Jahr 1849 weist die Anlage nur noch zwei Gebäudeflügel auf. Der Nordflügel aus den 1570er-Jahren ist der schmuckreichste Teil des Schlosses. Der Giebel zeigt Zier-Obelisken, Kugeln, Figuren und ein heraldisches Zeichen von Erich II. Zwischen den Flügeln befindet sich ein spätgotischer Treppenturm. Im nordöstlichen Teil des Schlosses gibt es zwei Renaissancegemächer mit flächendeckenden Wandmalereien aus dem Jahr 1574. Die Malereien zählen zu den wenigen aus dieser Zeit erhaltenen Darstellungen in Norddeutschland. Sie können im Rahmen von Führungen besichtigt werden. 1980 übergab das Land Niedersachsen das Schloss an die Stadt Hann. Münden. Seitdem sind im Schloss das Amtsgericht Hann. Münden, das Städtische Museum, die Stadtbücherei und das Stadtarchiv untergebracht. Der Rittersaal kann für öffentliche Veranstaltungen genutzt werden.
Adresse: Schlossplatz 10, 34346 Hann. Münden, 05541/75348

▸ Doktorwerder

Über die alte steinerne Werrabrücke erreicht man durch einen Torbogen eine kleine idyllische Insel, inmitten der Werra gelegen. Auf der Insel stehen zahlreiche Skulpturen des Mündener Bildhauers Wüpper (1911 bis 1995). Ein Denkmal zur Gründung des mitteldeutschen Sängerbundes von 1839 befindet sich ebenfalls dort.

Adresse: Hann. Münden Marketing GmbH, Am Plan 2, 34346 Hann. Münden, 05541/75342

Die Figur des Dr. Eisenbarth am Eingang zur Insel Doktorwerder.

Museen

▸ Städtisches Museum Hann. Münden

Das städtische Museum ist im Welfenschloss untergebracht. Hier sind prächtigen Netzvasen der Mündener Fayence Manufaktur der Familie Hanstein zu bewundern. Daneben wird die Kultur- und Handwerksgeschichte der Drei-Flüsse-Stadt mit Fernhandel, Land- und Schiffsverkehr dargestellt, außerdem Exponate vom Römerlager in Hedemünden.
Adresse: Schlosspark 5, 34346 Hann. Münden, 05541/75348,
www.hann.muenden.de

Freizeit und Natur

▸ Forstbotanischer Garten

Der Forstbotanische Garten ist ein einzigartiges Naturdenkmal mit zahlreichen Raritäten aus der ganzen Welt. Er wurde bereits 1868 für die Forstakademie Hann. Münden angelegt und umfasste bei der Eröffnung im Jahr 1870 3620 Arten aus 845 Gattungen. Nach dem Ersten und Zweiten Weltkrieg verfiel der Garten. In den 50er-

Jahren begann der Wiederaufbau. In den 70er-Jahren begann das Forstamt den Garten zu betreuen und kümmert sich um die dendrologischen Schätze. Seit 1988 ist der Garten ein flächenhaftes Naturdenkmal mit über 700 unterschiedliche Gehölzarten und -formen, die täglich besichtigt werden können.
Adresse: Mitscherlichstraße 5b, 34346 Hann. Münden, 05541/9096755

▸ Wasserspuren
Im Zusammenhang mit der Expo 2000 entstand das Kunstprojekt „Wasserspuren". An drei zentralen Innenstadtplätzen gibt es interaktive Wasserspiele und Klangkunst. Bürger und Künstler gestalteten Pflastersteine, bronzene und sprechende Klang-Gullies, Wasser- und nebelspeiende Stein-Stelen machen die Innenstadt zur Attraktion. Die Kinder haben Spaß am Fächerbrunnen, an dem sich die Wasserstrahlen gezielt steuern lassen.

Wasserbecken des Projektes Wasserspuren am Kirchplatz.

▸ Wasserlehrpfad
Auf dem Wasserlehrpfad dokumentieren historische Anlagen und Bauwerke wie Schlagden, Wehre und Schleusen die Bedeutung des Wassers für die Stadt, die auch „Stadt des Wassers" genannt wird.
Information: Hann. Münden Marketing GmbH, Am Plan 2, 34346 Hann. Münden, 05541/75342

▸ Weserliedanlage
Als Erinnerung an das Weserlied von 1835 wurde ein Denkmal mit Aussichtspunkt oberhalb der Kernstadt errichtet. Das Rondell wurde aus beigen Sandsteinen gebaut. Vom Rondell aus bietet sich ein großartiger Blick auf die Altstadt, den Zusammenfluss der drei Flüsse bis hin in den Reinhardswald. Eine bronzene Tafel erinnert an den Bildhauer Gustav Eberlein, den Dichter des Weserliedes, Franz von Dingelstedt, und den Komponisten des Liedes, Gustav Pressel.

▸ Hochbad
Das Hochbad verspricht sommerlichen Badespaß. Ein großes Schwimmerbecken mit 50 Meter Länge und 3-m-Turm, ein Kinderbecken unter einem Sonnensegel und eine breite Rutsche ins Nichtschwimmerbecken sorgen für Riesenspaß. Daneben gibt es mehrere Beachvolleyballfelder und ein Beachsoccerfeld sowie eine Cafeteria.
Adresse: Auf dem Rattwerder 3, 34346 Hann. Münden, 05541/7070

Veranstaltungen und Feste

▸ Drei Flüsse Theater
Das Drei Flüsse Theater bereichert das kulturelle Leben in Hann. Münden. Zahlreiche Produktionen wurden seit Dezember 1983 aufgeführt. Das alljährliche Wintermärchen für Kinder lädt zum Mitmachen und Träumen ein. Für Erwachsene werden Komödien, Boulevardstücke und Krimis zum Lachen und Frösteln gezeigt.
www.drei-fluesse-theater.de

DenkmalKunst-KunstDenkmal (DKKD)
Als eine Liebeserklärung an die Denkmäler in der historischen Altstadt Hann. Münden findet das Festival Denkmal statt. Interessierte Bürger und Besucher bekommen Zutritt zu normalerweise nicht zugänglichen Häusern und Denkmälern. Künstler aus der ganzen Welt setzen historische Bauwerke in Szene.
Adresse: Hinter der Stadtmauer 11, 34346 Hann. Münden, 05541/9038034

Hessisch Oldendorf

(Landkreis Hameln-Pyrmont)

Die Gründung (Hessisch) Oldendorfs geht auf die Grafen von Schaumburg zurück. Die Stadt gehörte einst zur preußischen Provinz Hessen-Nassau und erhielt 1905 zum Ortsnamen den amtlichen Zusatz „Hessisch", um sie von anderen Orten des Namens „Oldendorf" zu unterscheiden. Das Oldendorfer Wesertal wurde von mehreren Weserarmen durchflossen, die heute bei Hochwasser gut zu erkennen sind. Der Hauptarm der Weser floss direkt am „Münchhausenhof" und den Stadtwällen von Hessisch Oldendorf entlang und sicherte der Stadt durch den Schiffsverkehr erhebliche Zolleinnahmen. Zur Stadt gehört die Schillat-Höhle, die nördlichste Tropfsteinhöhle Deutschlands, und das älteste Damenstift Fischbeck. Hessisch Oldendorf besteht aus 24 Stadtteilen mit insgesamt rund 20 000 Einwohnern.

24h-Infoterminal
Marktpl. 13
31840 Hess. Oldendorf
05152/7820
www.hessisch-oldendorf.de

Touristikzentrum Westliches Weserbergland
Marktplatz 7
31737 Rinteln
05751/ 4019620
www.westliches-weserbergland.de

Sehenswertes

Baxmann-Brunnen
Vom ruhelos schöpfenden Baxmann an seiner Quelle erzählt der am Marktplatz aufgestellte Brunnen. Er wurde 2003 in Erinnerung an Cord Baxmann errichtet, den sagenumwobenen Ratskeller-Wirt, Kaufmann und Stadtmusikus, der von 1599 bis 1690 in Oldendorf lebte.

Der Baxmann-Brunnen erinnert an die auf ewig Wasser schöpfende Sagenfigur.

Die Baxmann-Sage
Cord Baxmann wurde am 23. September 1599 in Hessisch Oldendorf geboren und ist 1690 in seiner Heimatstadt verstorben. Er war Wirt des Ratskellers, Stadtpfeifer und Kaufmann. Er besaß ein großes Vermögen und ihm wurde nachgesagt, er habe es durch Betrug und Raub erhalten. Aufgrund seines hohen Lebensalters, das nur wenige Menschen erreichten, glaubten die Bürger, er habe einen Bund mit dem Teufel geschlossen.
Der Sage nach starb Cord Baxmann im Alter von 91 Jahren. An dem Trauerzug zu seiner letzten Ruhestätte nahm eine große Anzahl von Bürgern teil. Als diese wieder zurück in die Stadt kamen, staunten sie nicht schlecht, als der gerade beerdigte Baxmann am Fenster seines Hauses stand und lachend auf die Bürger schaute. So beschloss man, ihn ein zweites Mal zu Grabe zu tragen. Doch diesmal ging er gemeinsam mit den Trauernden vom Friedhof zurück in die Stadt.
Daraufhin beschlossen die Hessisch Oldendorfer, ihn mithilfe von zwei Mönchen aus einem Paderborner Kloster zu verbannen. Er wurde von einem Pferdewagen mit vier kräftigen Rappen an den Waldrand in der Nähe des Hohensteins gebracht. Als das Gespann die Stelle erreichte, waren aus den Rappen vor lauter Anstrengung Schimmel geworden. Als sich dann noch der Kutscher umdrehte, um nach Cord Baxmann zu schauen, war der Bann gebrochen und Baxmann ging fröhlich wieder nach Hessisch Oldendorf zurück.
Ein weiteres Mal wurde er mit einem Bann belegt. Dieses Mal brachten die Mönche ihn sogar persönlich in die Wälder des Hohensteins zu einer Quelle, die er mithilfe eines Siebes leerschöpfen sollte. Sollte er die Aufgabe erfüllen, würde er von dem Bann befreit. Eines Jahres zog ein eisiger Winter ins Land und ließ die Quelle gefrieren. Daraufhin schlug der Baxmann das Eis in Stücke und verteilte es auf die umliegenden Wiesen. Damit war sein Bann erneut gebrochen.
Als der Baxmann wieder in Hessisch Oldendorf war, erschraken die Bürger und riefen abermals die Paderborner Mönche zur Hilfe. Diese belegten ihn mit einem neuen Bann. So war es nun seine Aufgabe, die Quelle mit einem Fingerhut leer zu schöpfen.
Seit diesem Tage wurde er nicht mehr in Hessisch Oldendorf gesehen und man kann davon ausgehen, dass er seine Aufgabe bis heute nicht erfüllen konnte.

▸ Münchhausenhof
Der Burgmannshof entstand im 13. Jahrhundert und gilt als größter und bedeutendster Adelshof der Grafschaft Schaumburg. Ab dem 14. Jahrhundert gehörte er der Ministerialenfamilie von Büschen. 1559 kam der Münchhausenhof in den Besitz des Borries von Münchhausen. Ab 1594 gehörte er Ludolf von Münchhausen, der ihn bis 1640 bewohnte und als Humanist und Literat eine bedeutende Bibliothek zusammentrug, die nicht mehr erhalten ist. Seit 1947 wird der Gutshof privat bewirtschaftet. Er ist nicht öffentlich zugänglich.
Adresse: Weserstraße 16, 31840 Hessisch Oldendorf

▸ Evangelische Stadtkirche St. Marien
1250 wird mit dem Bau der Hallenkirche aus drei Kirchenschiffen und des Kirchturmes begonnen. Das südliche Seitenschiff wird 1354, das Mittelschiff 1377 fertiggestellt. Das breit gelagerte Langhaus hat

einen annähernd quadratischen Grundriss. Das Mittelschiff der gotischen Hallenkirche war so groß, dass die Bewohner der Stadt in ihm Zuflucht fanden. Im Turm aus vier Geschossen mit dem Pyramidendach wohnte in zwei Zimmern der Feuerwächter.
Adresse: Kirchplatz, 31840 Hessisch Oldendorf

‣ Stift Fischbeck

Das Stift Fischbeck mit Kirche und Kreuzgang ist eines der ältesten Damenstifte der Region und wurde 955 durch die adlige Helmburgis gegründet. Die Bauwerke aus dem 12. Jahrhundert sind sehenswert. Der Innenraum hat eine hölzerne Flachdecke, die mit dem Reichsadler geschmückt wurde. Ein Wandteppich aus dem Jahr 1583 zeigt die Gründungsgeschichte. Das Stift liegt auf dem Pilgerweg Loccum – Volkenroda (siehe Seite 12).
Adresse: Im Stift 6a, 31840 Hessisch Oldendorf, ✆ 05152/8603,
🌐 www.stift-fischbeck.de

Das imposante Stift Fischbeck.

Freizeit und Natur

Die Gemeinde liegt im Naturpark Weserbergland mit dem Naturschutzgebiet Hohenstein und seinen sehenswerten, 50 Meter steil abfallenden Klippen. Bei Langenfeld, einem Ortsteil Hessisch Oldendorfs, ergießt sich ein Wasserfall 15 Meter in die Tiefe.

‣ ☺ Schillat-Höhle

Deutschlands nördlichste Tropfsteinhöhle lässt sich mit einer Reise in die Unterwelt erkunden. Vom Huthaus aus geht es in einem Aufzug mit gläserner Innenwand 45 Meter in die Tiefe. Auf der fast einminütigen Fahrt können die Gesteinsschichten im Jura bis zum Korallenoolith betrachtet werden. Anschließend führt eine Wanderung vorbei an Jahrmillionen Erdgeschichte und hinein in einen aus Stein gewordenen Märchenwald. Die Schillat-Höhle mit ihren Felsmalereien, funkelnden Kristallen und leuchtenden Steinen ist für die ganze Familie faszinierend.
Adresse: natour.NAH.zentrum Schillat-Höhle, Riesenbergstraße 2a, 31840 Hessisch Oldendorf, ✆ 05751/4019620,
🌐 www.schillathoehle.de

‣ Hohenstein-Klippen

Der Gebirgszug nördlich von Hameln ist ein attraktives Wandergebiet. Von den Klippen des Hohenstein reicht der Blick weit ins Wesertal.
Eine Wanderung zu den Klippen beginnt nördlich von Zersen. Der Hohenstein ist ein bewaldetes Plateau auf rund 340 Metern Höhe. An seiner Südflanke fallen Klippen bis zu 40 Meter steil in Richtung Weser ab, sie heißen „Grüner Altar“, „Teufelskanzel“ und „Hirschsprung“. Der Weg verläuft zunächst durch den Wald und über die Wiesen des Blutbachtals, dann steil in Windungen durch den Wald bergan. Dutzende Steinstufen erleichtern den Aufstieg. Oben angekommen wird man mit einem eindrucksvollen Blick ins Wesertal

Weiter Blick ins Land vom Hohenstein.

belohnt. Entlang den Klippen zieht sich ein Höhenweg. Der Rückweg ins Tal erfolgt über bequeme Wald- und Forstwege, die Tour ist rund acht Kilometer lang.
Adresse: Hotel Papp Mühle 1, 31840 Hess. Oldendorf-Zersen, ✆ 05152/946666, 🌐 www.pappmuehle.de

▸ Baxmannbad
Das Baxmannbad mit Spray-Park ist eine Attraktion für Familien. Es sind vielfältige Spray-Elemente vorhanden, die bei den Kindern für Spaß und Unterhaltung sorgen. Für die kleinen Gäste ist innerhalb des Spray-Parks ein extra abgetrennter Bereich mit Minirutsche und stehendem Wasser vorhanden, in dem sie das Element Wasser spielerisch erleben und kennenlernen können.
Adresse: Barksener Weg 49, Hessisch Oldendorf, ✆ 05152/527826

▸ Süntelbad Haddessen
Das Bad liegt zwischen den Stadtteilen Pötzen und Haddessen.
Adresse: Pötzer Straße 34, Hessisch Oldendorf / ST Haddessen, ✆ 05152/61032

▸ Waldbad Rohden
Sie finden das Waldbad im Stadtteil Rohden, Tel. 05152/39 08.

Das attraktive Baxmannbad von oben.

Holzminden

(Kreis Holzminden)

Die im Zentrum des Weserberglands gelegene Kleinstadt wird als „Stadt der Düfte und Aromen" beschrieben. Erstmals erwähnt wurde Holzminden 832 in mehreren Corveyer Schenkungsregistern und im Jahre 1245 wurde das Stadtrecht offiziell bestätigt. Bis in das 20. Jh. hinein war Holzminden eine Ackerbürgerstadt, in der die Menschen zwar ihre Handwerke ausübten, aber auch von der Landwirtschaft lebten. Die idyllische Kreisstadt mit ihren 19750 Einwohnern ist ein idealer Ausgangspunkt für Radwanderungen in das reizvolle Oberwesertal oder für Wanderungen in den Naturpark Solling-Vogler. Viele Sehenswürdigkeiten, wie z. B. das Tillyhaus, das Severinsche Haus, das Blumsche Haus, der Raabebrunnen und das Glocken- und Figurenspiel, erinnern an die Stadtgeschichte.

Stadttourismus und Stadtmarketing
Markt 2
37603 Holzminden
05531/992960
www.stadtmarketing-holzminden.de

Touristik-Information Hochsolling
Am Wildpark 1
37603 Holzminden
05536/1011
www.hochsolling.de

Sehenswertes

Holzminden – Stadt der Düfte und Aromen
Holzminden ist Zentrum der Duft- und Geschmacksstoffindustrie und man kann etwas davon auf einem dufterfüllten Erlebnisrundgang an verschiedenen Stelen riechen. Ein weiß-blaues Band leitet den Besucher durch die Stadt zu markanten Plätzen und man erfährt dabei viel über das Stadtleben vom Mittelalter bis in die Gegenwart. Der duftende Stadtrundgang lässt sich individuell auf eigene Faust erkunden oder mit einer Stadtführerin, die telefonisch unter 05531/992960 gebucht werden kann.

Duftstele am Marktplatz, dahinter Relief-Darstellung der Altstadt von Holzminden aus dem Jahr 1995.

Tilly-Haus
Am Johannismarkt steht das Tilly-Haus, dessen eindrucksvolles Renaissanceportal auf das Jahr 1609 datiert wird. Untersuchungen haben ergeben, dass die Eichenbalken des Daches aus den Jahren 1550 und 1558 stammen und vermutlich zuvor für ein anderes Haus verwendet wurden.

Das Tilly-Haus am Johannismarkt.

Das Tilly-Haus ist das einzige Gebäude in Holzminden, das im Dreißigjährigen Krieg nicht zerstört wurde. Benannt wurde es nach dem Feldherrn Tilly, der — so die Sage — während der Belagerung im Dreißigjährigen Krieg sein Quartier in diesem Haus hatte.

▸ Severinsches Haus
Das Severinsche Haus in der Halbmondstraße ist ein reich verziertes Fachwerkhaus aus dem Jahr 1683, eine Variation des Durchgangsdielenhauses mit dem Giebel zur Straße. Mit seinen Geschossen ist es das größte Haus dieser Art in Holzminden. Sehenswert sind die üppig geschmückte Fassade und die kunstvoll gestaltete Wetterfahne.

▸ Raabe-Brunnen
Der Dichter Wilhelm Raabe verbrachte seine Kindheit in Holzminden. Mit dem 1927 von dem Bildhauer Ludwig Isenbeck geschaffenen Brunnen setzte die Stadt

Denkmal zu Ehren des Dichters Wilhelm Raabe.

ihm ein Denkmal. Die Brunnenfigur zeigt Klaus Eckenbrecher, eine Figur aus Raabes Roman „Der heilige Born“.

▸ Reichspräsidentenhaus
Im Turm des Reichspräsidentenhauses ist ein Glockenspiel angebracht, zu dessen Melodien viermal täglich die Figuren des „Meisterumzugs“ vorüberziehen.

Freizeit und Natur

▸ Unterer und Mittlerer Teich
In einer Parkanlage laden der Untere und der Mittlere Teich zum Verweilen ein. Diese beiden Teiche und ein weiterer wurden früher genutzt, um das an der Stelle der

Das Reichspräsidentenhaus.

heutigen Fachhochschule gelegene Eisenwerk durch Wasserkraft zu betreiben.
Adresse: Böntalstraße/Ernst-August-Straße, 37603 Holzminden.

▸ Wildpark und Waldmuseum Neuhaus

Ein 2,5 km langer Rundweg führt durch den 50 ha großen Naturpark, in dem über 25 heimische Wildtierarten hautnah erlebt werden können. Rehe, Hirsche, Wölfe, Luchse und viele andere Tierarten leben in ihrer natürlichen Umgebung. Im Waldmuseum werden die komplexen Zusammenhänge des Lebensraumes Wald anhand von Schautafeln und Präparaten vermittelt.
Adresse: Wildpark 1, 37603 Holzminden-Neuhaus, 05536/1011,
www.holzminden.de/hochsolling

▸ Aussichtsturm Hochsolling

Am Rand des Moosberggipfels ragt der 33 m hohe Hochsollingturm in die Höhe und bietet einen großartigen Weitblick. Besonders lohnend ist der Besuch bei Sonnenuntergang. Vom Parkplatz aus, an der L 549 zwischen Silberborn und Neuhaus, ist der Turm in zehn Minuten zu erreichen.

▸ Rad- und Wanderwege

Holzminden ist dank seiner Lage an Weser und Solling idealer Ausgangsort für Radwanderungen. Sowohl der Weser-Radweg als auch der Europaradweg sind von hier aus zu befahren. Außerdem steht eine Vielzahl gut ausgebauter und markierter Radwanderwege zur Verfügung. Im Naturpark Solling-Vogler finden Mountainbiker auf 760 km Strecke 15 Rundtouren mit allen Schwierigkeitsgraden, dazu einen MTB-Parcours mit Steinbruch. Angeboten werden auch Mehrtagestouren rund um den gesamten Naturpark.
Information: Radsport Hochsolling e.V., Danziger Straße 20, 37603 Holzminden,
05531/10201,
www.radsport-hochsolling.de

▸ Wandern

Rund um Holzminden laden 200 km Wanderwege ein, die liebliche Landschaft zu entdecken. Es besteht die Möglichkeit, Wandertouren zu buchen und ohne Gepäck entweder von einem Stammquartier aus oder von Ort zu Ort zu wandern. Ebenso sind geführte Wanderungen möglich.
Auskunft und Kartenmaterial: Touristik-Information Hochsolling, Im Wildparkhaus, Wildpark 1, 37603 Holzminden-Neuhaus,
05536/1011,
www.holzminden.de/hochsolling

▸ Schwimmbäder

Sport, Spiel und Spaß finden Wasserfreunde im Hallen- und Freibad Holzminden.
Adresse: Hallenbad/Freibad der Stadt

Holzminden, Am Strahler Ufer 16, 37603 Holzminden, ☏ 05531/4220, 🌐 www.holzminden.de/freizeitbaeder

Veranstaltungen und Feste

▸ Internationales Straßentheater-Festival
An Pfingsten bricht in Holzminden das Theaterfieber aus — die ganze Stadt steht im Zeichen des Straßentheater Festivals. Alle zwei Jahre werden Straßen und Plätze zur Kulisse für internationale Akrobaten, Pantomimen, Musiker und Schauspieler. Im Juli und August finden jeweils am Samstagabend Konzerte auf dem Mar ktplatz statt. **Informationen:** Kultur- und Stadttourismusbüro und 🌐 www.holzminden.de.

Die Lutherkirche in Holzminden.

Höxter

(Kreis Höxter)

Die alte Hansestadt an der Weser wurde im Jahre 823 erstmals urkundlich erwähnt und hat sich mit der Entwicklung der benachbarten Reichsabtei Corvey frühzeitig zu einer der bedeutendsten Städte Westfalens und einem Kulturzentrum Nordwestdeutschlands entwickelt. In der Folgezeit profitierte die Stadt vom Aufstieg der Reichsabtei und wuchs aufgrund der günstigen Lage an wichtigen Handelsrouten zu einem bedeutenden Fernhandelsplatz heran. Die historische Altstadt wird heute durch einige der bedeutendsten Gebäude der Weserrenaissance geprägt. Die rund 30 000 Einwohner leben etwa jeweils zur Hälfte in der Kernstadt und den 12 zugehörigen Ortschaften.

Stadt Höxter
Westerbachstraße 45
37671 Höxter
☏ 05271/9630
🌐 www.hoexter.de

Touristinfo Höxter
Historisches Rathaus
Weserstr.11
37671 Höxter
☏ 05271/9634242
🌐 www.hoexter-tourismus.de

Sehenswertes

▸ Historische Altstadt
Das Wahrzeichen der Hansestadt Höxter ist die St.-Kiliani-Kirche aus den Jahren um 1100, die mit ihren Doppeltürmen

die Altstadt überragt. Die weitgehend erhaltene mittelalterliche Stadtstruktur ist von Fachwerkhäusern geprägt, unter denen sich einige Beispiele für den Stil der Weserrenaissance befinden. Besonders hervorzuheben sind die Marienkirche von 1283, der früheste gotische Bau in Westfalen und bis 1804 Teil eines Minoritenklosters, das Küsterhaus von 1565, das Adam-und-Eva-Haus von 1571 in der Stummrigestraße, das 1613 ebenfalls im Stil der Weserrenaissance erbaute Rathaus Höxter sowie die Dechanei von 1561 auf dem Marktplatz – darin sind über 60 geschnitzte Halbrosetten zu bewundern, die sich alle voneinander unterscheiden.
Adresse: An d. Kilianikirche 1, 37671 Höxter

Die St.-Kiliani-Kirche umgeben von der historischen Altstadt.

Die Benediktinerabtei Corvey.

▸ **Benediktinerabtei Corvey**
Die Benediktinerabtei Corvey ist eine ehemalige Benediktinerabtei direkt an der Weser auf dem heutigen Stadtgebiet von Höxter. Corvey war ein bedeutendes karolingisches Kloster und es verfügte über eine der wertvollsten Bibliotheken des Landes. Die Abtei brachte zahlreiche bedeutende Bischöfe hervor. Corvey war stets ein Zentrum des Wissens, der Bildung und der Kultur. Die barocke Klosteranlage beherbergt neben dem Kreuzgang und dem Kaisersaal prachtvolle Einrichtungsbeispiele der weltlichen Fürsten sowie auch die Fürstliche Bibliothek mit mehr als 70 000 Bänden. Hoffmann von Fallersleben, der Dichter des Deutschlandliedes, wirkte einst als Bibliothekar in Corvey. Neben den geschichtlichen Dauerausstellungen und ganzjährigen Führungen präsentiert das Museum hochwertige Kulturveranstaltungen. Corvey ist seit 2015 UNESCO-Weltkulturerbe und gehört zu den beliebtesten Ausflugzielen der Region.
Adresse: Schloss Corvey, 37671 Höxter, 05271/68168, www.corvey.de

Koptisches-Orthodoxes Kloster Brenkhausen

Das um 1240 gegründete Kloster Brenkhausen ist heute Sitz des Koptischen Bischofs von Norddeutschland. Als eine der ältesten Kirchen der Welt entstand die Koptische Kirche im ersten Jahrhundert in Ägypten. Der Name „Kopte“ bezeichnet die ägyptischen Christen. Die Klosterbewohner sind sehr gastfreund lich und im Kloster kann man sich auf die Spur der Ägypter und einer der ältesten christlichen Kirchen überhaupt begeben. Sehenswert sind die farbenprächtigen und einzigartigen koptischen Malereien, mit denen das Kloster ausgeschmückt ist. Auf einer riesigen Nilkarte wird die Reiseroute der Heiligen Familie ins einstige Land der Pharaonen dargestellt. Ergänzend dazu zeigen Fotoausstellungen aktuelle Bilder und Momentaufnahmen der modernen Kirchen in Ägypten.
Ein weiteres Highlight stellt die Ausstellung „Sprechendes Holz“ mit imposanten und teilweise überlebensgroßen Holzskulpturen im Kreuzgang dar. Neben weiteren Dauerausstellungen von Bibeln und Miniatur-Modellen der berühmtesten Kirchen der Welt werden auch Sonderausstellungen gezeigt.
Adresse: Propsteistraße 1a, 37671 Höxter-Brenkhausen, 05271/18 905,
www.koptisches-kloster-brenkhausen.de

Museen

Museum im Hütteschen Haus

Im Hütteschen Haus, einem historischen Fachwerkhaus im Stil der Weserrenaissance von 1565 in Höxters Kernstadt, befindet sich seit 2012 eine kleine, aber feine Privatsammlung zur Kultur-, Alltags- und Designgeschichte seit 1880. Das Museum ist nur während der laufenden Ausstellungen geöffnet. Es zeigt im Frühjahr jeweils eine kulturgeschichtliche Ausstellung über eine Dekade des 20. Jahrhunderts, im Sommer abwechselnd eine Lego- bzw. Playmobilausstellung und zu Weihnachten eine Ausstellung zu einem weihnachtlichen Thema oder altem Spielzeug.
Adresse: Nicolaistraße 10, 37671 Höxter, 05271/9516640,
www.höxter-museum.de

Forum Jacob Pins

Nach jahrzehntelangem Leerstand und Verfall wurde 2008 der ehemalige Corveyer Lehnshof Heisterman von Ziehlberg restauriert und als Forum Jacob Pins eröffnet. Damit wurde ein historisches Baudenkmal an die Einwohner zurückgegeben, dessen Ursprünge ins 13. Jh. zurückreichen. Das Gebäude gibt Einblick in den Wandel der Wohnvorstellungen einer adligen Familie vom 16. bis zum 19. Jahrhundert. Das Forum ist ebenfalls ein Ort der Erinnerung an die jüdischen Mitbürger Höxters. Auf ca. 400 qm Ausstellungsfläche wird das Werk des aus Höxter stammenden deutsch-israelischen Künstlers Jacob Pins gezeigt.
Adresse: Westerbachstraße 35–37, 37671 Höxter, 05271/6947441,
www.jacob-pins.de

Freizeit und Natur

Fahrt auf der Weser

Eine Weserschifffahrt mit der „Flotten Weser“ gehört bei einem Besuch im Weserbergland einfach dazu. Da Radfahrer an Bord willkommen sind, bietet es sich an, eine Strecke mit dem Rad, die andere entspannt mit dem Schiff zu unternehmen. Das Fahrgastschiff „Höxter“ befährt täglich (außer Mo) die Weser von

Bad Karlshafen nach Corvey und zurück. Fahrkarten können direkt auf dem Schiff oder in der Tourist-Information gelöst werden.
05151/939999, www.flotte-weser.de

Fahrgastschiff Holzminden der Flotte Weser auf der Weser bei Höxter. Im Hintergrund die Türme der St.-Kiliani-Kirche und des Rathauses.

Freizeitanlage Höxter-Godelheim

Nur 1,5 km südlich der Innenstadt lädt die Freizeitanlage Höxter-Godelheim zu Badespaß, Spiel und Entspannung für die ganze

Der Sandstrand mit dem flachen Uferbereich.

Familie ein. Der frei zugängliche Badesee befindet sich direkt am Weser-Radweg. Ein feiner Sandstrand mit seinem flachen Uferbereich zieht sich um die gesamte Badebucht. Die gepflegte und weitläufige Anlage mit zahlreichen Spielplätzen und Sportangeboten wie Boule, Beachvolleyball, Skate-Park, Pumptrack versprechen großen Spaß. Weitere Möglichkeiten zur sportlichen Freizeitgestaltung bieten ein Boots- und E-Bike-Verleih, Segelschule und Angelmöglichkeit.
Adresse: Weserstraße 11, 37671 Höxter,
05271/9634242,
www.freizeitgelaende.de

Freibad Höxter

Das im Jahr 2019 nach umfassender Renovierung neu eröffnete Freibad in herrlicher Weserlage ist denkmalgeschützt. Zu einer schönen Planschbeckenanlage für die Kleinsten gesellen sich eine Wellenrutsche und ein 5-Meter-Sprungturm. Für Schwimmer gibt es ein 50-Meter-Becken. Die Liegewiese wird von großen Bäumen beherrscht und bietet an sonnigen Tagen zahlreiche Schattenplätze.
Adresse: Sportzentrum 7, 37671 Höxter,
05271/35000

Kanu und Kajak

Im Bereich von Höxter gibt es vier Anlegestellen: Höxter-Wassersport, Höxter-Altstadt, Corvey und Lüchtringen. Die beiden ersten Anleger bieten sich für eine Besichtigung der historischen Altstadt an, da sie fußläufig von der Innenstadt aus zu erreichen sind. Der Anleger Corvey ermöglicht die Besichtigung des UNESCO-Weltkulturerbes Corvey und der Lüchtringer Anleger eignet sich als Rastmöglichkeit für ein kleines Picknick in beschaulicher Natur. Es gibt zwei Anbieter von Paddeltouren auf der Weser mit „Kanu Krome" in der Domäne von Corvey und „Weserbergland Aktiv" in der Ortschaft Stahle.

Adressen: Krome Kanu, Corvey 1, 37671 Höxter,
05271/6946866,
www.krome-kanu.de
Weserbergland Aktiv, 37671 Höxter (Stahle), 05531/10477 oder 0176/93601769,
www.weserbergland aktiv.com

▸ Flugplatz Höxter-Holzminden

Auf dem Flugplatz Höxter-Holzminden werden kostenlose Führungen hinter die Kulissen und in den Tower angeboten. Am Platz sind mehrere Flugschulen und Fliegerclubs beheimatet, die interessierten Besuchern nahezu jede Möglichkeit des Fliegens bieten. Fallschirmspringen ist ebenso möglich wie Ballonfahren. Und auch, wer nur zum Schauen kommt, ist herzlich willkommen. An einem kleinen Flugsimulator lässt sich die Welt des virtuellen Fliegens erkunden und mit vielen verschiedenen Luftfahrzeugen an jedem Flugplatz der Welt starten und landen. Mit moderner Technik sorgt der Simulator für großen virtuellen Flugspaß. Selbst der Flugplatz Höxter ist mit Liebe zum Detail äußerst realistisch nachgestellt worden. Eine Runde im Simulator zu fliegen ist kostenlos und nach Anmeldung unter info@flugplatz-hx.de möglich.

Adresse: Räuschenbergstraße 100, 37671 Höxter, 05271/6999060,
www.flugplatz-hx.de

▸ Wandern

In und um Höxter sind verschiedene Wanderwege ausgeschildert. Empfehlenswert ist der 18 km lange Renaissance-Weg, ein Rundweg mit schönen Aussichtspunkten. Andere Wege führen unter dem Motto „Erlesene Natur", „Wege der Vielfalt" und „Zu Besuch im Paradies" durch die Landschaft. Weitere lohnende Wanderziele sind die Weinbergkapelle am Räuschenberg, der 12 m hohe Rodeneckturm (1883) und der 1900 eingeweihte Bismarckturm.

Information: www.hoexter-tourismus.de/erleben/wandern/tourenvorschlaege-wandern

▸ Radfahren

Durch Höxter führen der Weser-Radweg, der zu den beliebtesten Radwegen Deutschlands zählt, der Europaradweg R 1 sowie die D-Route 3, die ebenfalls zu den bekanntesten Radfernwegen in Deutschland gehören. Im Stadtgebiet bietet ein attraktives Streckennetz zahlreiche Routen, um den historischen Stadtkern und die Region auf Rundtouren kennenzulernen, wie z. B. Die Fährmann-hol-über-Tour (16 km) oder die Kloster-Garten-Route (315 km) und die Weser-Tour (39 km).
www.hoexter-tourismus.de/erleben/radfahren/tourenvorschlaege-radfahren

Spielplatz Freizeitanlage Godelheim.

Kalletal

(Landkreis Lippe)

Kalletal wird als „Große Landgemeinde" bezeichnet. Die erste Besiedelung wird auf das Ende der Bronzezeit um 700 vor Christus datiert. Eingebettet in eine sanfte Hügellandschaft mit fruchtbaren Böden, wird das Kalletal intensiv landwirtschaftlich genutzt, wovon zahllose prächtige Bauernhöfe zeugen. Kalletal besteht aus 16 ehemals selbstständigen Gemeinden, die im Zuge der Gebietsreform zur Großgemeinde Kalletal wurden. Der Hauptort Hohenhausen liegt auf einer Höhe von 160 m ü. NN. Im Norden der Gemeinde fließt die Weser, die dort den Großen Weserbogen ausbildet und die Gemeindegrenze zu Vlotho und Porta Westfalica ist.

Gemeinde Kalletal
Tourist-Info in der Corves Mühle
Küsterweg 2
32689 Kalletal
05264/644130
www.kalletal.de

Sehenswertes

Schloss Varenholz
Die Anfänge des im Stil der Weserrenaissance erbauten Schloss Varenholz gehen auf das 12. Jahrhundert zurück. Zurzeit befindet sich eine Privatschule mit Internat im Schloss. Daher kann das Schloss nur von außen besichtigt werden. 1945 bis 1949 war es eine Niederlassung der UFA, später ein Internat. Eine evangelisch-reformierte Kirche befindet sich innerhalb der Ringmauer, ebenso ein kreuzförmiger Saalbau mit gedecktem Schiff aus dem Jahr 1500, der gewölbte Nordflügel aus dem 14. Jahrhundert und der Südflügel mit Portal von 1839. Der Schlossgarten ist öffentlich zugänglich. Er liegt auf einer steil abfallenden Terrasse zur Weserniederung hin.
Adresse: Beutebrink 1, 32689 Kalletal, www.schloss-Varenholz

Windmühle Bentorf
Die Windmühle Bentorf ist die letzte original erhaltene betriebsfähige Windmühle im Kreis Lippe und dem Weserbergland. Sie wurde im Jahr 1889 vom Müller Hermann Ohsiek errichtet, seit 1928 befindet sie sich im Besitz der Familie Brink. 1988 wurde die Mühle stillgelegt und von der Familie und dem Museumsverein Kalletal e. V. restauriert, um sie der Allgemeinheit zu erhalten. Seit 1992 wird die Mühle als Museum betrieben. Sie ist am Tag der offenen Tür geöffnet und es wird der historische Mahlvorgang vorgeführt.
Adresse: Windmühlenstraße10, 32689 Kalletal, 05264/352,
www.museumsverein-kalletal.de

Windmühle Bavenhausen
Hoch oben auf dem Windberg thront die Erdholländer-Windmühle aus dem Jahr 1853. Seit der Stilllegung im Jahr 1948 wird das Innere der Windmühle als Hochbehälter für die Wasserversorgung der Umgebung genutzt. Von vielen Punkten des Kalletals aus kann die Mühle gesehen werden, sogar in den dunklen Abendstunden, weil sie beleuchtet ist. Die Mühle ist ein Wahrzeichen der Region und gut zu Fuß zu erreichen auf einer Wanderung über die 9 km lange Bavenhausener Mühlentour und durch das Naturschutzgebiet Teimer.
Adresse: Mühlenweg 3, 32689 Kalletal-Bavenhausen

Die Erdholländer-Windmühle Bavenhausen.

▸ Klemmes Mühle.
Klemmes Mühle ist eine aus sechs Fachwerkhäusern bestehende Hofanlage in Dalbke mit einer Wassermühle, die auf eine 500-jährige Geschichte zurückblicken kann. 1986 wurden alle Gebäude in ihren Originalzustand gebracht und stehen seitdem unter Denkmalschutz. Das alte Backhaus wird an fünf Tagen in der Woche genutzt, um leckere Backwaren herzustellen, die genauso im eigenen Hofladen angeboten werden, so wie eine Vielzahl anderer landwirtschaftlicher Produkte. Tierhaltung wird nur im kleinen Rahmen betrieben.
Adresse: Hofladen Klemme, Dalbke 3, 32689 Hohenhausen, ✆ 05264/398

Freizeit und Natur

▸ Wandern und Radfahren
Fast 400 km Wanderweg ziehen sich durch das Kalletal. Die Weserbergland-Blick-Tour führt Wanderer ganz in den Norden von Kalletal. Durch den Forst Langenholzhausen eröffnet sich an der Ringelbreite ein eindrucksvoller Panaoramablick ins Weserbergland mit Ausguck auf das Kaiser-Wilhelm-Denkmal und den Stemmer See. Der 5 km lange Waldfreundeweg Bavenhausen führt auf urigen Naturpfaden durch einen Waldmeister-Buchenwald und eine reiche Pflanzen- und Tierwelt. Ein abwechslungsreicher Wanderweg, der A1, verläuft rund um Heidelbeck. Er bietet reizvolle Aus- und Einblicke in das nordlippische Bergland. Der Weg führt am Heidelbecker Wald- und Forstmuseum vorbei. Die Bärenkopfroute ist eine abwechslungsreiche Wanderung im Naturschutzgebiet auf urigen Waldpfaden. Im Bereich des Bärenkopfes wartet im Frühjahr ein zauberhaftes Farbenspiel: Zur Lerchenspornblüte zwischen März und April verwandeln sich hier große Flächen für kurze Zeit in ein zauberhaftes, violett-weißes Blütenmeer. Das nördliche Kalletal kann mit dem Fahrrad auf dem Weser-Radweg erkundet werden.

Kirchberg mit Blick auf das Kaiser-Wilhelm-Denkmal.

▸ Naturschutzgebiet am Teimer
Durch eine Verordnung im Jahr 1983 wurde das Naturschutzgebiet am Teimer festgelegt. Das Schutzgebiet mit einer Größe von 35 Hektar umfasst den Teimer, den Bamberg und Teile des Rentorfer Bachtals. Artenreiche Flora und Fauna sowie

53 verschiedene Vogelarten konnten im Naturschutzgebiet nachgewiesen werden. Die aktuelle Größe beträgt 71 Hektar, auf denen überwiegend Waldmeister-Buchenwald, Hecken und Feldhölzer, Äcker, Wiesen und Weideland zu finden sind. Der Rentorfer Bach ist zu einem Fischteich aufgestaut worden. In den Feuchtgebieten lassen sich Fischreiher und Eisvögel beobachten.

▸ Wasserski

Eine Wasserskianlage gehört zur Campinganlage Kalletal. Der See ist 8 ha groß und verfügt über eine 800 Meter lange 5-Mast-Anlage für Wasserski-, Trickski- und Wakeboard-Fahrer. Die benötigte Ausrüstung „von Kopf bis Fuß" – auch Neoprenanzüge – können vor Ort ausgeliehen werden.

Adresse: Wasserski & Wakeboard Kalletal, Seeweg 1, 32689 Kalletal, 05755/777, www.wasserski-kalletal.de

Action pur auf dem Seepark.

▸ Weserfähre Varenholz-Veltheim

Eine historische Hochseilfähre in Veltheim-Varenholz bringt Radfahrer und Wanderer über die Weser.

Adresse: Zur Veltheimer Fähre, 32457 Porta Westfalica, 05264/644112

Lemgo

(Landkreis Lippe)

25 Kilometer von Bielefeld entfernt liegt in der Region Ostwestfalen die heutige Hochschulstadt Lemgo. Sie ist mit 44 000 Einwohnern die drittgrößte Stadt des Kreises Lippe. 1190 wurde der Ort von den Herren zu Lippe als Planstadt gegründet und zwar an der Kreuzung zweier wichtiger Handelswege. Seit 1245 besitzt Lemgo Stadtrechte. Im Spätmittelalter gehörte die Stadt zur Hanse und wird daher bis heute „Alte Hansestadt" genannt. Das zeigt sich auch im historischen Stadtbild: Zahlreiche Bauwerke der Spätgotik und der Weserrenaissance zeugen vom einstigen Reichtum der Stadt. Heute ist Lemgo der Sitz der Technischen Hochschule Ostwestfalen-Lippe. Anlässlich des 500. Jubiläum der Reformation wurde der Stadt im März 2011 der Ehrentitel „Reformationsstadt Europas" verliehen.

Lemgo-Information
Lemgo Marketing e. V.
Kramerstraße 1
32657 Lemgo
05261/98870
www.lemgo-marketing.de

Sehenswertes

▸ Rathaus und Marktplatz

Das Rathaus der Hansestadt ist durch seine stilvolle Fassade ein Baudenkmal von europäischem Rang und wurde in die UNESCO-Liste 1 aufgenommen. In mehreren Jahrhunderten erhielt die Fassade aus Gotik und Renaissance ihre heutige Gestaltung. 1325 bis 1589 wurde das Gebäude erweitert und verändert. 1565 entstand die sehenswerte Ratslaube. 1589 kam die neue Ratsstube und als Prunkstück und Höhepunkt der Weserrenaissance der Apothekererker mit den kostbaren Steinmetzarbeiten dazu. Zur Zeit der Renaissance arbeiten viele bedeutende Steinmetze in Lemgo, darunter Georg und Ernst Crossmann. Der Marktplatz ist einer der schönsten Stadtplätze der Region. Hier findet reges Treiben statt. Auf der einen Seite das eindrucksvolle Rathaus, auf den anderen Seite stehen eindrucksvolle jahrhundertalte Giebelbauten, u. a. Ratskeller, Ballhaus, Haus Asemissen und das Zeughaus.

Der Marktplatz mit den eindrucksvollen Fassaden.

▸ Bürgerhäuser

Zahlreiche Kaufmannshäusern aus der Spätgotik und der Renaissance mit reich verzierten Giebeln lassen sich im historischen Stadtkern bewundern. In der Mittelstraße 54 und 56 sind Gebäudeteile aus dem 13. Jahrhundert und aus der frühen Gotik erhalten. Die Mittelstraße ist größtenteils als Fußgängerzone ausgewiesen, hier befinden sich die bedeutendsten Bürgerhäuser der Stadt. Am Ende der Mittelstraße steht der Kanzlerbrunnen des Aachener Künstlers Bonifatius Stirnberg. Reich verzierte Fachwerkhäuser reihen sich aneinander. Das Planetenhaus (Nr. 34) von 1590–95 gehört mit seinen Darstellungen der damals bekannten Planeten zu den originalsten Fachwerkgiebeln Deutschlands.

▸ Kirche St. Nicolai

Die Stadt Lemgo verfügt über zwei evangelisch-lutherische Stadtkirchen. Die ältere ist die St.-Nicolai-Kirche. Wenige Jahre nach der Stadtgründung (um 1190) wurde mit dem Bau der ersten Kirche begonnen. Um 1300 wurde die Kirche vergrößert und es entstand eine Hallenkirche im gotischen Stil. Die ungewöhnlichen Doppeltürme der Kirche sind das Wahrzeichen der Stadt Lemgo. Durch die unterschiedlichen Dächer der Türme werden sie auch als die „ungleichen Brüder" bezeichnet. Der höhere gehört der Kirche und trägt die Glocke, der kleinere Turm mit dem Zwiebelhelm ist im städtischen Besitz. Die Wächterstube vom Turmwächter von 1854 ist mit Kamin, Wohnraum und Ausguck erhalten. Dort ist das Glockenspiel untergebracht, das alle zwei Stunden erklingt. In der Kirche sind viele bau- und kunstgeschichtlich wertvolle Gegenstände erhalten.
Adresse: Papenstraße 11, 32657 Lemgo

▸ Kirche St. Marien

Die evangelisch-lutherische Pfarrkirche ist eine ehemalige Klosterkirche der Dominikanerinnen. Baubeginn war 1260, 1279 wurde sie zum ersten Mal durch den Paderborner Bischof Otto von Rietberg urkundlich erwähnt. Um 1528 wurde die Kirche in ein evangelisches Jungfrauenkloster umgewandelt. Die schlichte, dreischiffige Hallenkirche mit einem ungewöhnlichen Ostturm steht an der Breiten Straße. Sie entspricht typischen westfälischen Pfarrkirchen und zählt zu den qualitätsvollsten

Schöpfungen der klassischen Gotik. Sie beherbergt wertvolle Gegenstände aus dem späten 15. Jh. und die überregional bekannte Schwalbennestorgel von 1612.
Adresse: Stiftstraße 21, 32657 Lemgo

▸ Kirche St. Johann
Die Kirchengeschichte der St.-Johann-Kirche reicht bis in das Jahr 780 zurück. Die Kirche wurde im Jahr 1638 zerstört, nur der Turm ist erhalten und steht heute auf dem Friedhof, Herforder Straße Ecke Steinweg, umgeben von sehr alten Grabsteinen. In ihm hängt die älteste Kirchenglocke im Lipper Land. Die Bronzeglocke stammt aus dem Jahr 1398.
Adresse: Mittelstraße 133, 32657 Lemgo

Museen

▸ Museum Hexenbürgermeisterhaus
Ein Beispiel bürgerlichen Bauens und Wohnens aus dem 16. Jahrhundert ist das Hexenbürgermeisterhaus. Es gilt als ein bedeutendes Baudenkmal der Renaissance des Weserraums. 2007 wurde im Hexenbürgermeisterhaus eine neue Ausstellung zur Geschichte des Hauses und zur Lemgoer Stadtgeschichte angelegt. Folterinstrumente aus der Zeit der Hexenverfolgung, die Geschichte der Hanse und der Reformationszeit bis hin zur Neuzeit werden dargestellt. Einen Schwerpunkt bildet die Ausstellung über den Naturwissenschaftler und Arzt Engelbert Kaempfer (1651–1716).
Adresse: Breite Straße 17–19, 32657 Lemgo, 05261/213276,
www.hexenbuegermeisterhaus.de

▸ Museum Junkerhaus
Das eigenwillige gestaltete Fachwerkhaus, Junkerhaus genannt, ist das Haus des Künstlers Karl Junker. Ein Gesamtwerk aus Holz zählt seit seiner Fertigstellung im Jahr 1891 zu den Sehenswürdigkeiten der Stadt Lemgo. In Jahrerlanger Arbeit gestaltete der Künstler die Fassade des Hauses mit fantasievollen Schnitzereien, auch die Inneneinrichtung und Schränke baute er selbst. In einem angebauten modernen Museumsgebäude werden die Arbeiten des Malers, Architekten und Bildhauers Karl Junker gezeigt.
Adresse: Hamelner Straße 36, 32657 Lemgo, 05261/667695, www.junkerhaus.de

Das kuriose Junkerhaus.

▸ Frenkel-Haus
Das Frenkel-Haus mitten in Lemgo war das Wohn- und Geschäftshaus der jüdischen Familie Frenkel. Am 28. Juli 1942 wurde die Familie mit ihren vier Kindern und drei Hausangestellten deportiert. 1944 fand die Familie bis auf eine Tochter im Konzentrationslager in Ausschwitz den Tod. 1988 wurde im Erdgeschoss des Hauses eine Dokumentations- und Begegnungsstätte eröffnet, die über die Geschichte der Familie berichtet.
Adresse: Echternstraße 70, 32657 Lemgo

Weserrenaissance-Museum Schloss Brake

Als Residenz des Grafen Simon VI. zur Lippe, wurde auf den Grundmauern einer der größten mittelalterlichen Burgen, der Burg „Brac“, das Schloss Brake im Jahr 1584 erbaut. Mit seinem markanten Turm ist das Schloss von Weitem sichtbar. Das Schloss wurde im Stil der Renaissance errichtet, die im Weserraum im 16.–17. Jahrhundert eine besondere Ausprägung erfuhr. Seit 1989 befindet sich hier das Weserrenaissance-Museum. In verschiedenen Ausstellungen wird die Kulturgeschichte des Weserraumes dargestellt. Einblicke in die Architektur, Malerei, Tisch- und Tafelkultur, Mode, Alchemie und Astronomie sind ein idealer Ausgangspunkt zur Reise ins Weserbergland. Sämtliche Museumsräume, außer der Schlosskapelle und dem Turm, sind für Rollstuhlfahrer zugänglich.
Adresse: Schlossstraße 18, 32657 Lemgo, 05261/25020

Auto-Museum

In Hörstmar befindet sich das kleine Lemgoer Automuseum, ein Privatmuseum mit 40 klassischen Sport- und Rennwagen. Der Schwerpunkt der Exponate liegt bei Mercedes und Porsche, aber auch VW, Ferrari und Rolls Royce sind vertreten.
Adresse: Automuseum Lemgo, Industrieweg 4, 32567 Lemgo, 05261/2878686, www.automuseum-lemgo.de

Städtische Galerie Eichenmüllerhaus

Das Ehepaar Eichenmüller übertrug 1976 sein Haus der Stadt Lemgo mit der Auflage, einen Begegnungsort für Kunst und Kultur zu schaffen. 1989 wurde dies nach Umbauarbeiten im Erdgeschoss des Hauses verwirklicht. Regelmäßig werden spannende Positionen der Gegenwartskunst gezeigt. Es werden Sonderveranstaltungen sowie Workshops für Jugendliche und Kinder angeboten.
Adresse: Braker Mitte 39, 31657 Lemgo, 05261/89396, www.eichenmueller-haus.lemgo.net

Freizeit und Natur

Wandern

In der Stadt Lemgo bietet sich für den Besucher der Rundgang über die Wallanlage und die zum Teil erhaltenen historische Stadtbefestigung an. Südöstlich der Altstadt befindet sich der Abteigarten mit alten Bäumen und drei Denkmälern. Das Naturschutzgebiet Begatal mit seinem 21 Kilometer langen Gewässerabschnitt dient der Ruhe und Erholung. Auch ein Besuch im Stadtwald lohnt sich. Vorbei an einem Wildschweingehege gelangt man zu den Försterteichen mit verschiedenen Wasservögeln. Im weiteren Verlauf führt der Weg durch einen schattigen Wald zum Wildgehege. Auf dem Weg zurück geht es durch eine Oase von Wildblumen mit einem guten Ausblick auf die Stadt. Der 72 km lange Hansaweg, der durch das Lipperland führt, durchquert ebenfalls die Stadt.

Radfahren

Lemgo zeichnet sich durch ein gut ausgebautes und beschildertes Radwegenetz aus. Die überregionale Bahn-Rad-Route Weser-Lippe und der Hellweg-Weser durchqueren die Stadt. Der ökologische Radwanderweg EULE ist als ein Lehrwander- und Radweg für die ganze Familie gedacht. Auf neun Stationen über 26 km wird umweltbewusstes Energieverhalten präsentiert.
Informationen: www.teutonavigator.de

STAFF Landschaftspark

Nördlich der Stadt liegt der STAFF-Landschaftspark der gemeinnützigen STAFF-Stiftung. Der Park ist öffentlich zugänglich und schmückt sich mit einigen modernen Kunstwerken. Der Landschaftspark steht auf einer ehemals landwirtschaftlich genutzten Fläche des ehemaligen Wohnsitzes des heutigen Stifters. Stiftungsziel ist es, Kunst und Natur zusammenzuführen. Besucher laufen durch Weideflächen und Wildblumenwiesen, vorbei an den Kunstwerken „Das Blaue Leuchten" von Doersten Diekmann und den drei Stahlblöcken „Lemgo Vectors" von Richard Serra. Der Ausblick über die historische Stadt und das Panorama mit Sicht in den Teutoburger Wald runden die Wanderung ab.

Adresse: Waterfohr 40, 32657 Lemgo, 05261/4119, www.staff-stiftung.de

Eau-Le Freizeitbad – Aquasports – Saunaland

Das Eau-Le bietet seinen Besuchern ein vielfältiges Angebot. Ein Erlebnis-Außenbecken, ein Sprungturm, eine extrabreite Wasserrutsche, ein Beachvolleyballfeld und ein Strömungskanal, in dem man sich treiben lassen kann, bieten eine Menge Spaß. Im Innenbereich gibt es ein 25-Meter-Becken mit einem 3-Meter-Sprungturm. Ein separater Bereich für Kleinkinder ist drinnen und draußen vorhanden. Eine Saunalandschaft bietet unterschiedliche Wärmeerlebnisse.

Adresse: Pagenhelle 14, 32657 Lemgo, 05261/255224, www.eaule.de

Veranstaltungen und Feste

Ostermarkt

Der Ostermarkt wird seit dem Jahr 2004 von Lemgo Marketing organisiert. Er findet immer zwei Wochen vor Ostern mit einem verkaufsoffenen Sonntag statt. Der österliche Bauern- und Kreativmarkt beginnt um 11 Uhr im Lippegarten. Es beteiligen sich über 30 Direktvermarkter, die regionale Produkte aus eigener Herstellung, wie zum Beispiel österliche Gestecke, Handarbeiten und zur Jahreszeit passende landwirtschaftliche Erzeugnisse anbieten.

> Kindertheater im Schmiedeamtshaus

Von April bis Oktober findet am zweiten Samstag im Monat um 11:00 Uhr das Kindertheater statt. Gespielt wird im Schmiedeamtshaus am Lemgoer Marktplatz. Viele verschiedene Künstler begeistern schon die Kleinsten mit Gesang, Zauberei und Puppenspiel.

Strohsemmelfest

Am letzten Wochenende im Juni findet in Lemgo von Freitag bis Sonntag das Strohsemmelfest statt. An diesem großen Stadtfest wird an vielen Ständen alles rund um die bekannte Lemgoer Strohsemmel angeboten.

Bruchmarkt

Unter dem Motto „Regional genießen" findet der Lemgoer Bruchmarkt immer am dritten Wochenende im Oktober statt. Highlights sind der Bauernmarkt am Sonntag im Lippegarten und die Mittelstraße verwandelt sich bereits ab Freitag in einen großen Verkaufsmarkt mit vielen Ständen und Kinder-Karussell am Marktplatz. Dazu gibt es am Samstag, nach dem Wochenmarkt, ab 16:00 Uhr ein Kindertheater auf dem Marktplatz.

Kläschenmarkt

Anfang Dezember findet in Lemgo der traditionelle Kläschenmarkt, den es bereits seit 1365 in Lemgo gibt, statt. Eine kilometerlange Budenstadt mit Verzehrständen, Geschenkartikeln und anderen schönen Dingen führt durch die Mittelstraße, Ostertor, Kastanienwall, Parkplatz Bleiche bis hin zum Regenstorplatz. Hier befinden sich viele verschiedene Fahrgeschäfte für Groß und Klein und alle laden zum Mitfahren ein. Auf dem Marktplatz gibt es außerdem Karitative Stände mit Glühwein und Leckereien. Informationen: www.klaeschen-lemgo.de

> Lemgoer Winterwelt
In der Zeit vom 25.11. bis 26.12.2022 verwandelt sich der Lippegarten in Lemgo in die atmosphärische „Lemgoer Winterwelt" – DER Treffpunkt in der Adventszeit! Das musikalische Rahmenprogramm mit täglichen Live-Auftritten und das Kinderprogramm an ausgewählten Tagen tragen zur vorweihnachtlichen Stimmung bei.
X www.lemgoer-winterwelt.de
Informationen über alle Veranstaltungen:
X www.lemgo-marketing.de/veranstaltungen/jaehrliche-veranstaltungen

Lügde

(Landkreis Lippe)

Erstmals erwähnt wird Lügde im 8. Jh. Im 12. Jh. findet man den Ort auf einer geprägten Münze des Grafen Gottschalk I. von Pyrmont, weshalb vermutetet wird, das Lügde zu diesem Zeitpunkt bereits das Stadtrecht besaß. Die Stadtgründung stellt, wie zu dieser Zeit üblich, ein „Lippisches Dreistraßensystem" dar, das noch heute erhalten ist. Die Grafen von Pyrmont ließen Lügde zu einer „Festungskleinstadt" ausbauen. Die Stadtmauer, Wallgrabenanlage und Wehrtürme sind größtenteils erhalten. Überall in der historischen Stadt ist Geschichte zu erleben. Aufgrund eines uralten Brauchs der Stadt, dem Osterräderlauf, darf sich die Stadt seit 2012 „Stadt der Osterräder" nennen. 2022 wurde Lügde mit allen zehn Ortsteilen als „staatlich anerkannter Erholungsort" etikettiert.

Tourist-Information Lügde
Am Markt 1
32676 Lügde
05281/770870
www.luedge.de

Sehenswertes

Historische Altstadt
Die Ackerbürgerstadt musste im Laufe der Jahrhunderte eine viel bewegte Geschichte erleben. Wegen Feuer und Überschwemmungen wurde die Stadt mehrfach wieder aufgebaut. Erhalten sind die Stadtmauer und Wallanlagen und zwei der sieben Wehrtürme. Mit dem Wiederaufbau im 18. Jh. entstand das Stadtbild mit den frühklassizistischen Fachwerkhäusern und den typischen hallenartigen Deelen. Der Ziegenbrunnen am Marktplatz zeugt von der Zeit der Ackerbürger, die eben Ziegen hielten. Lügde gehört zu den am besten erhaltenen Ackerbürgerstädten des Landes und ist Mitglied in der Gemeinschaft „Historische Stadtkerne in Ostwestfalen/Lippe".

Kloster Falkenhagen
Am Fuße des Köterbergs wurde das Kloster Falkenhagen erbaut, heute eine fast völlig erhaltene spätmittelalterliche Klosteran-

lage aus dem Jahr 1509. Die Anfänge der Klosteranlage findet man bereits im Jahr 1247, als das Zisterzienserkloster Falkenhagen gegründet wurde. Vier Jahrhunderte lang gehörte das Kloster vier Orden an. Im Dreißigjährigen Krieg wurden Teile des Klosters zerstört. Heute sind die ehemalige Klosterkirche mit Kreuzgang, der Kapitelsaal, das Refektorium und das Dormitorium erhalten, Letzteres dient als Pfarrhaus und gilt als das älteste Fachwerkhaus in Lippe. **Adresse**: Kloster Falkenhagen 7, 32676 Lügde-Falkenhagen, ☏ 05283/948080, 🌐 www.klosterlandschaft.owl.de

▸ Ehemaliges Franziskanerkloster
1749 legten Franziskanermönche den Grundstein für ein Klostergebäude mitten in Lügde. Sieben Jahre Bauzeit benötigten sie, bis sie es 1756 einweihten. Bereits im Jahr 1812 wurde das Kloster von der Westfälischen Regierung in Kassel wieder verkauft. Das Kloster wurde in einen Viehstall umgebaut, die Orgel ausgebaut und verschleppt. 1859 übernahm die Katholische Kirchengemeinde das Kloster und es zogen Ordensschwestern ein. Von 1912 bis 1958 war das Gebäude ein Krankenhaus der Stadt Lügde, später ein Altenheim. Ende der 90er-Jahre wurde das Gebäude aufwendig umgebaut und es wurde die Heimat für einen Kindergarten und die städtische Bücherei. Der Klostersaal wird für kulturelle Veranstaltungen genutzt und damit das ehemalige Kloster zum Zentrum sozialen und kulturellen Zusammenlebens in Lügde. **Adresse**: Mittlere Straße 2, 32676 Lügde, ☏ 05281/967000, 🌐 www.kulturimkloster.de

▸ Kilianskirche
Inmitten eines früher befestigten Friedhofes steht südlich der Stadt Lügde die Sankt-Kilians-Kirche. Der Vorgängerbau der heutigen Kirche, ein einschiffiger Saalbau, entstand in der Karolingischen Zeit. Im Jahre 784 feierte Karl der Große sein Weihnachtsfest im Vorgängerbau der heutigen Basilika. Im 12. Jh. wurde die Kirche vergrößert, es entstand die heutige Kirche, eine romanische, kreuzförmige Gewölbebasilika. Das Grabkreuz des letzten Schafrichters der Stadt Lügde steht vor der Kilianskirche. Die Kilianskirche zählt zu den ältesten Kirchen Westfalens und kann besichtigt werden. Führungen auf Anfrage. **Adresse**: Steinsweg, 32676 Lügde

▸ Kirche in Elbrinxen
Aus dem 12. Jh. stammt die romanische Kirche im Ortsteil Elbrinxen. Der Kernbau ist eine Saalkirche, der Westturm ist ebenfalls aus dieser Zeit. In Kriegszeiten bot der Turm mit seinen dicken Mauern Schutz für die Bürger. Der Turmhelm wurde 1620 erneuert. Aus dieser Zeit ist auch die historische Empore im Renaissance-Stil. Die Kirche gilt als eine der ältesten Kirchenbauten in Lippe und steht unter Denkmalschutz. Das Gotteshaus hat sich in den acht Jahrhunderten kaum verändert. Um die Kirche herum ist ein Friedhof angelegt, vermutlich entstand dieser vor dem Kirchenbau. Auf dem Friedhof befindet sich die möglicherweise älteste Linde Deutschlands. Die 1000-jährige Linde hat einen Stammumfang von zwölf und einen Kronendurchmesser von 30 Metern, sie ist eines der schönsten Naturdenkmäler Deutschlands. **Adresse**: Postweg 10, 32676 Lügde

Museen

▸ Heimatmuseum Lügde
Das Lügder Heimatmuseum befindet sich in der historischen Altstadt am südlichen

Ortseingang. Das Museum ist seit 1987 in einem Vierständer-Fachwerkhaus aus dem Jahr 1799 untergebracht. Angeschlossen ist ein Café, das zu Kaffee und Kuchen einlädt. Neben Stadtgeschichte gibt es spannende und interessante Informationen über das bäuerliche Leben und die damalige Arbeitswelt. Ausstellungen über Klöppelspitzenherstellung und Zigarrenherstellung werden gezeigt. Zu sehen ist das Osterrad aus dem Jahr 1951.
Adresse: Hintere Straße 86, 32676 Lügde, 0178/5765900, www.luedge-heimatmuseum.de

Freizeit und Natur

Storchenstation Elbrinxen

Durch den Ortsteil Ebrinxen fließt die Wörmke, an deren Ufergelände ein 2500 Quadratmeter großes Storchengelände liegt. Hier ist die Heimat zahlreiche Weißstorchpaare und ihrer Jungen. Eigens für die Störche sind Vorrichtungen angelegt worden, in denen die Paare jedes Frühjahr die Nester für ihre Jungen bauen. Mit einer Kamera, die an einem der Nester angebracht wurde, können die Jungtiere beobachtet werden. Elbrinxen wird auch Storchendorf genannt. Führungen durch die Storchenstation sind auf Anfrage möglich.
Information: www.storchenverein-elbrinxen.de

Köterberg

Der Köterberg ist mit seinen 496 m Höhe die höchste Erhebung in Lippe. Von dem Plateau hat man einen fantastischen und beeindruckenden Panoramarundumblick auf den Teutoburger Wald und das Weserbergland. Die unbewaldete Kuppe ist die südliche Grenze der Osterräderstadt Lügde. Auf dem Gipfel befindet sich ein Fernmeldeturm und das Köterberghaus aus dem Jahr 1929. Im Sommer ist der Köterberg Ziel vieler Biker, die ein Etappenziel der 205 km langen „Sieben auf einen Streich-Motorrad-Route" erreichen. Im Winter eignet sich der Berg zum Rodeln und Skifahren.
Adresse: Köterberghaus, Köterberg 17, 32676 Lügde-Köterberg

Das Köterberghaus auf dem gleichnamigen Berggipfel.

Golf

Auf einer Fläche von 57 Hektar liegt, inmitten einer gewachsenen Umgebung mit altem Baumbestand und naturbelassenen Gewässern, ein 18 Loch umfassender Golfplatz. Der renommierte Golfplatzarchitekt Harald Gratenau baute hier einen der schönsten Golfplätze der Region. Eingebettet in die schöne Landschaft stehen rund um die Weißenfelder Mühle 14 Skulpturen namhafter Künstler des Projektes „Golf Art Land".
Adresse: Weißenfelder Mühle 2, 37647 Polle, 05535/8842, www.golfclub-weserbergland.de

▸ Wandern und Radfahren

Auf überwiegend naturbelassenen Pfaden, durch historische Orte, mit einem fantastischen Ausblick in die weite Landschaft und unterbrochen von gemütlichen Ruhebänken, erschließen sich die Wanderwege rund um Lügde. Zu den beliebten Wanderwegen gehören: Lügder Mythenweg, der Osterbergweg, die Panorama-Tour am Köterberg, der Klosterweg Falkenhagen, der Naturerlebnispfad am Lügder Schildberg und der Hummerser Rundwanderweg mit rustikalen Bänken. Lügde wurde 2022 vom Deutschen Wanderverband als Qualitätsregion „Wanderbares Deutschland" zertifiziert. In dem Zuge wurden auch der Osterbergweg und der Klosterweg Falkenhagen als Qualitätswege der Kategorie „Entdeckertour" ausgezeichnet. Lohnenswerte Radwege sind die Fürstenroute Lippe und der Emmer-Radweg.

▸ Freizeitzentrum-Schieder-See

In der Nachbargemeinde Schieder-Schwalenberg bietet der größte aufgestaute Binnensee der Region ein Freizeiterlebnis für die ganze Familie. Wer sich auf dem Wasser bewegen will, bekommt mit Tretboot, dem Kanu- oder Ruderboot die Gelegenheit dazu. Der Familienpark Funtastico bietet Attraktionen für Groß und Klein und im Streichelzoo kann man Eseln und Ziegen nahe sein. Auf dem Uferweg des Schiedersees mit herrlichem Seeblick laden Gaststätten zum Verweilen ein.
Adresse: Kronenbruch 3, 32816 Schieder,
05282/411,
www.familienpark-funtastico.de/

In luftiger Höhe hat man einen guten Überblick über den See und das Freizeitgelände.

Ein Sprung mit dem Nautic-Jet von der Rampe ins Wasser.

Reiten
Auch Reitmöglichkeiten werden angeboten.
Adresse: Am Kronenbruch 2, 32816 Schieder-Schwalenberg, 05261/88912, www.ponyhof-schiedersee.de

Emmerauenpark
Im Emmerauenpark gibt es Freizeitspaß für die ganze Familie. Am Rande der historischen Altstadt von Lüdge lädt der Park zum Erholen und Genießen ein. Während die Kinder den Abenteuerspielplatz erkunden, können es sich die Erwachsenen im Biergarten des Cafés „Ankerplatz" gut gehen lassen. Im nördlichen Teil des Parks liegt der Bade- und Strandbereich, der „Emmer Beach", mit Möglichkeiten für Sport und Spiel oder ein entspanntes Sonnenbad. Im Sommer finden regelmäßig verschiedene Veranstaltungen statt. Besonders beliebt ist das Unterhaltungsprogramm „Sonntags im Park".
Informationen: www.luegde.de

Freibad Lügde
Das Freibad verfügt über ein Becken mit Schwimmer- und Nichtschwimmerbereich mit Bahnenlängen von 50 m und 20 m, dazu über einen Sprungturm mit 1 m, 3 m und 5 m Absprunghöhe. Eine Wasserrutsche und ein Planschbecken für Kleinkinder bieten Spaß für die Kleinen. Ein Kinderspielplatz, ein Beachvolleyballfeld, eine Tischtennisplatte und eine Fußballtorwand vervollständigen das sportliche Angebot.
Adresse: Brunnenstraße, 32676 Lügde, 05281 77711

Veranstaltungen und Feste

Osterräderlauf von Lügde
Jedes Jahr am ersten Sonntag nach dem ersten Frühlingsvollmond, dem ersten Ostertag, rollen, der Sitte der Väter folgend, bei Einbruch der Dunkelheit um 21 Uhr brennende Räder vom Osterberg ins Tal der Emmer hinab. Ausrichter dieses alten Brauchtums ist der Dechenverein mit über 600 Mitgliedern. Ein Böllerschuss kündet den Beginn an und lässt die Besucher verstummen. Das erste Rad wird angezündet. Die Flammen schlagen hoch, man glaubt, es würde ausbrennen, noch bevor es den Lauf antritt. Aber die Dechen verstehen ihr Handwerk. Zum richtigen Zeitpunkt wird das Rad mithilfe einer Stange in Bewegung gesetzt. In kurzen Abständen folgen weitere fünf Räder. Immer wieder dasselbe faszinierende Schauspiel. Kommen die Räder gut ins Tal, so wird es einem alten Volksglauben nach ein gutes Erntejahr geben.
2015 wurde der Osterräderlauf von Lügde in das bundesweite Verzeichnis des Immateriellen Kulturerbes bei der Deutschen UNESCO aufgenommen.
www.osterraederlauf.de

Start eines Osterrads in Lügde.

Minden

(Kreis Minden-Lübbecke)

Minden ist geprägt von seiner 1200-jährigen Geschichte und bekannt wegen seiner sehenswerten Bauten aus verschiedenen Epochen. Die Stadt an der Weser geht auf eine Gründung Karls des Großen zurück, die zeitlich zusammenfällt mit der Gründung des Bistums Minden um das Jahr 800. Der über 1000-jährige Dom, das älteste Rathaus Westfalens mit einer gotischen Rathauslaube, die Museumszeile, zahlreiche Bauten aus der Weserrenaissance und malerische Gassen mit urigen Gaststätten und Kneipen kennzeichnen die Altstadt. Die Mittelstadt Minden liegt an der Weser und bildet das historisch-politische Zentrum des Mindener Landes. Die Stadt war bis zum Westfälischen Frieden Bischofssitz des Bistums Minden und Hauptstadt des Hochstifts Minden, kam danach unter brandenburgische Verwaltung und wurde zur Festungsstadt ausgebaut. In preußischer Zeit war Minden Verwaltungssitz des Fürstentums Minden sowie ab 1719 von Minden-Ravensberg. Ab 1816 wurde Minden Verwaltungssitz für den gleichnamigen Regierungsbezirk Minden. Minden hat 19 Stadtbezirke mit etwa 82 000 Einwohnern.

Minden Marketing GmbH
Tourist Information
Domstraße 2
32423 Minden
0571/8290659
www.minden-erleben.de
www.mindenmarketing.de

Sehenswertes

▸ Altstadt
In den kopfsteingepflasterten kleinen Gassen wird man ins Mittelalter zurückversetzt, mit Fachwerkhäusern von Handwerkern und Krämern, die in den schmalen, eng miteinander verbundenen Gassen ihrem Gewerbe nachgingen. Daneben findet man die stolzen und repräsentativen Kaufmanns- und Adelshäuser aus dem 16. Jahrhundert, die ein eindrucksvolles Bild vom Selbstbewusstsein und Reichtum dieser Zeit präsentieren. Romanik, Gotik, Weserrenaissance, Klassizismus und Historismus prägen das Stadtbild und verleihen ihm seinen unverwechselbaren Charme.

Der Markt mit seinen Bürgerhäusern bildet einen Treffpunkt für Jung und Alt.

▸ Dom
Der mehr als 1000-jährige Dom, in dem romanischer und gotischer Baustil harmonisch vereint sind, gilt als die schönste Hallenkirche Deutschlands. Der Innenraum des Domes zeigt architektonische Elemente aus vielen Jahrhunderten. Ein besonderes Kunstwerk ist das Mindener Kreuz. Das Original aus romanischer Zeit

(um 1100) ist im Domschatz-Museum zu sehen, eine Kopie hängt über dem Altar. Dazu kommt das spätromanische Apostelfries im südlichen Querhaus (um 1270) und der Heilig-Geist-Altar im nördlichen Querhaus (ca. 1625). Die Mindener Goldene Tafel, eine Perle romanisch-gotischer Kunst und ein Hauptwerk deutscher Gotik, war von 1200–1650 als Hochaltar mehrere Jahrhunderte zentraler Blickpunkt und das Herzstück des Mindener Domes. 2002 wurde im Mindener Dom eine vollständige Replik der goldenen Tafel aufgestellt.
🌐 www.dom-minden.de

Der imposante Dom zu Minden.

▸ Wasserstraßenkreuz
Am Wasserstraßenkreuz Minden wird seit 1914 der Mittellandkanal in einer fast 400 Meter langen Trogbrücke über die Weser geführt. Der Wasserspiegel befindet sich etwa 13 Meter über dem der Weser. Diese erste Brücke wurde 1998 durch eine zweite mit größerem Profil ergänzt, um den neuen größeren Großmotorschiffen die Passage zu ermöglichen. Die Mindener Fahrgastschifffahrt bietet verschiedene Fahrten an, bei denen man das größte Doppel-Wasserstraßenkreuz der Welt hautnah erleben kann.

Am Wasserstraßenkreuz kreuzen sich Weser und Mittellandkanal.

Museen

▸ Preußen-Museum Minden
In der Defensionskaserne von 1829 in der Mindener Innenstadt wird das Thema Preußen in Westfalen über neue und unerwartete Zugänge lebendig. Die Dauerausstellung „Potzblitz Preußen!“ erzählt die preußische Geschichte nicht chronologisch als Herrscher- und Militärgeschichte, sondern beleuchtet unterschiedliche Facetten aus 400 Jahren deutscher Kultur- und Sozialgeschichte. Im aktuellen Alltag finden sich an vielen Stellen Dinge preußischer Herkunft, daher hat die Ausstellung einen hohen Gegenwartsbezug.
Adresse: Simeonsplatz 12, 32427 Minden,
✆ 0571/837280,
🌐 www.preussenmuseum.de

Das als Windloch bezeichnete Fachwerkhaus an der Hohen Straße in unmittelbarer Nähe der Martinikirche.

▸ Mindener Museum

Das Mindener Museum liegt zentral in der malerischen „Oberen Altstadt“ Mindens. Sechs Häuser aus dem 16. Jahrhundert im Stil der Weserrenaissance bilden den Rahmen für das traditionsreiche westfälische Museum. Die Museumszeile in der Oberen Altstadt ist mit ihren markanten Fassaden das Markenzeichen des Mindener. Sie zeigt ein spannendes Stück Mindener Stadtgeschichte.

Adresse: Ritterstr. 23–33, 32423 Minden, ☏ 0571/9724010,
🌐 www.mindener-museum.de

▸ Domschatz Minden

In unmittelbarer Nähe zum Dom auf dem kleinen Domhof befindet sich der Domschatz. Schon 1380 hatte der Mindener Chronist Hermann von Lerbeck einzelne kostbare Kunstgegenstände zusammengestellt und erklärt. Viele liturgische Geräte, die beim Gottesdienst im Dom verwandt wurden, haben sich im Laufe der Jahre angesammelt. Sie bilden einen Schwerpunkt der Schatzkammer. Im Domschatz befinden sich kostbare Kreuze aus alter und neuer Zeit, unter ihnen das bekannte Mindener Kreuz aus dem späten 11. Jahrhundert. Dazu kommen viele Objekte aus der Zeit der Gotik, liturgische Bücher wie Evangeliare und Missale, Kerzenträger, Monstranzen, Weihrauchfässer, Messgewänder und anderes liturgisches Gerät von der romanischen Zeit bis zur Gegenwart.

Adresse: Kleiner Domhof 24, 32423 Minden, ☏ 0571/83764119,
🌐 www.domschatz- minden.de

▸ Schiffmühle

In der nach Plänen aus dem 18. Jahrhundert rekonstruierten Schiffmühle an der Weser, die in Deutschland einzigartig ist, kann man den Weg vom Korn zum Mehl mit einem Schiffmüller nachverfolgen. Die erste urkundliche Erwähnung der Mindener Schiffmühlen geht auf das Jahr 1326 zurück, als die Stadt gleich sechs Liegeplätze für Schiffmühlen auf der Weser verpachtete. Damit gehört Minden zu den ältesten Schiffmühlen-Standorten in Deutschland. Die Schiffmühle ist von April bis Ende September von Dienstag bis Sonntag geöffnet.

Adresse: Weserpromenade 24, 32423 Minden

▸ Schachtschleuse

Die Schachtschleuse Minden wurde von 1911 bis 1914, als der Mittellandkanal entstand, am Wasserstraßenkreuz Minden als Nordabstieg zur Weser gebaut und stellt damit die kürzeste Verbindung zwischen Mittellandkanal und Weser her. Die Schleuse hat eine Kammerlänge von 85 Metern und ist 10 Meter breit. So können Binnenschiffe die 13 m Höhenunterschied überwinden. Auf einem Schiff der „Weißen Flotte“ lässt sich die technische Attraktion

Ausfahrt aus der Schleuse Minden.

bei einer Schleusung sehr gut erleben. In unmittelbarer Nähe betreibt das Wasserstraßen- und Schifffahrtsamt ein umfassendes Informationszentrum.
Adresse: WSA Minden, Sympherstraße 12, 32425 Minden,
www.gdws.wsv.bund.de

Freizeit und Natur

Museumseisenbahn Minden
In Minden fährt der mehr als 100 Jahre alte „Preußenzug“, und in Preußisch Oldendorf verkehrt ein historischer Dieselzug. Der Preußenzug ist von April bis Oktober an festgelegten Tagen auf zwei Strecken unterwegs: vom Bahnhof Minden-Oberstadt nach Hille und Preußisch Oldendorf und Bad Essen. Auf beiden Strecken werden in den Sommermonaten auch (kulinarische) Sonderfahrten angeboten, in der Vorweihnachtszeit die beliebten Nikolausfahrten.
Informationen:
www.museumseisenbahn-minden.de

Weserschifffahrt (Kinder)
Angeboten wird eine Kanal-Weser-Rundfahrt und eine Fahrt nach Porta Westfalica. Besondere Tagesausflüge gibt es für Jung und Alt, dazu nostalgische Touren, kombiniert mit Schiff und Dampfeisenbahn.
Adresse: Mindener Fahrgastschifffahrt Sympherstraße 16, 32425 Minden,
0571/6480800, www.mifa.com

Planwagenfahrten
Gesellige Stunden genießen die Gäste bei den Planwagenfahrten mit dem Bierpohl Express. Von einem Oldtimer Traktor gezogen, geht es gemütlich zum Oppenweher Moorland, der Hausberger Schweiz, zum leckeren Hähnchenessen oder einfach nur durch den schönen Mühlenkreis. Die Routen können nach eigenen Vorstellun gen gestaltet werden.
Adresse: BE-Reisen, Bierpohlweg 125, 32425 Minden, 0571/44334,
www. be-reisen.de

Freizeit- und Erlebnispark „potts park“
Der „potts park“ ist ein kleiner Familienpark, der in schöner Lage am nördlichen Rand des Wiehengebirge beheimatet ist. Am 28. Juni 1969 öffnete „potts park“ als einer der ersten Freizeitparks in Deutschland seine Pforten. Auf dem Gelände einer ehemaligen Eisenerzzeche hatte die Firma Heinrich Pott, die damals Steinbruch- und Straßenbau betrieb, damit begonnen, ein Freizeitzentrum zu bauen. Anfangs waren zahlreiche Modelle von Fahrzeugen zu Land, im Wasser und in der Luft zu sehen. Im Laufe der Zeit wurde der Park ständig erweitert und aktualisiert. Neben den vielen Erlebnisattraktionen wie Familienachterbahn, Wildwasserbahn, Gokartbahnen, Turbodrachen und Hubseilturm gibt es mehr als 130 Wissensstationen und

das Science-Center. Neben Spiel, Spaß und Action können nicht nur Kinder vielen Phänomenen auf den Grund gehen.
Adresse: Bergkirchener Str. 99, 32429 Minden, 0571/51088,
www.pottspark-minden.de

Disc Golf

Auf Kanzlers Weide ist eine Disc-Golf-Anlage mit insgesamt 18 Spielbahnen errichtet worden. Ob groß oder klein, jung oder alt – jeder kann kostenfrei eine Runde spielen. Entspannte Bewegung in der freien Natur, Spielspaß vom ersten Augenblick an und das soziale Miteinander machen Disc Golf zu einem großartigen Erlebnis für Familien und Gruppen. Ziel ist es, eine Wurfscheibe mit möglichst wenigen Würfen in Auffangkörbe zu werfen. Die Discs können selbst mitgebracht oder gegen eine geringe Gebühr vor Ort ausgeliehen werden.
Adresse: SV 1860 Minden e.V.,
0571/23885,
www.sv1860minden.de/sportarten/disc-golf

Planetenpfad

Einen Ausflug ganz besonderer Art durch unser Sonnensystem zeigt der Mindener Planetenpfad. Dabei macht er die enormen Größenverhältnisse erfahrbar. Bei einem Maßstab von 1:1 Milliarde schrumpft die Sonne auf einen Durchmesser von 1,39 m und die Erde auf 1,3 cm. Die Entfernung zwischen Pluto und Sonne beträgt 5,9 Kilometer! Der Planetenpfad wurde anlässlich des 150. Todestages des Astronomen Friedrich Wilhelm Bessel im Jahr 1996 von Schülern und Lehrern des Besselgymnasiums eingerichtet und kann am besten per Rad „erfahren“ werden. Gestartet wird am Preußen-Museum (Sonne), entlang der Weser Richtung Petershagengeht's weiter.

Wandern & Radfahren

Zahlreiche abwechslungsreiche Wanderwege schlängeln sich durch die Region, unter denen der Mühlensteig zu den interessantesten gehört. Auf seinen insgesamt 65 km führt er an zehn renovierten Mühlen vorbei. In Minden sind der Glacis-Rundweg (4,9 km) mit Start und Ziel an Kanzlers Weide, der Weser-Bastau-Weg (2,6 km), der an der Mindener Weserpromenade beginnt, sowie die Mindener Friedhofstour (12,4 km) zu empfehlen.
Für Radfahrer geht es auf der berühmten Mühlenroute (320 km) an 42 Mühlen vorbei. Die weiteren Fernwege sind der attraktive Weser-Radweg und die LandArt-Route. Und nicht zuletzt wird der Mittellandkanal von ausgebauten Betriebswegen begleitet, die für Fußgänger und Radfahrer freigegeben sind.

Freibad Sommerbad

Sportlichen Schwimmern stehen 8 Bahnen im 50-m-Sportbecken zur Verfügung. Aber auch Nichtschwimmer kommen auf ihre Kosten: Ein eigenes Nichtschwimmerbecken erlaubt Entspannung und sorgt für Sicherheit.
Zusätzlich gibt es eine große Rutsche, Gastronomie, Startblöcke, Kursangebote sowie einen Eltern-Kind-Bereich mit einem Spielplatz und einem Sonnenschutz über dem Babybecken.
Adresse: Johansenstr. 17, 32423 Minden,
0571/9723100,
www.sommerbad-minden.de

Frei- und Hallenbad Melittabad

Im Bad findet sich ein separates inneres und äußeres Nichtschwimmerbecken, sowie ein inneres und äußeres 50-Meter-Schwimmbecken mit acht Bahnen und ein Erlebnis- und Sprungbecken.

Daneben gibt es ein Beachvolleyballfeld, ein Beachfußballfeld und ein Basketballfeld.
Adresse: Melittabad Minden, Sieben Bauern 43, 32425 Minden, ✆ 0571/41922, 🌐 www.melittabad.de

Veranstaltungen und Feste

▸ Mindener Messe
Jedes Jahr Anfang Mai und Anfang November findet auf Kanzlers Weide die Mindener Messe statt und bringt jede Menge Fahrspaß, Grusel und Unterhaltung ans Weserufer. Dafür stehen unter anderem kultige Fahrgeschäfte, ebenso wie besondere Neuheiten. Für das leibliche Wohl sorgt eine Vielfalt gastronomischer Schaustellergeschäfte. An dem Mittwoch reduzieren alle Schausteller am Familientag ihre Preise. Das Highlight der Mindener Messe ist das traditionelle Höhenfeuerwerk am Freitag.

▸ Mindener Hafenkonzerte
Die Konzertreihe an der Schachtschleuse startet im Mai: die Mindener Hafenkonzerte. Bis zum September treten jeden Sonntag von 10:30 bis 11:30 Uhr Musikzüge, Chöre, Musikgruppen und Gesangsvereine aus der Region im Konzertpavillon an der Schachtschleuse auf. Das Publikum darf sich auf viele bekannte Melodien, Soloeinlagen und volkstümliche Klänge freuen.

▸ Martini um 12
Die beliebte Veranstaltungsreihe an der namensgebende Martinitreppe findet von Juni bis September statt. Künstler und Künstlerinnen aus der Region sorgen jeden Samstag um 12.00 Uhr im Herzen der Stadt für einen gut gemixten „Kultur-Cocktail" für Jung und Alt.

Obernkirchen

(Landkreis Schaumburg)

Obernkirchen ist die nördlichste Bergstadt Deutschlands, in deren Nähe liegen die bekannten Obernkirchener Sandsteinbrüche. Feinkörniger hellgelber Sandstein, auch „norddeutscher Marmor" genannt, wird hier gebrochen. Viele Gebäude wie Dome und Schlösser verdanken diesem Marmor ihre prachtvolle Erscheinung. Sogar das Weiße Haus in Washington wurde teilweise daraus gefertigt. Alle drei Jahre findet in Obernkirchen das internationale Bildhauersymposium statt. Für zwei Sommerwochen verwandelt sich der Kirchplatz in ein Atelier, in dem zehn internationale Künstler ihre Ideen realisieren. Ein berühmter Sohn der Stadt ist August Oetker (1862–1918), der mit dem Patent zur Herstellung von Backpulver ein Imperium aufbaute. Obernkirchen hat rund 9300 Einwohner, die in fünf Ortsteilen leben.

Stadt Obernkirchen
Marktplatz 4
31683 Obernkirchen
✆ 05724/3950
🌐 www.obernkirchen.de
🌐 www.obernkirchen-info.de

Schaumburger Land
Tourismusmarketing e.V.
Lange Str. 45
31675 Bückeburg
✆ 05722/890550
🌐 www.schaumburgerland-tourismus.de

Der Marktplatz von Obernkirchen, im Hintergrund das Stift Obernkirchen.

Sehenswertes

▸ Stift Obernkirchen

Von Weitem sind die beiden mächtigen Türme der Stiftskirche St. Marien aus dem 14. Jahrhundert zu sehen. Das Stift Obernkirchen wurde nach einer Urkunde des Bischofs Wernher von Minden im Jahr 1167 gegründet. Von dieser ältesten geistlichen Einrichtung leitet sich der Ortsname „Die obere Kirche" ab. Das Damenstift von 1167 kann bei Führungen besichtigt werden. Tipp: Bei einem Spaziergang vom Kloster zum Marktplatz kann man die Fassaden vieler historischer Häuser bewundern.
Adresse: Bergamtsstraße 12, 31683 Obernkirchen, ☏ 05724/8450,
🌐 www.stift-obernkirchen.de

▸ Sandsteinskulpturen

Zwei Skulpturenwege führen durch Plätze, Straßenräume und Parks mit mehr als 50 Plastiken. Ein Wegeplan mit allen Skulpturen und den Standorten ist als Download verfügbar.
🌐 www.obernkirchen-info.de/skulpturenweg.pdf

▸ ☺ Dinosaurierfährten mit Zeitreise

In den Obernkirchener Sandsteinbrüchen wird seit ungefähr 1000 Jahren Sandstein abgebaut. Der Steinbruch gilt als einer der ältesten aktiven Steinbrüche der Welt. 2007 und 2008 wurden Abdrücke von Dinosauriern entdeckt, die etwa 145–140 Millionen Jahre (Unterkreidezeit) alt sind. Beginnend vom Jugend-, Bildungs- und Freizeitcentrum (JBF-Centrum) kann man

Die Abdrücke von Dinosauriern sind deutlich zu erkennen.

die Dinosaurierfährten-Fläche auf eigene Faust erwandern. Neun Stationen informieren auf dem 4,6 km langen Naturerlebnispfad über spannende Themen aus Wald, Natur und Steinbruch. Neben den Tafeln für Erwachsene beinhalten die Stationen spezielle Kindertafeln, so dass der Rundweg zu einem Erlebnis für die ganze Familie wird.
Termine, Buchungen und Informationen: Steinbruchstraße, 31683 Obernkirchen, 05722/890550, www.schaumburgerland-tourismus.de
Siehe auch Dinosaurier-Park Münchehagen (siehe Seite 137, Stadthagen).

Museen

Berg- und Stadtmuseum
Im Museum im alten Schulgebäude am Kirchplatz werden verschiedene Bereiche der industriellen Entwicklung in Obernkirchen dargestellt. Dazu gehört die 500-jährige Geschichte des Steinkohlenbergbaus rund um Obernkirchen. Als Folgeindustrie entstanden zwei Glashütten, die auf den Energieträger Steinkohle setzten. Ihre bewegte 200-jährige Geschichte wird ebenfalls präsentiert. Seit weit über tausend Jahren wird in den Sandsteinbrüchen auf dem Bückeberg der berühmte „Obernkirchener Sandstein" abgebaut und verarbeitet. Obernkirchens Stadtgeschichte ist eng mit der wechselvollen Konjunktur dieses Steines verknüpft. Die Arbeit im Steinbruch und in den Steinhauerwerkstätten wird im Museum anschaulich dargestellt. Ein besonderer Anziehungspunkt der stadtgeschichtlichen Ausstellung ist die „privilegierte Apotheke Gebrüder Pape". Der gesamte Arbeitsraum der im Ursprung barocken Schalterapotheke ist erhalten geblieben.
Adresse: Museum für Bergbau und Stadtgeschichte Obernkirchen, Kirchplatz 5, 31683 Obernkirchen, 05724/9716000, www.museum-obernkirchen.de

Freizeit und Natur

Eisenbahnerlebnis
Obernkirchen liegt mit seinem denkmalgeschützten Bahnhof an der rund 115 Jahre alten Eisenbahnstrecke zwischen Stadthagen und Rinteln. Während der Sommersaison führt der Museumsbahnverkehr einmal im Monat durch liebliche Landschaften und malerische Orte, über den Pass bei Steinbergen hinunter ins Wesertal. Stadthagen, Obernkirchen, Bad Eilsen und Rinteln sind die Haltepunkte. Eingesetzt wird der „Uerdinger Schienenbus", ein Triebwagen mit der Bezeichnung „Der Schaumburger". Das ist ein Fahrzeug mit Rundumsicht. Dabei kann man kann dem Triebwagenführer bei der Fahrt über die Schulter schauen. Einmal im Monat ist an Sonntagen der romantische Dampfzug der Dampfeisenbahn Weserbergland unterwegs.
Adresse: Bahnhofstraße 7, 31683 Obernkirchen, 0170/6150 032,
Termine und Fahrplan unter: www.der-schaumburger-ferst.de

Radwanderweg Industriegeschichte
Die etwa 21 km lange Radtour erschließt Standorte früherer Industrien und vor allem den über 500-jährigen Steinkohlebergbau. Die landschaftlich reizvolle Strecke bietet herrliche Ausblicke in die weite Schaumburger Ebene. Ein informativer Routenflyer kann von der Internetseite www.schaumburgerland-tourismus.de heruntergeladen werden.

▸ Sonnenbrinkbad
Das Bad verfügt über ein Schwimmerbecken mit sechs Bahnen, ein Nichtschwimmerbecken mit Wasserrutsche und verschiedenen Wasserspielgeräten und ein Planschbecken. Dazu kommt eine Sprunganlagen mit Dreimeterturm und ein Einmeterbrett. Komplettiert wird das Angebot durch Sandkasten, Beachvolleyballfeld und Tischtennisplatte.
Adresse: Am Sonnenbrink 2, 31683 Obernkirchen, 05724/902732,
www.sonnenbrinkbad.de/

Veranstaltungen und Feste

▸ Bildhauer–Symposium
Seit 1988 wird alle drei Jahre ein Symposium für Bildhauer aus aller Welt veranstaltet. Besucher sind zum Mitgestalten eingeladen und können Skulpturen kaufen.
www.iobs.de

Petershagen

Landkreis Minden-Lübbecke

Beidseitig der Weser in der Norddeutschen Tiefebene liegt Petershagen. Die Stadt ist landschaftlich geprägt. In den Auen der Weser sind zahlreiche Seen und Teiche. Zum ersten Mal urkundlich erwähnt wird der Ort um 784. Der Mindener Bischof Gottfried von Waldeck ließ 1306 eine Burg bauen, die zur Residenz der Mindener Bischöfe wurde. Die Burg erhielt den Namen Petershagen und gab damit der Stadt den Namen. Das Zentrum bilden die an der Weser auf der gegenüberliegenden flussseite liegenden Stadtteile Petershagen und Lahde.

Tourismus – Tourist-Information
Schloßfreiheit 2–4
32469 Petershagen
05702/822157
www.petershagen.de

Sehenswertes

▸ Schloss Petershagen
Im Jahr 1306 wurde die Wehrburg vom Mindener Bischof Gottfried zu Waldeck erbaut. Sie diente dem Schutz der Mindener Bischöfe, die sie als Residenz nutzten. In Jahren 1544–1547 wurde die Burg zu einem Schloss im Stil der Weserrenaissance umgebaut. Von 1649 bis 1669 war das Schloss Sitz der brandenburgischen Regierung. Danach verfiel das Schloss, einige Teile wurden abgerissen. 1901 wurde das Schloss von Heinrich Hestermann erworben und umgebaut. Nach dem Zweiten Weltkrieg wurde es renoviert und 1967 in ein Hotel umgebaut.
Adresse: Schlossfreiheit, 32469 Petershagen, 05707/6499983,
www.schloss-petershagen.de

▸ Scheunenviertel Schlüsselburg
Auf der „Humbke“, der höchsten Erhebung des Ortsteils Petershagen-Schlüsselburg, wurden von 1600–1700 die bis heute existierenden 26 Scheunen erbaut. Um den wiederkehrenden Überschwemmungen und auftretenden Bränden zu entgehen, wurden die Scheunen auf engstem Raum außerhalb des Dorfes angelegt. Sie boten Platz für Lagergut und Unterstellmöglichkeiten. Heute ist das Scheunenviertel in privater Hand. Die denkmalgeschützten Zweiständerfachwerkhäuser werden teilweise genutzt. Eine Scheune wurde 2012 saniert und steht als Informationsscheune

für die Arbeit des Vereins „Dat Schünenviertel" zur Verfügung.
Adresse: Stolzenauer Str., 32469 Petershagen, 05761/3986,
www.schluesselburger-weser.de

Altes Amtsgericht
Eines der vollständig erhaltenen kleineren preußischen Amtsgerichte in Westfalen steht in Petershagen. Im Stil der Neorenaissance erbaut, umfasst es das Gerichtsgebäude neben Richterhauswohnung, den Gerichtshof und das Gefängnis. Heute verbringen Weserwanderer und Radler in den Gefängnisräumen ihre Urlaubsnächte. Die ehemalige Haftanstalt wurde als Begegnungsstätte ausgebaut und bietet ein interessantes Kulturprogramm. Der historische Schöffensaal wurde 2002 saniert und dient unter anderem als stilvoller Rahmen für standesamtliche Trauungen. Dazu gehört ein Restaurant für Tagungen und Familienfeiern.
Adresse: Kulturzentrum „Altes Amtsgericht", Mindener Str. 16, 32469 Petershagen, 05707/9392188,
www.altes-amtsgericht-petershagen.de

Alte Synagoge
Die Synagoge, ein Fachwerkgebäude von 1796, war baufällig geworden, wurde abgerissen und 1846 als traufständiger Saal von vier Achsen in Backstein neu erbaut. In der Reichspogromnacht am 9. November 1938 wurde das Gebäude verwüstet und zerstört. 1984 bis 2001 wurde die Synagoge umfassend saniert und eine Gedenkstätte eingerichtet. Die ehemalige Synagoge ist heute ein Informations- und Dokumentationszentrum, das dem Besucher die jüdische Geschichte des Orts und der Region mit Dauerausstellungen, Wechselausstellungen und kulturellen Veranstaltungen näherbringt.
Adresse: Alte Synagoge Petershagen, Goebenstraße 5 u. 7, 32469 Petershagen, 05707/1378,
www.synagoge-petershagen.de

Mühlen
Petershagen liegt an der westfälischen Mühlenstraße, die sich mit 43 Wind-, Wasser- und Rossmühlen über das gesamte Kreisgebiet erstrecken. Die einzige mahlfähige Schiffmühle in Deutschland ist original nachgebaut. An den Mahl- und Backtagen kann man westfälische Spezialität probieren. Per Rad oder PKW erkundet man Kulturgeschichte und freut sich an den schönsten Orten des Mühlenkreises. Näheres über die Internetseite des Mühlenkreises: www.muehlenkreis.de
Adressen:
Windmühle Bierde: Holländer-Windmühle von 1802 mit einem achteckigen hölzernen Fachwerkturm; Bierderloh, 32469 Petershagen, 05702/4621,
www. windmuehle-bierde.de

Plaggen Mühle Döhren: Oberschlächtige Wassermühle aus Mitte 18. Jh.; Tipperberg 5, 32469 Petershagen, 05705/410

Windmühle Großenheerse: Holländer-Windmühle von ca. 1860 mit achteckigem

Windmühle Heimsen Petershagen.

Turm; Großenheerser Mühle 4, 32469 Petershagen, 05765/7330

Heimser Windmühle: Holländer-Windmühle mit stark konischem Backsteinturm von 1873; Bössel 18, 32469 Petershagen, 01573/7170496, www.windmuehle-heimsen.de

Lahder Klostermühle: Konische Turmwindmühle von 1876 auf älterem Wassermühlengebäude; Meierhöfe 5, 32469 Petershagen, 05702/1674

Windmühle Meßlingen: Holländer-Windmühle mit tailliertem achteckigem Turm aus Holzfachwerk von 1843; Meßlinger Mühle 1, 32469 Petershagen, 05704/679
Bockwindmühle Neuenknick: Mühle mit hölzernem Kasten von 1747; Lusebrink 5, 32469 Petershagen, 05705/144972, www.bockwindmuehle-neuenknick.de

Büschings Mühle: Achteckige Holländer-Windmühle von 1810; Mindener Str. 61, 32469 Petershagen, 05707/8719, www.muehle-buesching.de

Pottmühle Petershagen: Sehr große konische Turmwindmühle von 1938; Kreisstr. 1, 32469 Petershagen, 05707/539, www.muehlenverein-minden-luebbecke.de

Seelenfelder Königsmühle: Holländer-Windmühle von 1731; Königsmühle 4, 32469 Petershagen, 05705/7117, www. koenigsmuehle-seelenfeld.de

Windmühle Wegholm: Holländer-Windmühle von 1861; Wegholmer Mühle 1, 32469 Petershagen, 05702/2694, www.muehlenverein-minden-luebbecke.de

Pottmühle Petershagen.

▸ Schleuse Windheim
Um die Schifffahrt zwischen Minden und Bremen zu verbessern, wurde 1934 mit dem Ausbau der Mittelweser begonnen. 1953 wurde die Schleuse fertiggestellt und in Betrieb genommen. Mit dem Bau der Schleuse wurden die Ortschaften Jössen und Windheim zu Inselorten. Damit die Ortschaften erreichbar blieben, wurden drei Brücken gebaut, die imposanteste ist die Bogenbrücke. Die Schleuse wird von Minden aus ferngesteuert und überwindet eine Höhe von 6 Metern.

Museen

▸ Industriemuseum Glashütte Gernheim
In den historischen Gebäuden der früheren Glashütte, hier wurde 1812 bis 1877 Glas produziert, befindet sich das LWL-Industriemuseum Petershagen.. Mit drei Glasschmelzöfen zählte die Glashütte Gernsheim zeitweise zu den bedeutenden Fabriken Norddeutschlands. 1877 wurde

Glashüttenturm der Glashütte Gernheim.

die Herstellung von Glas eingestellt. Ab 1893 wurde in den Gebäuden eine Korbflechterei und eine Strohhülsenfabrik für andere Glashütten untergebracht. Viele der Hüttengebäude verfielen oder brannten aus. Der Glashüttenturm blieb beschädigt erhalten, einer der wenigen Exemplare in Europa. Täglich wird für die Museumsbesucher zu Demonstrationszwecken Glas geblasen und es werden Gefäße hergestellt. In der ehemaligen Korbflechterei und der Fabrikantenvilla sind die Glasmacherkunst und deren Arbeitsbedingungen dokumentiert.
Adresse: Gernheim 12, 32469 Petershagen, ✆ 05707/93110,
🌐 www.glashuette-gernheim.lwl.org

▸ Heimat- und Heringsfängermuseum Heimsen
Im Ortsteil Heimsen der Stadt Petershagen liegt das Heringsfängermuseum. Mit Unterstützung der NRW-Stiftung Natur – Heimat – Kultur wird die Geschichte der Menschen, die ihr Leben zum Teil auf hoher See verbrachten, dokumentiert. Das Museum besteht aus vier Gebäuden, in denen gegenständliche Objekte und historische Exponate gezeigt werden. 2013 wurde die Abteilung „Katastrophen auf See" eingerichtet. Im Haupthaus befindet sich eine Cafeteria.
Adresse: Am Mühlenbach 9, 32469 Petershagen, ✆ 05768/941855,
🌐 www.heringsfaengermuseum.de

▸ Ilser Webstube
Die Webstube in Petershagen-Ilser besitzt einen 150 qm großen Arbeits- und Ausstellungsbereich mit einem Dutzend Webstühlen. Der älteste ist aus dem Jahr 1796 und voll funktionsfähig. Dazu drehen sich zahlreiche Spinnräder. Zwei der ältesten Handwerke, Spinnen und Weben, werden lebendig präsentiert. In den handgefertigten Unikaten finden sich moderne und traditionelle Webmuster wieder. Der Besucher kann in fachlich geführten Kursen sein Geschick erproben.
Adresse: Ilser Postweg 8, 32469 Petershagen, ✆ 05705/1896,
🌐 www.webstube-ilse.de

▸ Westfälisches Storchenmuseum „Haus/Heimat/Himmel"
Im denkmalgeschützten Haus No. 2, einem 300 Jahre altem Dreiständer-Fachwerkhaus, wurde 2005 das Westfälische Storchenmuseum eingerichtet. In reizvoller Atmosphäre informiert das Museum in großer Vielfalt und Breite über den Weißstorch und die geglückte Rettung der letzten Brutstätten in Nordrhein-Westfalen. Der kulturgeschichtlichen Bedeutung des Storches in seiner Beziehung zum Menschen wird ein großer Teil der Ausstellung gewidmet. Zu den seltenen Exponaten gehören ein Pfeilstorch und ein originales Storchennest. Dem Museum angeschlossen ist das Café No.2.

Adresse: Im Grunde 4, 32469 Petershagen, 05705/9586771, www.stoerche-minden-luebbecke.de

Museumswerkstatt Phoenix

Die Museumswerkstatt befindet sich in einem ehemaligen Kolonialwarengeschäft von 1885, direkt am Fluss. Unterschiedlichste Anfertigungen, Modelle und Holzrestaurierungen werden dem Besucher mit ausschließlich historischen Maschinen und Werkzeugen vorgeführt. Das Museum lädt zum Mittun und Bleiben ein. Ein angrenzender Garten direkt an der Weser ist ein attraktiver Ort, um Ruhe und Kraft zu tanken.
Adresse: Weserstr. 25, 32469 Petershagen, 05705/602, www.museumswerkstatt-phoenix.de

Freizeit und Natur

Weserfähre PetraSolara

Seit 2002 verbindet eine solarbetriebene Fähre – die einzige in NRW – die Dörfer Hävern und Windheim. Zwischen April und Oktober bringt sie Radfahrer und Wanderer über die Weser und ermöglicht so familienfreundliche Radtouren in die Petershagener Weserauen. Die Fähre liegt auf der Strecke der örtlichen Radrouten.
Informationen: 05705/7520 oder 0170/5530344, www.petrasolara.de

Findlingswald in Neuenknick

Zunächst wurden, um den Bauern eine bessere Beackerung ihrer Felder zu ermöglichen, die interessanten eiszeitlichen Relikte gesprengt und fanden im Straßenbau Verwendung. Ab 1976 wurden die Findlinge in einem Wald deponiert. Inzwischen werden dem Besucher 2000 Exemplare, zum Teil Gesteinsbrocken, die vom Gletschereis kugelrund geschliffen wurden, präsentiert. Die Anlage ist täglich geöffnet, Besucher sollten sich anmelden.
Adresse: Bredenbeeke/Auf der Seelhorst, 32469 Petershagen, 05705/912212, www.neuenknick.de/findlingswald

Der Findlingswald im Frühjahr

Vogelschutzgebiet „Weseraue"

Das Vogelschutzgebiet „Weseraue" ist in Nordrhein-Westfalen vor allem für Wasser- und Watvögel ein bedeutendes Brut-, Mauser-, Rast-, Durchzug- und Überwinterungsgebiet. Von der „Lahder Marsch" bei Petershagen bis zur Staustufe Schlüsselburg erstreckt sich die Stromtal-Kulturlandschaft über 3000 ha. Als landschaftstypische Lebensräume tragen die extensiv genutzten Wiesen und Weiden, Gebüsche und Kleingewässer zum Wert der Gebiete bei. An verschiedenen Stellen können Besucher, z. T. barrierefrei, in Beobachtungshütten die Vogelwelt kennenlernen. Durch das Gebiet verlaufen mehrere regionale und überregionale Fahrradrouten.
Adresse: Biologische Station Minden-Lübbecke, Nordholz 5, 32425 Minden, 05704/1677680, www.weseraue.de

Badesee Lahde

Der See lädt zwischen Mai und September zum Baden ein. Mit einer Wasserfläche

von 9 ha bietet er kostenloses Badevergnügen. Der See ist von Grünland umgeben und umfasst ein ca. 15 ha großes Gelände. Es liegt am Rande der Ortschaft Lahde.
Adresse: Friller Str. 12, 32469 Petershagen,
05702/822157
www.petershagen.de

Reiten
In Petershagen und in den Ortsteilen finden Reiterfreunde viele Gelegenheiten zum Reiten.

Polle

(Landkreis Holzminden)

Mitten im Weserbergland, direkt an der Weser, liegt der Flecken Polle. Der Ort gehört zur Samtgemeinde Bodenwerder-Polle. Die erste urkundliche Erwähnung des Ortes stammt aus dem Jahr 1319. Heute hat der Ort rund 1290 Einwohner und ist seit 2010 ein Zusammenschluss mit Bodenwerder zur Samtgemeinde Bodenwerder-Polle. Ein ruhiger Ferienort ohne Industrie. Ausgebaute Rundwege führen in die ortsnahen Wälder mit großartigen Ausblicken. Die Burg Polle, die 1263 erstmals urkundlich erwähnt wurde, war Hauptsitz der Eversteiner Grafen. Im 17. Jahrhundert wurde die Burg durch Beschuss zerstört. Die Oberburg blieb eine Ruine. Im Bereich der Unterburg wurde 1656 ein neues Amtshaus im Stil der Weserrenaissance errichtet. Am Ende des Zweiten Weltkrieges wurde dieses zerstört, nur das Portal blieb bis heute erhalten.

Gästeinformation Polle
(in der Wintersaison geschlossen)
Amtsstraße 4a
37647 Polle
05533/411
www.muenchhausenland.de

Tourist-Information
Bodenwerder
Münchhausenplatz 3
37619 Bodenwerder
05533/40541
www.muenchhausenland.de

Sehenswertes

Weserfähre Polle
Ein echtes Highlight ist die Gierseilfähre, die Polle mit dem Ortsteil Heidbrink und dem Weser-Radweg verbindet. Seit 1905 gibt es eine Fähre zum Überqueren der Weser, die jetzige Fähre wurde 1988 in Betrieb genommen. Sie kann Personen, Fahrräder, Autos und landwirtschaftliche Fahrzeuge transportieren und ist eine wichtige Verkehrsverbindung. Das zulässige Gesamtgewicht beträgt 40,7 t. Die Fähre wurde bis 2021 von der Familie Winter betrieben, heute vom Landkreis Holzminden.

Mit der Gierseilfähre über die Weser.

Blick von der Burgruine Polle auf die Weserfähre.

Adresse: Fährstraße, 37647 Polle,
0160/96477014

Burgruine Polle

Im 13. Jahrhundert wurde auf einem Burgsporn über der Weser die Poller Burg errichtet, Bauherren waren die Grafen Everstein. Im Dreißigjährigen Krieg ging die Burg nach kriegerischen Auseinandersetzungen 1641 in Flammen auf. Seit dieser Zeit ist sie zum Teil eine Ruine. 1656 wurde ein neues Amtshaus errichtet, das im Zweiten Weltkrieg beinahe völlig abbrannte. Die Sanierung der Burgruine erfolgte in den Jahren 1984 bis 1988. Sie dient im Sommer als Freilichtbühne für Kinderstücke und das Aschenputtelspiel. Von der Burg ist nur das Portal mit Wappen erhalten.
Öffnungszeiten Gästeinformation Polle
Adresse: Amtsstr. 4a, 37647 Polle,
05535/40559,
www.muenchhausenland.de

Aschenputtelzimmer

Im Gebäude der Gästeinformation befindet sich das Aschenputtelzimmer, das zur Deutschen Märchenstraße gehört. Durch einen Durchbruch durch eine meterdicke Mauer gelangt man in die liebevoll eingerichtete Küche mit offenem Herd und flackerndem Feuer. Umringt von weißen Tauben sitzt dort das Aschenputtel mit einer Molle voll Erbsen und Linsen auf dem Schoß. Sie wartet auf ihre großen und kleinen Märchenfans.
Adresse: Amtsstr. 4, 37647 Polle,
05535/40559

Museen

Museum Burg Polle

Im April 2007 konnte nach aufwendiger Sanierung des alten Amtschreibergebäudes das Museum eingeweiht werden. Mit großem ehrenamtlichem Einsatz wurden mittelalterliche Möbel und Nachbildungen historischer Gerätschaften beschafft und ausgestellt. In einer Dauerausstellung wird die Chronik der Eversteiner Grafen und die Erbauung der Burg gezeigt. Ein Modell der Burg und des Behlingschen Ritterhofes veranschaulichen, wie es zur damaligen Zeit ausgesehen hat. Bei den Ausgrabungen während der Sanierungsarbeiten wurden

archäologische Exponate gefunden, die ebenfalls präsentiert werden. Zum Teil handgefertigte Originalrequisiten des Burgtheaters und chronologische Aufzeichnungen der Burgfestspiele werden gezeigt. Der Besuch des Museums ist kostenfrei.
Öffnungszeiten Gästeinformation Polle
Adresse: Amtstraße 4a, 37647 Polle,
05535/40559,
www.muenchhausenland.de

Freizeit und Natur

Aschenputtelspiel
Seit 1996 findet auf der Burgruine in Polle von Mai bis September das Aschenputtelspiel statt. In einer modernen Fassung wechseln sich Spielszenen und Erzählungen aber. Das Stück dauert 30 Minuten und ist kostenfrei.
Information: Tourist-Information Bodenwerder: 05533/40541,
Termine: www.muenchhausenland.de

Restaurant und Café Weserterrasse
Unmittelbar an der Weser gelegen, lädt das Restaurant und Café Weserterrasse zur Pause und Einkehr ein.
Adresse: Mühlenweg 2, 37647 Polle,
0162/3952401

Die Weserterrasse lädt zur Rast ein.

Porta Westfalica

(Kreis Minden-Lübbecke)

Porta Westfalica ist die lateinische Bezeichnung für „Westfälische Pforte". Der Name deutet auf ihre Lage am Weserdurchbruch hin, in dem die Weser durch das Gebirgstor zwischen dem Weser und dem Wiehengebirge in die Norddeutsche Tiefebene übergeht. Die erste bekannte Ansiedlung an diesem Ort ist auf das Jahr 1096 datiert, als die Schalksburg erstmals urkundlich erwähnt wurde. Sie war im Besitz der Herren vom Berge, die bis 1397 die Vogteirechte im Hochstift Minden ausübten. Die Schalksburg entwickelte sich zu einem bedeutenden Verwaltungs sitz der Region und war Jahrhunderte Sitz des Amtes Hausberge. Um diese herum entstand 1972 durch eine Gebietsreform die heutige Stadt Porta Westfalica mit 15 Stadtteilen und rund 36000 Einwohnern.

Stadt Porta Westfalica
Kempstraße 1
32457 Porta Wesfalica
0571/7910
www.portawestfalica.de

i-Punkt Porta Westfalica
Schalksburgstraße 3–5
32457 Porta Westfalica
05751/4019620
www.westliches-weserbergland.de

Sehenswertes

Kaiser-Wilhelm-Denkmal
In nur vier Jahren Bauzeit entstand zwischen 1892 und 1896 das Kaiser-Wilhelm-Denkmal, ein Standbild Kaiser Wilhelms

des I. (1797–1888) auf dem Wittekindsberg in stattlichen 268 Metern Höhe. Das Denkmal ist im Zyklopenstil gebaut und vom Fuß des Ringsockels bis zur Spitze 88 Meter hoch. Damit ist es das zweithöchste Denkmal in Deutschland. Nach einer bewegten Geschichte wurde 2015 beschlossen, das Denkmal mit einer Sanierung und einem Restaurant samt Besucherzentrum aufzuwerten. Es erfolgte die aufwendige Rekonstruktion der ursprünglichen Ringterrasse. Dabei wurde der Ringsockel aus Oberkirchner Sandstein wiederhergestellt. 2018 wurde die neue Anlage eingeweiht. Mit einer grandiosen Aussicht über das Weserbergland und die norddeutsche Tiefebene ist das Denkmal als Ausflugziel bei Besuchern sehr beliebt. Die Anlage ist jederzeit frei zugänglich.

🌐 www.kaiser-wilhelm-denkmal.lwl.org

Das 88 Meter hohe Kaiser-Wilhelm-Denkmal.

▸ Wittekindsburg

Die Wittekindsburg liegt 2,5 km westlich von Porta Westfalica auf dem Kamm des Wiehengebirge, dem Häverstädter Berg. Zu erreichen ist die Burg über den Wittekindsweg, vorbei am Moltketurm, einem 14 m hohen Aussichtsturm von 1829. Die Befestigungsanlage ist etwa 660 Meter lang und rund 100 Meter breit. In der Anlage befindet sich die Wittekindsquelle, die 1938 versiegte, da die unterirdischen wasserführenden Schichten durch den Eisenerzbergbau unterbrochen wurden. Ein Mundloch zeugt vom vergangenen Bergbau. Innerhalb der Wallanlagen findet man die „Margarethen-Klus“, die im Volksmund „Wittekinds-Kapelle“ genannt wird. Die Grundmauern der 1000 Jahre alten Kreuzkirche befindet sich in unmittelbarer Nähe.

Museen

▸ Besucher-Bergwerk & Museum Kleinenbremen

Das Besucherbergwerk Kleinenbremen wurde 1988 eröffnet und ist Teil der 1953 stillgelegten Eisenerzgrube Wohlverwahrt. Auf einer 90-minütigen Grubenfahrt in das Innere des Gebirges lernt man verschiedene Abbautechniken kennen und erblickt in gespenstischem Licht riesige Hohlräume. Das darüberliegende Gebirge ruht auf den mächtigen Steinsäulen, die die Bergleute stehen ließen. Einen authentischen Einblick in die tägliche Arbeitswelt des Bergmanns vermitteln die riesigen Stollen und gewaltige Maschinen zeugen von der harten Arbeit unter Tage. Im Betriebsgebäude wurde ein Museum für Bergbau und Erdgeschichte eingerichtet, das über die Geschichte des Bergbaus in der Region informiert.

Adresse: Rintelner Str. 396, 32457 Porta Westfalica-Kleinenbremen,
05722/90223,
www.bergwerk-kleinenbremen.de

Freizeit und Natur

Fernsehturm und Bismarck-Zimmer
Auf dem westlichsten Berg des Wesergebirges, dem Jakobsberg in Porta Westfalica, steht der 135 m hohe Fernsehturm. Über einen kleinen Abstecher vom Weserbergland-Weg auf den Kammweg kommt man zunächst zur Porta-Kanzel, von der aus man eine tolle Aussicht ins Wesertal und zum Kaiser-Wilhelm-Denkmal hat. Weiter über das Schlageter Denkmal geht es zum Fernsehturm, von dessen Aussichtsplattform sich ein herrlicher Rundblick u. a. in das Weserbergland und die norddeutsche Tiefebene eröffnet. Bei klarem Wetter besteht eine Fernsicht von ca. 50 km. Am Fuße des Turms wurde ein Bismarck-Zimmer eigerichtet. Er ist mit einem künstlerisch gestalteten Bronze-Relief des Reichskanzlers Otto von Bismarck ausgestattet. Im angeschlossenen Kiosk können kleine Snacks und Getränke erworben werden.
Informationen:
www.fernsehturm-porta.de

Porta-Bad
Das Hallenbad bietet ein 25 Meter großes Mehrzweckbecken mit fünf Bahnen, Sprungbrettern (1 und 3 Meter) und einer

Vom Kaiser-Wilhelm-Denkmal bietet sich eine grandiose Aussicht. Gegenüber liegt der Fernsehturm.

100 Meter lange Rutsche. Das Kinderbadeland hat drei Becken in unterschiedlichen Tiefen (21 cm bis 50 cm) und einen eigenen Whirlpool. In den Wasserbecken befinden sich die unterschiedlichsten Spielattraktionen. In der Freibadsaison (1. Mai bis 31. August) steht ein großzügiger Außenbereich zur Verfügung. Neben dem Beach-Volleyball-Platz und der 105 Meter langen Rutsche findet man einen Kinderspielplatz und ein Kinderbecken mit übergroßem Sonnenschirm. Das Erlebnisbecken bietet ebenfalls viel Spaß mit Strömungskanal, Bodensprudler, Massagedüsen und Schwallwasserdusche.
Adresse: Sprengelweg 10, 32457 Porta Westfalica, 0571/71409,
www.porta-bad.de

Freizeitanlage „Großer Weserbogen“
In der durch Auskiesung entstandenen Seenlandschaft bestehen umfangreiche Sport- und Bademöglichkeiten wie Surfen und Segeln, Tretbootfahren, Paddeln, Kanusport, Angeln und Beach-Volleyball. Am mittleren See befindet sich eine Surf- und Segelschule. Neben dem großen Sandbadestrand mit flachem Zugang gibt es eine 80-m-Groß-Wasserrutsche, eine große Liegewiese, sieben Spielplätze, Tischtennisplatten, Bootsverleih und Gastronomie.
Adresse: Zum Südlichen See 1, 32457 Porta Westfalica, 05731/6188,
www.grosserweserbogen.de

Wandern & Radfahren
Rundwanderwege, Fernwanderwege, Pilgerwege und der zertifizierte Weserbergland-Weg durch die Region Porta Westfalica laden zum Erkunden ein. Der Weser-Radweg, die Mühlenroute und die LandArt-Route zählen zu den Highlights der Radregion.

Reinhardshagen

(Landkreis Kassel)

Die Gemeinde Reinhardshagen liegt im südlichen Weserbergland, direkt an der Weser. Ihr Name leitet sich von dem benachbarten Reinhardswald ab. 1970 entstand im Rahmen der Gebietsreform aus den Orten Vaaske und Veckerhagen die Gemeinde Reinhardshagen mit rund 4500 Einwohnern. Reinhardshagen wird als Eingangstor zum sagenumwobenen Reinhardswald mit der Sababurg bezeichnet. Der anerkannte Erholungsort mit seiner romantischen Flusslandschaft und den traumhaft schönen Wäldern, Burgern und Schlössern liegt direkt am Fuldaradweg R1 und am Weserberglandwanderweg.

Gemeinde Reinhardshagen
Amtsstraße 10
34359 Reinhardshagen
05544/95070
www.reinhardshagen.de

Sehenswertes

Weserpromenade mit malerischem Fachwerk
In Vaake und auch in Veckerhagen stehen historische Fachwerkhäuser. Neben den historischen Ortskernen, die unmittelbar an der Weser liegen, zieht sich die Bebauung bis an den Reinhardswald. Die Fachwerkhäuser und die traufständigen Gebäude stammen aus verschiedenen Epochen, vorwiegend aus dem 18. Jahrhundert. Reich verziert und mit Sinnsprüchen an den Balken sind sie in dieser Region eine Besonderheit. Die giebelständigen Gebäude sind auf der Vorderseite lediglich mit einer schmalen

Haustüre ausgestattet. Sie bilden zum Teil ein geschlossenes Fachwerk-Ensemble.

Jagdschloss Veckerhagen
Das barocke Jagdschloss Veckerhagen wurde von dem kunstsinnigen hessischen Landgrafen Karl im 17. Jahrhundert erbaut. Um 1800 wurde das Schloss an den Farbenfabrikanten Habich verkauft. Er verlegte seine Farbenfabrik 1823 in das barocke Schloss. Bis zum heutigen Tag ist das Habich's Schloss in Familienbesitz. Es kann nur von der öffentlichen Straße aus besichtigt werden.

Eisenhütte
Die landgräfliche Eisenhütte in Veckerhagen war der Ort, in dem 1699 Denis Papin den ersten Dampfkessel der Welt gießen ließ. Das war der erste praktische Schritt zur Entwicklung der Kolbendampfmaschine. Die heute noch vorhandenen Teile der Eisenhütte sind ein Industriedenkmal.
Adresse: Reinhardshagen-Veckerhagen, Obere Kasseler Straße, 34359 Reinhardshagen

Evangelische Kirche Vaake
Im Ortsteil Vaake steht die evangelische Kirche, ein frühgotischer Saalbau aus dem 13. Jahrhundert. Die Kirche hat einen Westturm. Zwei hölzerne Portalrahmen aus dem Jahr 1678, angebracht an der Südseite des Kirchenschiffs, sind mit geschnitztem Rundstab geschmückt. Die bemalte Holzbalkendecke wurde vermutlich um 1678 eingezogen. 1969 wurde das Kirchenschiff erweitert. Sehenswert sind die Reste des gotischen Sakramentshäuschens. Die Kirche gehört zu den geschützten Kulturdenkmalen.
Adresse: Reinhardshagen-Vaake, Am Weserufer 13, 34359 Reinhardshagen

Kirche in Veckerhagen
Die evangelische Kirche in Veckerhagen wurde 1778 bis 1780 im Übergang vom Spätbarock zum Klassismus errichtet. Sie besteht aus einem kreuzförmigen Fachwerkbau und einem stattlichen Haubendach in der Mitte. Der Innenraum ist mit dreiseitigen Emporen zu einem Längssaal gestaltet, die Steinsäulen stützen gleichzeitig das Kirchendach. Die Orgel stammt aus dem Jahr 1787 und wurde von Johann Stephan Heeren gebaut.
Adresse: Kirchpl. 12, 34359 Reinhardshagen

Freizeit und Natur

Sababurg
Mitten im Naturpark Reinhardswald, an der beliebten Ferienstraße „Deutsche Märchenstraße", liegt das 1334 auf einer flachen Basaltklippe erbaute Dornröschenschloss Sababurg. Ab 1490 ging aus der mittelalterlichen Burganlage ein landgräfliches Jagdschloss hervor. In der Neuzeit wurde es nach und nach restauriert und der Öffentlichkeit zugänglich gemacht. Im Schloss befinden sich ein Restaurant und ein Hotel.
www.erlebnis-sababurg.de

Die Sababurg.

▸ Tierpark Sababurg
Der Tierpark Sababurg, den Landgraf Wilhelm IV. zwischen 1567 und 1571 am Fuß der Burg anlegte, ist ein beliebtes Ziel vor allem für Kinder. Den Schwerpunkt des Bestandes bilden Tierarten, die vor Jahrhunderten in Deutschland in freier Wildbahn lebten, wie Wisente, Luchs und Wölfe. Für die Besucher gibt es Schaufütterungen und Greifvogel-Vorführungen. Angeschlossen ist ein Jagd- und Forstmuseum. Darüber hinaus finden im Laufe des Jahres unterschiedliche Veranstaltungen statt. Ein Blick ins Programm lohnt sich immer.
Adresse: Sababurg 1, 34369 Hofgeismar, 05671/766499-0,
www.tierpark-sababurg.de

▸ Urwald Sababurg
Ein besonderes Naturerlebnis ist ein Gang durch den 92 Hektar großen Urwald Sababurg, der früher ein Hutewald, also ein Wald-Weideplatz für das Vieh war. Seit 1907, also schon sehr früh, wurde das Areal unter Verzicht auf jegliche Forstarbeit sich selbst überlassen. Es ist das älteste Schutzgebiet Hessens. Die zum Teil vermodernden Baumriesen bieten mit ihrem wildwachsenden Geäst einen bizarren Anblick. Es werden Führungen angeboten.
www.naturpark-reinhardswald.de

▸ Wandern und Radfahren
Der Naturpark Reinhardswald ist ein Paradies zum Wandern, Radeln und Kanufahren. Gut ausgezeichnete Wanderwege wie der Weserberglandweg, der Diemeltaler Schmetterlingssteig sowie der 4-Sterne-zertifizierte Flussradweg laden zu abwechslungsreichen Ausflügen ein.

▸ Parkanlagen
Ein kleiner Kurpark besteht in Vaake und auch in Veckerhagen. In den Konzertpavillons in beiden Ortsteilen finden in den Sommermonaten sporadisch Konzerte statt. Die Weserpromenade in beiden Orten bieten Ruhe und Entspannung.

▸ Fahrgastschifffahrt
Eine gute Möglichkeit, die Landschaft zu erkunden, ist eine Schifffahrt über die Weser. Die weserauf- und weserabwärts fahrenden Fahrgastschiffe bieten Tagesfahrten zum Kloster Corvey.
Adresse: Ostpreußenstraße 8, 34233 Fuldatal 0561/18505,
www.fahrgastschifffahrt.com

▸ Freibad Veckerhagen
Naturnah gelegen, am Ostrand des Reinhardswaldes mit freiem Blick über das Wesertal, liegt das 1964 erbaute Freibad. Das kombinierte Schwimm- und Nichtschwimmerbecken mit einer Rutsche, 1-m- und 3-m-Sprungbrett laden zu sportlichen wie erholsamen Wasserfreuden ein.
Adresse: Am Freibad 3, 34359 Reinhardshagen, 05544/588

▸ Hallenbad in Reinhardshagen Vaake
Das Gartenhallenbad Reinhardshagen befindet sich im Ortsteil Vaake. Es ist wunderschön am Reinhardswald gelegen und bietet einen großartigen Blick auf das Wesertal. Im Gartenhallenbad mit kombiniertem Schwimm- und Nichtschwimmerbecken und Kleinkindrutsche ist ein entspanntes Wasservergnügen für Alt und Jung garantiert.
Adresse: Ahletal 8, 34359 Reinhardshagen, 05544/524

Rinteln

(Landkreis Schaumburg)

Die ehemalige Universitäts- und Festungsstadt Rinteln hat eine sehenswerte Altstadt mit zahlreichen Fachwerk- und Weserrenaissancebauten, Adelshöfen und mittelalterlichen Kirchen. Heute leben etwas mehr als 25000 Menschen in Rinteln. Die Stadt wurde um 1230 durch Graf Adolf IV von Holstein-Schaumburg gegründet und 1239 mit dem Stadtrecht ausgestattet. Die planmäßig angelegte, mit Mauern und Türmen bewehrte Stadt diente der Sicherung des Weserüberganges. Die Burg Schaumburg auf dem Nesselberg im Wesergebirge bestimmt nach wie vor das Rintelner Becken.

Stadt Rinteln
Klosterstraße 19
D-31737 Rinteln
05751/4030
www.rinteln.de

Touristikzentrum Westliches Weserbergland
Marktplatz 7
31737 Rinteln
05751/4019620
www.westliches-weserbergland.de

Schaumburger Land Tourismusmarketing e.V.
31675 Bückeburg
05722/890550
www.schaumburgerland-tourismus.de

Sehenswertes

Marktplatz

Auf dem historischen Marktplatz mit einer geschlossenen Ansammlung aus Fachwerkhäusern, die seit dem 13. Jh. erhalten sind, kann man die besondere Atmosphäre zwischen den prachtvollen Bauten der Weserrenaissance genießen. Mit Cafés und einem Brunnen ist der Marktplatz der Ausgangspunkt für einen Bummel durch die Altstadt. Die St.-Nikolai-Kirche ist einen Besuch wert.

In Rinteln hat man bei einem Kaffee auf dem Marktplatz einen schönen Blick auf die Fachwerkhäuser.

Kloster Möllenbeck

Das ehemalige Kloster Möllenbeck in Möllenbeck in den Weserauen bei Rinteln in Niedersachsen gehört zu den bedeutendsten Baudenkmälern im Weserbergland Niedersachsens. Das Benediktinnerinnenkloster wurde 896 gegründet und danach mehrfach zerstört. Die meisten Bauten, wie auch Kirche und Kreuzgang, wurden zwischen 1478 und 1505 gebaut. Am Kloster sind Bouleplatz, Kinderspielplatz, Café und Biergarten zu finden.

Adresse: Am Kloster 1, 31737 Rinteln, Ortsteil Möllenbeck, 05751/965401, www.domaene-moellenbeck.de

Burg Schaumburg

Die Schaumburg auf dem 225 m hohen Nesselberg am Südhang des Wesergebirges bietet einen wunderschönen Ausblick weit ins Land. Dieser Tatsache verdankt sie möglicherweise auch ihren Namen (von der Burg schauen). Die Burg beherrscht weithin das Wesertal. Durch das Tor der Vorburg gelangt man zur Hauptburg mit dem mächtigen Bergfried. Der zweigeschossige Palas, das einstige Wohnhaus der Burgherren, präsentiert sich dem Betrachter in den historisierenden Formen, die es bei der Erneuerung 1907–13 erhielt. Kaiser Wilhelm II. schenkte die Burg 1907 Fürsten Georg zu Schaumburg-Lippe und seiner Gemahlin anlässlich ihrer Silberhochzeit. Bis vor Kurzem war sie durchgehend im Besitz des Hauses Schaumburg. Im Frühjahr 2022 erwarb das Ehepaar Vanessa Sayn-Wittgenstein und Pieter Haitsma Mulier die Burg.
Adresse: Hotel und Restaurant, Burgstraße 2–4, 31737 Rinteln, Ortsteil Schaumburg, 05152/947460, www.schaumburger-ritter.de

Freizeit und Natur

Doktorsee

Nach dem Kiesabbau an der Weser entstanden weite Flächen, die zur Freizeitgestaltung genutzt werden. Zum Gebiet Doktorsee gehören Mietwohnwagen, Ferienhäuser, sieben Spielplätze, Großwasserrutsche, Minigolf und Volleyball, Fahrrad- und Bootsverleih sowie drei Lokale.
Adresse: Am Doktorsee 8, 31737 Rinteln, 05751/964860, www.doktorsee.de

Planetenweg an der Weser

Am Weser-Radweg zwischen der Weserbrücke in Rinteln und der Fähre in Großenwieden ist an zehn Standorten ein maßstabsgerechtes Modell des Sonnensystems zu besichtigen.

Auenlandschaft Oberweser (Hohenrode)

Im Bereich der Oberweser bei Rinteln-Hohenrode entstand in den letzten Jahren auf einer Fläche von 115 Hektar durch Kiesabbau eine einzigartige Auenlandschaft. Die Weser ist für den Vogelzug eine bedeutende Orientierungslinie. Zahlreiche Vogelarten ziehen an ihr entlang nach Norden, beispielsweise Kraniche, Gänse, Enten, selbst Seeschwalben und Fischadler. Die Gewässer der Auenlandschaft haben sich daher schnell zu einem wichtigen Rast- und Überwinterungsgebiet entwickelt.
Adresse: 31737 Rinteln-Hohenrode

Auenlandschaft zwischen Wesergebirge und Lipper Bergland.

Klippenturm

Im Jahre 1879 wurde der Bau eines Aussichtsturmes auf der Luhdener Klippe geplant und nach Überwindung mancher

Schwierigkeiten erfolgte am 18. August 1889 die feierliche Einweihung. Der Klippenturm wurde als sichtbares Wahrzeichen der Stadt Rinteln mit seinem einzigartigen Rundblick über das Weserbergland und die Norddeutsche Tiefebene ein beliebtes Ausflugsziel für Wanderer. Er liegt direkt am „Fernwanderweg Weserbergland", dazu ist er ein Anlaufpunkt für den geologischen Lehrpfad, da im Mauerwerk des Turmes Sandsteine verschiedener geologischer Formationen verbaut wurden. Seit 1896 gehört auch eine mit dem Turm verbundene Gaststätte zu dem Objekt.
Adresse: 31737 Rinteln, 05751/14488, www.klippenturm.de

Der Aussichtsturm auf der Luhdener Klippe.

Eisenbahnerlebnis

Der Triebwagen „Der Schaumburger" fährt im Sommer an vielen Sonntagen von Rinteln nach Stadthagen oder Minden. Termine und Fahrplan unter www.der-schaumburger-ferst.de
Adresse: Förderverein, Bahnhofstraße 7, 31683 Obernkirchen, 0170/6150 032

Draisinenfahrten

Mit einem Schienenfahrrad geht es auf 18 km von Rinteln bis Alverdissen und zurück. Die Fahrzeit beträgt insgesamt rund sechs Stunden. Die Draisinen verfügen über einen Aluminium-Rahmen, zwei Fahrer- und zwei Beifahrerplätze. Um die Steigungen besser bewältigen zu können, sind die Fahrzeuge mit je einer Siebengangschaltung ausgestattet. Für den Fahrkomfort laufen die Draisinen auf Luftreifen. Die Führung auf den Schienen erfolgt mittels Kunststoff Spurkränzen. Durch die konsequente Leichtbauweise sind zwei Personen in der Lage, die Draisinen aus dem Gleis zu heben. Auch eine Draisine für Rollstuhlfahrer und Fußgänger ist vorhanden.
Besonderheit: Hinfahrt 9.00 bis 11.30 Uhr – Rückfahrt: ab 14.00 Uhr, egal wo man sich auf der Strecke befindet.
Adresse: Abfahrt Extertalstraße 35, 05751/403988, www.draisinen.de

Hallenbad Rinteln

Das Hallenbad Rinteln mit einer Beckenlänge von 25 m bietet neben den fünf Schwimmbahnen, einen Sprungturm mit einem Einmeterbrett und eine Drei-Meter-Plattform an. Für Kinder gibt es einen Flachwasserbereich mit Rutsche. Neben dem Beckenbereich bietet das Hallenbad Rinteln eine umfangreiche Saunalandschaft an.
Adresse: Paul-Erdniß-Straße 3, 31737 Rinteln, 05751/ 2377

Veranstaltungen und Feste

Mai- und Herbstmesse
Start frei für tolle Kirmestage: In Rinteln geht es am ersten Mai- und ersten No-vember-Wochenende hoch her. Die traditionelle Messe lockt Besucher aus nah und fern in die historische Altstadt. Dieses weithin bekannte Treiben mit über 100 Schaustellerinnen und Schaustellern sowie Markthändlerinnen und Markthändlern geht auf das Jahr 1392 zurück. Familienfreundlichkeit ist Trumpf in Rinteln. Ob Jung und Alt, Familien, Jugendliche, Opa und Enkel – hier fühlen sich alle wohl und finden inmitten der herrlichen Weserrenaissance-Kulisse ihr Programm nach Maß.

Altstadtfest
Eine Party hat Tradition: Am zweiten Freitag im August beginnt das beliebte Rintelner Altstadtfest im Herzen der Innenstadt und endet am Sonntag. Es singt und swingt in allen Ecken auf verschiedenen Bühnen rund um den Nikolaiturm. Ob Rock oder Pop, Jazz, Blues oder Country - hier findet jeder etwas nach seinem Musikgeschmack.

Rodenberg

(Landkreis Schaumburg)

Die Stadt Rodenberg liegt im Osten des Landkreises Schaumburg und gehört zur Samtgemeinde Rodenberg. Die Rodenberger Aue und die Steinaue fließen durch das Stadtgebiet. Das Gebiet um Deister, Süntel und Bückeburg bietet Radfahrern und Wanderern viele Möglichkeiten. Fünf Schlösser der Weserrenaissance, wunderschöne Natur, die älteste Süntelbuche und ein Besucherbergwerk locken den Besucher, die Gegend zu erkunden. Urkundlich erwähnt wird Rodenberg im Jahr 930 als „Castrum Rodenbergum“. Die im Jahr 1718 entdeckte Heilquelle mit Saline und Gesundbrunnen wurde schnell bekannt. 1859 wurden durch einen Großbrand die Badeanlage, viele Wohnhäuser und die Schlossanlage zerstört.

Samtgemeinde Rodeberg
Amtstraße 5
05723/7050
www.rodenberg.de

Sehenswertes

Wasserschloss Hülsede
Als Vierflügelanlage wurde das Schloss zwischen 1529 und 1548 von Claus von Rottorp erbaut und bis 1600 erweitert, ein typisches Beispiel der Weserrenaissance. 1584 wurde das Gut als Lehen an den gräflichen Landdrost von Rodenberg und Sachsenhagen übergeben. Der kunsthistorische Wert des Schlosses liegt in der original erhaltenen Bausubstanz des 16. Jahrhunderts. Der Grund mit Schloss und Hofgebäuden ist seit 400 Jahren im Familienbesitz. In den letzten Jahren wurde viel renoviert, der Park umfassend erneuert. Das Schloss kann nur von außen besichtigt werden.
Adresse: Rittergut, 31867 Hülsede,
05043/9870197,
www.wasserschloss-huelsede.de

Schloss von Münchhausen
Seit dem 14. Jahrhundert wurden die Freiherren von Münchhausen mit Land in

Apelern von den Schaumburger Grafen belehnt. Bis heute ist es im Besitz der Familie. Ab dem Jahr 1560 wurde die Wasserburg völlig umgebaut und mit einer Graft umgeben. Durch ein Tor betritt man die Vierflügelanlage, wobei die Flügel aus verschiedenen Zeiten stammen. Viele schöne Details zieren das Ensemble, wie Wappentafel, welsche Giebel, Sonnenuhren. Im Park, der das Schloss umgibt, befindet sich ein neuromanisches Mausoleum von 1901. Der Innenhof des Schlosses kann besichtigt werden.
Adresse: Schloss von Münchhausen, Rintelner Straße 6, 31552 Apelern,
☏ 05043/5738

▸ Schloss Hammerstein
Das einflügelige Schloss aus dem Jahr 1590, ein rechteckiger, langgestreckter Grundriss am Rande der Schlossinsel, war typisch für die Zeit. Es ist ein viergeschossiger Bau mit Satteldach und einem Wendeltreppen-Turm. 1673 erwarb der schwedische Generalmajor Friedrich Christoph von Hammerstein-Gesmold Rittergut und Schloss, die Familie führt es heute in 12. Generation. Die in 2004 wieder hergestellte Parkanlage wurde nach historischem Vorbild und Gartenplänen gestaltet. Sie enthält über 200 Jahre alte Bäume, eine 150 m lange Lindenallee von 1918 sowie 5400 Stauden. 2009 entstand ein 36 m langes Wasserbecken mit Fontänen. Die Gartenanlage ist öffentlich.
Adresse: Großer Winkel 17, 31552 Apelern,
☏ 05043/9870007,
🌐 www.schlossvonhammerstein.de

▸ Schloss Meysenbug
Das Gut Meysenbug wird erstmals 1499 als Burg erwähnt. Bei einem Stadtbrand im Jahr 1570 wurde die Anlage zerstört. 1610 wurde die Wasserburg von Wulfferd von Zerßen wieder aufgebaut. Während eines Umbaus im Jahr 1776 wurden der sechseckige Treppenturm und ein Seitengiebel entfernt. Seit 1828 ist das Gut an die von Meysenbug belehnt. 1867 wurde die Schlossanlage abgerissen und im englischen Tudorstil neu errichtet, die Gruft wurde verfüllt. Der Gutspark mit seinen alten, hohen Bäumen, unter anderem einem 250 Jahre alten schwarzen Walnussbaum, kann besichtigt werden.
Adresse: Lange Straße, 31867 Lauenau,
☏ 05043/1677

▸ Kulturdenkmal Heisterburg
Die Heisterburg im Deister, eine Wallburg des 10. bis 11. Jahrhunderts, liegt im Ortsteil Feggendorf, in einem Waldgebiet am Ende des Deisters. Sie ist heute eine überwucherte Ruine.

Museen

▸ Museum Rodenberg mit Freilichtmuseum
Das ehemalige Ständerhaus der Rodenberger Burg beherbergt seit 1981 das Heimatmuseum. Der Schwerpunkt des Museums liegt in der Stadtgeschichte, ihrer Tradition, der Herstellung von Trachtenstücken, Textilherstellung, landwirtschaftlichen Geräten und Hausrat. Die Geschichte der Burg und der Verteidigungsanlagen nehmen einen bedeutenden Stellenwert ein. Das Freilichtmuseum befindet sich im ehemaligen Schlossbereich mit den zwei Artillerietürmen, Ständehaus, Wall, Bastei und Stauwehren. Die teilrestaurierte Anlage, ein beeindruckender Ort, ist ganzjährig begehbar. Im Rahmen von Führungen können beide Türme besichtigt werden.
Adresse: Museumslandschaft Rodenberg, Amtsstraße 5, 31552 Rodenberg,

05723/6192,
www.museumslandschaft-rodenberg.de

Besucherbergwerk Feggendorfer Stolln
In einer kleinen Zeche in Feggendorf erlebt der Besucher aktive Bergbauarbeiten. Seit 1952 wird zwar keine Steinkohle mehr gefördert, aber in ehrenamtlicher Arbeit wurde die Zeche im Rahmen eines Lehrbetriebes saniert. Hier kann man den Bergleuten über die Schulter sehen und miterleben, wie Kohle unter Tage abgebaut wird.
Lage: Waldparkplatz, dann zu Fuß 800 m am Wasserwerk und der Schranke vorbei über die alte Kohlenstraße aufwärts.
Adresse: Finkenweg 9, 31867 Lauenau,
0173/7818181,
www.feggendorfer-stolln.de

Amts- und Fleckenmuseum
Im ehemaligen Gesindehaus des Schlosses Meysenbug ist das Heimatmuseum untergebracht. Ziel ist es, den Besuchern die Geschichte des Fleckens, Tradition und Lebensweise der damaligen Zeit näher zu bringen. Aus unterschiedlichen Epochen werden interessante Ausstellungsstücke wie Objektmöbel der Firma Casala gezeigt. Informationen über die einzelnen Handwerkszünfte, den Bergbau, Post und Eisenbahn zeigen, dass der Flecken einst üppig mit Privilegien ausgestattet war.
Adresse: Am Rundteil 11, 31867 Lauenau,
05043/1844,
www.fleckenmuseum-lauenau.de

Brauerei Rupp
Der aus Ingolstadt stammende Sebastian Rupp begann bereits 1861 in Lauenau auf traditionelle Weise Bier zu brauen. Die Brauerei Rupp ist die älteste im Landkreis Schauenburg und im Land Niedersachsen. Noch heute wird das Bier von der Familie selbst gebraut. Zusätzlich bieten die Inhaber eine Gastronomie an.
Adresse: Feggendorfer Straße 10, 31867 Lauenau, 05043/2275,
www.brauhaus-felsenkeller.de

Freizeit und Natur

Alter Rodenberg mit Windmühle
Im Jahr 1850 wurde die Mühle als „Erdholländer" auf dem Alten Rodenberg von der Stadt erbaut. Nach mehrfachem Besitzerwechsel wurde sie 1917 stillgelegt. Katastrophenereignisse zerstörten Teile der Mühle, die 2007 neu aufgebaut wurde. Seit 2008 hat die Mühle illuminierte Flügel, die im Abendlicht leuchten. Die Mühle ist nun im Besitz der Stadt und steht unter Denkmalschutz. Eine Ausstellung im Erdgeschoss der Mühle informiert über die Sanierungspläne und über die frühere funktionsfähige Mühle. Die Gaststätte Krone bietet Essen an. Vom Wahrzeichen Rodenbergs aus haben die Besucher einen traumhaften Rundblick auf die Stadt und das Tal.
Information:
www.museumslandschaft-rodenberg.de

Die Rodenberger Windmühle.

Mineralbad Lauenau
Das Mineralbad in Lauenau lockt seit 75 Jahren Badelustige an. Eigene Brunnen speisen das Mineralbad. Es gibt ein Schwimmerbecken, zwei Sprungtürme, Wasserrutsche, Wasserbaum und Wasserstrahldüsen. Ein Nichtschwimmerbecken und ein kleines Planschbecken stehen ebenfalls zur Verfügung. Zwei Liegewiesen und Liegestühle am Beckenrand dienen der Erholung. Ein Kiosk mit Imbiss und Sitzplätzen garantiert die Versorgung.
Adresse: Zum Mineralbad 4, 31867 Lauenau, 05043/4056680

Wandern
Die Landschaft rund um den Rodenberg bietet eine große Anzahl leichter und mittelschwerer Wanderrouten. Reizvolle Landschaft, verträumte Dörfer, Fachwerkromantik und Weserrenaissance zwischen herrlich bewaldeten Höhenzügen. Ein weites Netz von Wander- und Radwegen führt durch ein grünes Paradies, den Deister, mit Burgen und Schlössern und Aussichtstürmen.
Adresse: Samtgemeinde Rodenberg, Amtsstraße 5, 31552 Rodenberg

Salzhemmendorf

(Landkreis Hameln-Pyrmont)

Der Flecken Salzhemmendorf liegt mit seinen elf Ortsteilen im Zentrum der Urlaubsregion Weserbergland im östlichen Teil des Landkreises Hameln-Pyrmont. Die Höhenzüge Ith, Osterwald und Thüster Berg bieten eine natürliche Begrenzung der Gemeinde. Verbindendes Element ist der naturnahe Verlauf der Saale, der fast alle Ortsteile durchquert. Salzhemmendorf mit seiner einzigartigen Natur bietet für Naturliebhaber, aber auch für die ganze Familie reichlich Abwechslung.

Flecken Salzhemmendorf
Hauptstraße 2
31020 Salzhemmendorf
05153/8080
www.salzhemmendorf.de

Tourismuszentrale östliches Weserbergland, Ge Tour GmbH
Hannoversche Straße 14a
31848 Bad Münder
05042/929804
www.oestliches-weserbergland.de

Sehenswertes

Besucherbergwerk Osterwald
Auf Befehl des Herzogs von Braunschweig wurde im 16. Jahrhundert im Osterwald ein Stollen zum Abbau von Kohle angelegt. Es wurde Wealden-Kohle gefördert, die vor 135 Millionen Jahren entstanden ist. Damit wurden die Ziegeleien und Glashütten versorgt, die den Brennstoff brauchten. 1920 wurden die Stollen geschlossen. In den 1970er-Jahren begann man ein Besucherbergwerk anzulegen. Heute ist ein Stollen von 450 Meter begehbar und es gibt ein kleines Museum zur Geschichte des Steinkohlebergbaus. Es wird ein authentischer Einblick in die Abbauarbeit unter Tage und die Geologie der Kohle vermittelt.
Adresse: Steigerbrink 25, 31020 Salzhemmendorf Osterwald,
www.salzhemmendorf.de

Eingang zum Hüttenstollen.

Gerichtslinde
Die Gerichtslinde, auch Tilly-Linde genannt, steht nördlich von Hemmendorf auf einem Feldweg in offener Landschaft. Sie soll der Überlieferung nach von Hemmendorfer Bürgern aus Dankbarkeit über den Abzug der Kriegshorden des Grafen Tilly im Dreißigjährigen Krieg gepflanzt worden sein. Die Linde galt als ein Ort der Dorfversammlungen mit Gerichtsverfahren.

Haus an der Stadtmauer
An der alten Stadtmauer des historischen Ortskerns Wallensen befindet sich das Haus an der Stadtmauer. Auch wenn das Baujahr des Gebäudes unbekannt ist, lässt sich die Geschichte des Hauses bis in das Jahr 1855 verfolgen. Die Reste der Stadtmauer wurden im Jahr 2008 vom Niedersächsischen Landesamt für Denkmalschutz in das Verzeichnis für Kulturdenkmale aufgenommen. Das Haus an der Stadtmauer bietet neben einer Dauerausstellung wechselnde Sonderausstellungen sowie unterschiedliche Veranstaltungen.
Adresse: Mühlenwall 18, 31 020 Salzhemmendorf-Wallensen,
www.wallensen.de

Freizeit und Natur

Rasti-Land
Am Rande des Weserberglandes ist der Freizeitpark Rasti-Land entstanden. Auf einer Fläche von 16 ha stehen mehr als 40 Attraktionen für die ganze Familie zur Verfügung.
Adresse: Quanthofer Straße 9, 31020, Salzhemmendorf, 05153/94070,
www.rasti-land.de

Kids-Dinoworld
Der Indoor-Freizeitpark in Salzhemmendorf besitzt zwei wetterunabhängige Hallen, die miteinander verbunden sind. Hier können sich Kinder austoben und Abenteuer erleben.
Adresse: Quanthofer Straße 9 (neben dem Rasti-Land), 31020 Salzhemmendorf,
05153/6874, www.kids-dinoworld.de

Ith-Sole-Therme
Mit insgesamt acht Außen- und Innenbereichen bietet die Ith-Sole Therme ganzjährlich Sauna- und Wellnessangebote. Die Ith-Sole-Therme hat die zweithöchste Schwefel-Sole-Konzentration Europas. Geboten werden Massagen, Mitternachtslounge, Fitnessraum, Dampfbad und Gastronomie. Ein idealer Ort zum Entspannen.
Adresse: In der Saale Aue 5, 31020 Salzhemmendorf, 05153/803050,
www.ith-sole-therme.de

Naturerlebnisbad
Im Ort Lauenstein wurde ein Sportbad in eine neue Freizeitanlage umgestaltet. Besonders hervorheben kann sich das Naturerlebnisbad durch seine natürliche Wasseraufbereitung, bei welcher auf den Einsatz von Chemikalien wie Chlor verzichtet wird und die Reinigung des Wassers

auf natürliche Weise erfolgt.
Adresse: Hemmendorfer Landstraße 55, 31020 Salzhemmendorf, Ortsteil Lauenstein, 05153/5250, www.naturerlebnisbad-lauenstein.de

Humboldtsee mit Weenzer

Nachdem in den Sechzigerjahren zwischen Weenzen und Wallensen der Braunkohletagebau aufgegeben wurde, entstand dort ein Naherholungsgebiet mit vielen Seen. Einer davon ist der Humboldtsee mit einem Campingplatz. Mit seinen 65 000 Quadratmeter lädt dieser im Sommer zum Baden ein. Neben Wanderwegen rund um den Humboldtsee gibt es im Naturschutzgebiet Weenzer Bruch einen geologischen Lehrpfad, auf welchem anhand verschiedener Schautafeln den Spuren des Braunkoh letagebau nachgegangen werden kann.
Adresse: Humboldtsee 1, 31020 Salzhemmendorf-Wallensen, 05186/957140

Ballonteam Perspektive

Seit mehr als 15 Jahren veranstaltet das Ballonteam Passagierreisen mit dem Heißluftballon über den Ith und die Weser.
Adresse: Am Steinbrink 2, 31863 Coppenbrügge, 05156/7179, www.ballon-perspektive.de

Ithturm

Zwischen Bisperode und Lauenstein befindet sich auf dem höchsten Punkt des Ithkamms, dem Knüllbrink (439 Meter), im Nordteil des Ith ein Aussichtsturm. Dieser bietet einen Blick auf das Weserbergland.

Lönsturm

Auf dem höchsten Punkt des Kansteins, einer Erhebung des Thüster Bergs, steht zu Ehren von Herrmann Löns ein 1928 erbauter Aussichtsturm. Der Turm, welcher mit einer Aussichtsplattform versehen ist, ist 26 Meter hoch. Der Lönsturm bietet eine Sicht auf das umliegende Weserbergland, bei klarer Sicht einen Blick bis zum Brocken sowie dem Hermannsdenkmal im Teutoburger Wald. Erreicht werden kann der Lönsturm über einen 13 Kilometer langen Wanderweg mit Startpunkt in Salzhemmendorf.

Wasserbaum Ockensen

Der Ockenser Sägemüller Hermann Meyer betrieb vor über 100 Jahren ein Sägewerk in Ockensen. Hierfür benötigte er eine mit Wasser angetriebene Turbine. Die Wasserversorgung wurde mithilfe eines Stauteiches ermöglicht. Um den Druck des Wassers zu überprüfen, erschuf der Sägemüller einen Turm aus Holz. Wenn der Stauteich ausreichend gefüllt war, sprudelte aus dem Überlauf das Wasser. Aufgrund des kalkhaltigen Wassers, welches am Baum herunterlief, entstand ein Kalkrohr. Dieses überzog sich daraufhin mit Moos, sodass der Eindruck entstand, es handele sich um

Der Wasserbaum in Ockensen.

einen Baum und nicht um einen Holzturm. Noch heute lässt sich das beeindruckende Naturereignis begutachten.
Adresse: Zum Wasserbaum 55, 31020 Salzhemmendorf

Saalepark
Der Saalepark in Wallensen bietet einen großen Traumspielpark und dient somit als Treffpunkt für Jung und Alt.
Adresse: Knappenweg 3, 31 020 Salzhemmendorf-Wallensen, 0174/1897904, www.saalepark.net

Fußballgolf
Fußballgolf in freier Natur und direkt am See garantiert Sport, Spiel und vor allen Dingen Spaß. Die ca. 4 Hektar große Anlage liegt idyllisch auf dem Gelände des Humboldtsees in Wallensen und besteht aus 18 unterschiedlich gestalteten Bahnen. Fußballgolf ist nahezu zielgruppenfrei und eignet sich daher bestens als Ziel für Betriebsausflüge, Tagesausflüge für Schulklassen und Feriengruppen, Klassenfahrten sowie Wochenenden mit Camping. Während des Aufenthaltes genießen Sie einen herrlichen Blick auf den Humboldtsee.
Adresse: Humboldtsee 1, 31020 Salzhemmendorf, 0151/14263936, www.fußballgolf-humboldtsee.de

Fußballgolf-Anlage.

Veranstaltungen und Feste

Freilichttheater „Osterwaldbühne“
Spannende Unterhaltung für die ganze Familie und das seit 1950 im Freien am Hang unter prächtigen Buchen.
Adresse: An der Freilichtbühne 7, 31020 Salzhemmendorf, 05153/96069, www.osterwaldbuehne.de

Der Lönsturm bietet eine herrliche Runumsicht über das Land.

Stadthagen

(Landkreis Schaumburg)

Stadthagen grenzt im Süden an den Bückeberg und im Nordwesten an den Schaumburger Wald. 1222 gründete Graf Adolf III. von Holstein-Schaumburg eine Siedlung namens indago comitis (Hagen des Grafens) an einem wichtigen Handelsweg, dem „Hellweg“. Urkundlich wird im Jahr 1244 der darauffolgende Name civitas et castrum, Stadt und Burg belegt. Im Jahr 1344 erhielt die Stadt ihre Stadtrechte. Von den um 1400 errichteten steinernen Befestigungsanlagen sind Teile erhalten. Die Blütezeit der Residenzstadt fand im 16. und 17. Jahrhundert mit dem Abbau der Steinkohle statt. Die Epoche ist eng mit den Namen Graf Otto IV. und Fürst Ernst von Schaumburg verbunden. Neben der wichtigen Modernisierung der Residenz zu einem Wohnschloss fanden tiefgreifende Veränderungen in Kirche und Schulwesen statt. Prachtvolle Altbauten und die Wallanlage zeugen noch von dieser Zeit. Nachdem die Residenz nach Bückeburg verlegt worden war, gewann die Stadt durch die Industrialisierung an neuer Bedeutung.

Tourist-Information
Am Markt 1
31655 Stadthagen
05721/925055
www.stadthagen.de

Schaumburger Land
Tourismusmarketing e.V.
31675 Bückeburg
05722/890550
www.schaumburgerland-tourismus.de

Sehenswertes

Marktplatz

Der Marktplatz als Stadtkern ist von einer grünen Wallanlage umschlossen. Liebevoll restaurierte Fachwerkhäuser aus dem Baustil der Weserrenaissance prägen das Stadtbild. Das Haus „Am Markt 4“ ist das einzige Bürgerhaus mit einer Fassade aus Stein von 1610 und diente zeitweise als städtische Brauerei.

Der Marktplatz in Stadthagen, rechts das Alte Rathaus.

Altes Rathaus

Das Alte Rathaus vor 1529 wurde im Jahr 1595 bis 1602 durch das umgebaute Zeughauses ersetzt. Das Zeughaus im Stil des Weserrenaissance mit seinen reizvollen Erkern und reichen Bekronungen und Wächterbüsten bietet ein bemerkenswertes Bild. Vom alten Rathaus stammt ein Sandsteinrelief aus dem 15. Jahrhundert mit einem nackten Zecher, ebenso zwei Wappen an der Vorderseite des Hauses. Heute ist dort der Sitz der Touristeninformation und das Standesamt.

Niedernstraße

Ein Schmuckstück in Stadthagen ist das Büschinghaus in der Niedernstraße 42. Seine Fassade zählt zu den schönsten der Stadt. 1581 erbaut und 1890 restauriert, zeigt es die typischen Rosetten mit Bandumrahmung. Hier wohnte der Gelehrte Friedrich Büsching von 1724 bis 1793.

Turm am Viehmarkt

Die Reste der mittelalterlichen Stadtbefestigung mit dem dazugehörigen Wall und dem Stadtturm aus dem Jahr 1423 umgeben die heutige Altstadt vollständig.
Adresse: Am Viehmarkt, 31655 Stadthagen

Schloss und Marstall

Am südlichen Rand der Altstadt steht die Schlossanlage mit ihren Nebengebäuden. Sie prägen das Bild der Stadt. Alle Bauwerke sind aus dem gleichen Sandstein erstellt worden. Im 16. Jh. Jahrhundert wurde die Antike modern und bestimmte auch die Architektur des Schlosses. Aus der ehemaligen Wasserburg entstand das Schloss (1534 bis 1544) und es gilt als das einflussreichste Baudenkmal der Weserrenaissance. Stattliche Giebel mit Halbkreisaufsätzen verschönern die Gebäude. Bis 1607 diente das Schloss dem Schaumburger Grafen als Wohnsitz und Residenz. Seit 1919 ist in dem Schloss der Sitz des Finanzamtes. Zu den umliegenden Gebäuden gehört der Marstall, ebenfalls im Stil der Weserrenaissance, wie auch das Waschhaus, ein Kavalierhaus, eine Zehntscheune, ein Turm der ehemaligen Stadtmauer und der Landbergische Hof. Heute ist der Marstall Sitz der Beruflichen Bildung. Eine Mauer umgibt das Schlossgelände und den Schlosspark, der Reste exotischer Bäume aufweist. Außerhalb der Schlossbrücke steht eine 500 Jahre alte Gerichtslinde. Der Park ist öffentlich.
Eine Besichtigung des Schlosses ist über eine Anmeldung beim Finanzamt möglich.

Das Schloss im Stil der Weserrenaissance beherbergt heute das Finanzamt.

Stadtgarten

Südlich des Schlosses Stadthagen liegt der 500 Jahre alte Stadtgarten aus der Zeit der Renaissance. Jahrhundertelang war er ein herrschaftlicher Lustgarten mit Brunnen, einem Lusthaus über einem Teich und einer Grotte. In seinen Anfängen diente er mit großem Obstbaumbeständen auch als Nutzgarten. Das 18. Jahrhundert verwandelte ihn in einen Barockgarten. Aus dem fürstlichen Areal wurde 1919 ein bürgerlicher Stadtgarten, der seitdem in seine barocke Zeit rekonstruiert wird. Mitten im Garten steht ein aus dem Jahr 1705 gebau-

ter Brunnen, der mit seinem heilkräftigen Wasser den Ort damals zu einem beliebten Badeort machte. 1880 wurde das Bad geschlossen. 1968 wurde der Brunnen mit einem neuen Sockel und einer Brunnenschale versorgt und ist mit einer Fontäne von fünfeinhalb Metern wieder funktionstüchtig. Das auf Pfählen errichtete Lustschlösschen von 1573 wurde aufwendig restauriert und beherbergt heute ein Café. Alte Kastanienbäume umschließen die Rasenflächen. Der Stadtgarten zählt zu den besonderen Schmuckstücken in Stadthagen.
Adresse: Habichhorster Straße 2, 31655 Stadthagen, ✆ 05721/72101

▸ St.-Martini-Kirche und Mausoleum
Die gotischen St. Martini-Kirche wird erstmals im Jahr 1230 erwähnt und musste 1318 wegen Platzmangels abgerissen werden. Der 42,2 m hohe Turm mit seinen dicken Mauern ist bis heute erhalten und prägt das Stadtbild. Aus verschiedenen Bauperioden stammt die heutige dreischiffige gotische Hallenkirche mit ihren drei Anbauten. Sehenswert ist der kostbare Altar aus dem Jahr 1460, der in einer flandrischen Werkstatt entstand. Im Jahr 1585 wurde er im Bückeburger Barock umgestaltet. An die Kirche grenzt das Fürstenmausoleum des Fürsten Ernst von Holstein-Schaumburg, ein siebeneckiger Bau, dem internationale Bedeutung zukommt. Der Zugang erfolgt durch die Kirche. Bemerkenswert ist das Monument der berühmten Bronzegruppe des Adrian de Vries. Es besteht aus 13 Bronzeplastiken und sechs Bronzereliefs. Bau und Ausstattung sind im Originalzustand erhalten.
Adresse: Am Kirchhof 3, 31655 Stadthagen, ✆ 05721/780711

Museen

▸ Heimatmuseum Amtspforte
Im Wahrzeichen der Stadt, der Amtspforte, ist das Heimatmuseum untergebracht. Auf drei Ebenen lernt der Besucher Stadtgeschichte, dörfliches Landleben und Schaumburger Trachten kennen. Das Museum steht in direkter Nachbarschaft zum Schloss und zum Schlosspark. Der Eintritt ist kostenlos.
Adresse: Obernstraße 32a, 31655 Stadthagen, ✆ 05721/924900,
🌐 www.museum-stadthagen.de

Freizeit und Natur

▸ ☺ Tropicana
Mit einem Hauch von Exotik, echten Palmen und tropischen Pflanzen ist das Tropicana ein echtes Erlebnisbad. Für Badespaß sorgen die 70-Meter-Rutsche, das Sprudelbecken und die Wasserlandschaft, gerne in Kombination mit Wellness. Die Besucher starken sich an der Palmenbar.
Adresse: Jahnstraße 2, 31655 Stadthagen, ✆ 05721/973810,
🌐 www.tropicana-stadthagen.de

▸ ☺ Eisenbahn nach Rinteln
Eisenbahnromantik erfährt der Besucher im „Uerdinger Schienenbus", Baujahr 1960. Vorbei an malerischer Landschaft durch das Schaumburger Land und hinab ins Wesertal führt die Fahrt. Stadthagen, Oberkirchen und Rinteln sind die Stationen, die im Sommer einmal monatlich angefahren werden.
Adresse: Bahnhofstraße 7, 31683 Obernkirchen, ✆ 05724/6854,
🌐 www.der-schaumburger-ferst.de

Wandern im Bückeberg
Wer im Schaumburgerland wandern will, der findet am Bückeberg umfangreiche und kindertaugliche Wanderstrecken. Beliebt sind der Bornau- und Schwefelquellen-Rundweg sowie der Spiegeleierweg.

Gutspark Remeringshausen
Der Park des Gut Remeringshausen wurde im Stil eines englischen Landschaftsgartens gestaltet, ein hervorragendes Beispiel für die zeittypische Gestaltung kleinerer Gutsanlagen. Der Park ist seit 500 Jahren in Familienbesitz und liegt am Fuße des Bückebergs. Mit den Sanierungsarbeiten in den 1990-Jahren ist es gelungen, die historische Gartenanlage zu erhalten. 2000 wurde die Anlage mit dem Landespreis für Gartendenkmalpflege ausgezeichnet. Der Park ist freitags auf Anfrage für Besucher offen. Lage nahe der B 65.
Adresse: Heuerßer Str. 25, 31655 Stadthagen, 05725/701188,
www.gut-remeringshausen.de

Dinosaurier-Park Münchehagen
Rund 250 außergewöhnlich gut erhaltene Fußabdrücke der Urzeitechsen (Naturdenkmal Saurierfährten) und viele Mitmach-Aktionen sind auf einem riesigen Gelände zu erleben.
Adresse: Alte Zollstraße 5, 31547 Rehburg-Loccum, 05037/2073,
www.dinopark. de

Veranstaltungen und Feste

Die Stadthagener Festhalle liegt 500 m vom Marktplatz entfernt. Sie bietet ein reichhaltiges Programm an Konzerten und Veranstaltungen.
www.festhalle-stadthagen.de
Im Frühjahr und im Herbst findet der „Krammarkt“ statt. Im Rittergut Remeringshausen wird im Juni das British Weekend aufgeführt, mit dem an die Lebens- und Gartenkultur in England erinnert wird. Baumstammwerfen und Jagdszenen gehören dazu. Der August lockt Tausende Teilnehmer zum Jahn-Burgturnfest. Ebenfalls im August findet das Parkfestival „Romantic Garden“ mit Musik und Kleinkunst an drei Tagen statt. Seit 600 Jahren feiert Stadthagen im Juli das beliebte Historische Schützenfest. Die Brassband Stadthagen bietet Konzerte an. Termine bekommt man unter
www.brassband-stadthagen.de

Wo die Saurier ihre Spuren hinterließen, ist heute ein Freizeitpark.

Stadtoldendorf

(Landkreis Holzminden)

Am Rande des Naturparkes Solling-Vogler, zwischen den Mittelgebirgs- und Höhenzügen des Homburgerwalds, liegt die Stadt Stadtoldendorf abseits vieler Verkehrswege in idyllischer Landschaft. Die mit dem Stadtrecht ausgezeichnete Siedlung Oldendorp ist seit 1255 urkundlich benannt. Sie ist eng mit der Burg Homburg und dem Kloster Amelungsborn verbunden. Die neue Stadt Oldendorp entstand durch Rivalität zwischen dem Edelherren von Homburg und den Eversteiner Grafen. Heinrich von Homburg gründete seine erste Stadt und wählte sie als Sitz der Homburger Edelherren. Die Stadt bekam eine wehrhafte Stadtmauer, mit dem noch heute erhaltenen Wartturm, der das Wahrzeichen der Stadt ist. Während des Dreißigjährigen Krieges wurde die Stadt mehrfach zerstört. Siebenmal wechselten die Besetzer. Im späten Mittelalter (1375) entstand eine Gilde der Weber, die Jahrhunderte später bei der Industrialisierung eine große Rolle spielen sollte. Mit Bodenschätzen wie Buntsandstein und Gipslagern etablierte sich ein wichtiger Industriezweig. In der Altstadt kann man bei einem Rundgang historische Bauwerke, Brunnen und Türme der Zeit erkunden.

Samtgemeinde Eschershausen-Stadtoldendorf
Kirchstraße 4
37627 Stadtoldendorf
05532/90050
www.samtgemeindeverwaltung.de

Sehenswertes

▸ Försterbergturm
Aus dem 13. Jahrhundert stammt der Försterbergturm, der auf der höchsten Erhebung der Altstadt von Stadtoldendorf steht. Er sicherte im Verteidigungsfall den nördlichen Abschnitt der Stadtmauer. Nach dem Dreißigjährigen Krieg verfiel der Turm und verlor sogar allmählich einige Höhenmeter. 1936 wurde der Turm ausgebessert, restauriert und auf seine frühere Bauhöhe gebracht. Mit einem Fachwerkaufsatz nach altem Vorbild und einem mit Sollingplatten gedecktes Dach wurde der Turm instand gesetzt und dient seitdem als Wahrzeichen der Stadt. Vom oberen Stockwerk bietet sich eine beeindruckende Aussicht auf die Stadt und die Umgebung.
Adresse: Försterberg 4, 37627 Stadtoldendorf

Der Försterbergturm in Stadtoldendorf.

▸ Homburg (Stadtoldendorf)
Nördlich von Stadtoldendorf, im hohen Homburgwald, steht die Homburg. Eine mächtige Anlage mit einer Vorburg und einer kleineren Hauptburg mit einer Länge

von 100 m und ca. 30 m Breite. Die Burg wurde zum Schutz des Klosters Amelungsborn von Siegfried IV. von Boyneburg gebaut. Sie war seit 1409 im Besitz der Edelherren von Homburg. Nach 1428 blieb sie in braunschweigisch-lüneburgischem Besitz und diente als fürstlicher Amtssitz. Der letzte Amtmann ließ die Homburg aufgrund ihrer schwer zugänglichen Lage abgetragen. 1897 wurde die Ruine ausgegraben und die Grundmauern in ihrem Grundriss freigelegt, einschließlich der Mauerreste eines Torturms. Wegen Einsturzgefahr wurde die Burgruine 2009 gesperrt. Ausgrabungen sowie historische Gegenstände können im Stadtmuseum eingesehen werden.

▸ Camphof

Die älteste Hofstelle der Stadt ist der Camphof, Herrensitz derer von Campe. Zu

Ehemaliger Herrensitz der Herren von Campe.

dem Innenhof führt eine hölzerne Dachkonstruktion, die die Einfahrt überspannt. Von 1418 bis 1980 war der Camphof im Besitz der Familie von Campe und deren Geschichte ist eng mit der Stadt verbunden. Der älteste Teil der Gebäude stammt aus dem Jahr 1561. Nach dem Tode des letzten von Campe drohte die Anlage zu verfallen. Es fand sich ein Käufer, der von 1981 bis 1984 eine erfolgreiche Restaurierung der Anlage vornahm. Mit viel Liebe zum Detail wurde die Wohnanlage mit Scheune und dem Torhaus wiederhergestellt. Es ist eins der repräsentativsten Baudenkmäler der Stadt und trägt den Namen „Herrensitz von Campe".

Adresse: Heiße Straße, 37627 Stadtoldendorf

▸ Ratskeller

Neben dem Haus Peinecke ist der Ratskeller das zweitälteste Haus der Stadt. Bereits 1621 erbaute Walter Jakob Kohler den Ratskeller als Brauhaus. Den Dreißigjährigen Krieg überstand das Gebäude schadenfrei und diente bis zum 19. Jahrhundert als Rathaus der Stadt. 1852 verkaufte die Stadt das Haus, erwarb es aber zum späteren Zeitpunkt erneut. Das Gebäude wurde 1929 von seiner Sandsteinplattenfassade befreit und das Fachwerk freigelegt. Eine Stadtwappen im Sandsteinsockel erinnert an den Schriftsteller Wilhelm Raabe (1831–1910), der in dem Gebäude gewohnt hat.

Adresse: Kellerstraße 9, 37627 Stadtoldendorf

▸ Altes Rathaus

Das im Jahr 1875 erbaute Rathaus hat eine über 100-jährige Geschichte. Vielerlei verschiedene Nutzungsmöglichkeiten ergaben sich in dieser Zeit. Ein Teil des

Gebäudes diente der Feuerwehr, im Obergeschoss befanden sich Amtsstuben. In den 30er-Jahren war es Jugendherberge und später wurden Flüchtlinge untergebracht. Auch die Polizeistation fand in den 50er-Jahren hier ihren Platz. Von 1953 bis 1982 befand sich das Heimatmuseum im Rathaus. Nach dem Umbau im Jahr 1987 wurde es zur Stätte der kulturellen Begegnung. Ausstellungen, Vorträge und kleine Konzerte finden in unregelmäßigen Abständen statt.
Adresse: Bei der Kirche 1, 37627 Stadtoldendorf, ✆ 05532/9005221

Freizeit und Natur

▸ Kellbergturm
Auf dem 341 m hohen Kellberg bei Stadtoldendorf steht der Kellbergturm, auch „Eiserner Oskar" genannt. Ein 20 m hoher Aussichtsturm, denkmalgeschützt und aus Eisen. Die Initiative zum Bau des Turmes kam von dem Fabrikanten Oskar Wolff. Im Frühling 1906 wurde er von der Sieg-Rheinische-Hütten AG erbaut. In den Kriegsjahren sollte der Turm eingeschmolzen werden, doch daraus wurde nichts. 1976 wurde der Turm aus Sicherheitsgründen gesperrt, 1983 entrostet und freigegeben.
Information: www.kellbergturm.de

▸ Reiten
Auf dem Reiterhof des Rittergutes Deensen kommen Pferdefreunde auf ihre Kosten. Das 500 Jahre alte Rittergut mit einer großen Pferdesportanlage liegt in einem Park. Westernreiten und Kutschfahrten sind möglich. Dazu werden Reiterferien angeboten.
Adresse: Am Alten Born 4, 37627 Deensen, ✆ 05532/90030, www.koppel.de

▸ Freibad Stadtoldendorf
Das beheizte Freibad ist idyllisch am Ortsrand gelegen – mit Blick auf den Holzberg am Rande des Sollings. Mit einem umfangreichen und attraktiven Angebot ist das teilweise mit frischem Quellwasser gespeiste Bad ein Spaß für die ganze Familie. Das umfasst ein Planschbecken mit Wasserpilz und Wasserfall, verschiedene Spielgeräte, große Wasserrutsche im Nichtschwimmerbecken, Kinderspielplatz mit großem Sandkasten, Beachvolleyballfeld und Fußball-Bolzplatz.
Adresse: Jahnweg 28, 37627 Stadtoldendorf, ✆ 05532/504065

Trendelburg

(Landkreis Kassel)

Westlich des Reinhardswalds liegt die Stadt Trendelburg zwischen Hofgeismar und Bad Karlshafen. Ein Nebenfluss der Weser, die Diemel, fließt durch Trendelburg. Die im 13. Jahrhundert von Konrad III. von Schöneberg erbaute Burg Trendelburg lag im Grenzgebiet am Diemel und den sehr wichtigen Handelsstraßen zwischen den Bistümern Paderborn und Mainz. Vor der Burg entstand eine Siedlung, die von einer Stadtmauer umschlossen wurde. Im Jahr 1443 wurden Burg und Stadt durch Brände zerstört und wieder aufgebaut. 1464 gab der hessische Landgraf Ludwig II. Trendelburg die Stadtrechte. Im Dreißigjährigen Krieg wurde vieles in der Stadt zerstört.
1676 wurde die Burg vergrößert und Landgraf Karl baute die Burg zum Jagdschloss um. Der Siebenjährige Krieg

hinterließ ebenfalls Zerstörungen. Im 19. Jahrhundert wurde das Forstamt in der Burganlage untergebracht. 1901 erwarb die Familie von Stockhausen die Burg, baute sie zum Familiensitz um und richtete einen Hotelbetrieb ein. 1970 wurde im Zuge der Gebietsreformen die Stadt Trendelburg mit sieben weiteren Gemeinden zur erweiterten Stadt Trendelburg. Der mittelalterliche Ortskern der Stadt Trendelburg mit gotischer Kirche und dem historischen Rathaus reicht bis an die Burgmauern. Teile der Stadtmauer sind erhalten oder wurden rekonstruiert.

Stadt Trendelburg
Marktplatz 1
34388 Trendelburg
05675/74990
www.trendelburg.de

Sehenswertes

Burg Trendelburg

An höchster Stelle des Berges liegt die Burganlage, eine Einheit aus Festung und Ansiedlung. Die Burg ist durch einen aus Felsen geschlagenen Halsgraben vom Ort getrennt. In die Westmauer ist ein mächtiger, 40 m hoher Turm mit 130 Stufen integriert. Der Turm wird auch Rapunzelturm genannt. Drei Schießscharten sind erhalten. Die Mauer wurde restauriert, mit Zinnen versehen und ist begehbar. Früher war das Haupttor über eine Zugbrücke erreichbar, heute flankieren zwei Ecktürme die Einfahrt. Eine Turmspitze ist mit einem Fachwerkaufsatz ausgebaut, der zweiten fehlt die Spitze. In einem der Türme wohnte der Torwächter und das Stadtgefängnis befand sich dort. Zwei weitere Türme sind in der Burgmauer, von außen ist die frühere Burgtoilette zu erkennen. Die Dächer des Haupthauses sowie der drei Ecktürme sind mit Sandsteinplatten gedeckt. Drei Stockwerke sind ausgebaut, nach dem Dreißigjährigen Krieg wurde die Schlosskapelle aufgestockt und eine Eichentreppe eingebaut, die die alte Wendeltreppe ersetzte.
Heute ist die Burg ein Hotel mit Restauration und das Standesamt der Stadt Trendelburg. Der Burghof ist für die Öffentlichkeit zugänglich, der Bergfried kann seit der Restaurierung bestiegen werden. Das Verlies und die Folterkammer können besichtigt werden. Das neue Dach des Turmes ist nach historischen Darstellungen erneuert worden.

Die Trendelburg von Süden gesehen.

Schloss Stammen

Das Rittergut wird als Besitz der freiherrlichen Familie Rabe von Pappenheim seit dem Jahr 1429 erwähnt. Es liegt am Ostufer der Diemel in Stammen. 1766 wurde es als schlossartiges Herrenhaus im Klassizismus umgebaut. Der Bau ist elfachsig, zweigeschossig, mit dreigeschos-

sigem Mittelteil und Rundbogengiebel. Die beiden Seiten sind fünfachsig. An der Gartenseite wurde ein Balkon angebaut. 2001 erhielt das Herrenhaus einen weitgehend gläsernen Treppenturm. Heute wird das Herrenhaus als privates Pflege- und Seniorenheim genutzt.
Adresse: Schloßstraße 27, 34388 Trendelburg

▸ Altstadt
Ein großer Teil der mittelalterlichen Bebauung fiel um 1868 einem Stadtbrand zum Opfer. Einige Relikte aus der Zeit wurden bei Ausgrabungen entdeckt. Gewölbekeller und das Ritualbad, das 2001 gefunden wurde, sind Zeugen der Zeit. Die Anlage der Straßen und Reste der Stadtmauer entsprechen der ursprünglichen Planung. In den 1950er- und 60er-Jahren wurden Reste der alten Bebauung entfernt und die Diemelbrücke von 1747 abgerissen. Vor der Stadtmauer, in der Straße „Altes Tor“ stehen Bauernhäuser aus dem 17. Jahrhundert, mit großem Tor und Tenne. Die alten, mit Inschriften verzierten Fassaden sind erhalten. Das älteste Bauernhaus in der Rathausstraße 3 stammt aus dem Jahr 1480.

▸ Historisches Rathaus
Der Sitz der Stadtverwaltung befindet sich in einem dreigeschossigen Fachwerkhaus. Ein gotisches Eingangstor führt in die Eingangshalle. An der Frontseite sieht man das Stadtwappen und eine Sonnenuhr von 1582. Seit 2010 wird das Rathaus wegen erheblicher Bauschäden umfassend restauriert.

▸ Evangelische Pfarrkirche
Die evangelische Pfarrkirche, früher St. Maria, mit Bauelementen aus der Gründerzeit wurde im 14. Jahrhundert vollendet. Nach Stadtbränden in den Jahren 1443 und 1450 wurde die Kirche als Hallenkirche dreischiffig neu erbaut und mit einem Kreuzrippengewölbe versehen. In der Sakristei befand sich das Erbgrab der Familie von Stockhausen, das bei Renovierungsarbeiten im 20. Jahrhundert aufgelöst wurde. Der Fußboden mit den Grabsteinen wurde erneuert und Fresken freigelegt. Eine reliefartige Grabplatte des Ernst Hans von Stockhausen wurde innen an der Kirchenwand angebracht. Freigelegte Wandmalereien (Hl. Drei Könige, Christophorus) sind bemerkenswert.

▸ Ritualbad (Mikwe)
Bei Umbauarbeiten 2001 im Hause am Brunnen 6 wurde die Mikwe der ehemaligen jüdischen Gemeinde wiederentdeckt. Der größere Raum war ein Vorratskeller, der kleinere der rituelle Tauchraum der jüdischen Gemeinde. Gewölbekeller und Badhaus können kostenlos besichtigt werden.

▸ Wallfahrtskirche Gottsbüren
Die ehemalige Wallfahrtskirche in Gottsbüren ist heute die evangelische Kirche in diesem Ortsteil von Trendelburg. Die Kirche war eine stark besuchte Wallfahrtskirche, der Hintergrund war das „Wunder einer Heilig-Blut-Hostie“, die im Jahr 1330 gefunden wurde. Durch die Bekanntmachung des Fundes erlangte die Wallfahrt nach Gottsbüren überregionales Interesse. Aufgrund des hohen Pilgerzustroms wurde die bisherige Kapelle durch ein dreischiffiges gotisches Hallenlanghaus ergänzt. Das gotische Kreuzrippengewölbe ruht auf mächtigen viereckigen Pfeilern.
Adresse: Am Kirchhof 5, 34388 Trendelburg

▸ Wasserschloss Wülmersen
Die Anlage aus dem Jahr 1108 war eine Schenkung des Bischofs Heinrich von Paderborn an das Kloster Helmershausen für die Versorgung mit Lebensmitteln. 1330 belehnte Abt Reimbold von Helmarshausen das Gut an die Familie von Stockhausen, in deren Besitz die Anlage bis ins 20. Jahrhundert blieb. Den Namen Wasserschloss bekam die Anlage nach dem Dreißigjährigen Krieg, als Wassergräben um die Anlage gezogen wurden. Seit 1987 gehört die Anlage dem Fortbildungsverbund des Landkreis Kassel. In einem der Stallgebäude ist das sehenswerte Land-Museum Wasserschloss Wülmersen eingerichtet. Es finden wechselnde Ausstellungen zur Kulturgeschichte, Volkskunde, Regionalgeschichte und zu Themen der Agrartechnik statt. Zur Sammlung gehören 1000 Exponate aus Handwerk, Forst und Landwirtschaft.
Adresse: Wasserschloss Wülmersen, 34388 Trendelburg, 05675/7210818, www.wasserschloss-wuelmersen.de

Das Wasserschloss Wülmersen

Museen

▸ Alte Diemelmühle
1455 wurde die Diemelmühle erstmals urkundlich erwähnt. Die Mühle bestand aus Ober- und Untermühle, integriert war eine Brotfabrik. Mit der mühlenbetriebenen Wasserkunst wurde die auf einem Berg gelegene Stadt Trendelburg mit Wasser versorgt. Heute ist die Diemelmühle Heimatmuseum, Heimatstube und Café. Um die Mühle herum gibt es einen ganzjährig betriebenen Campingplatz.
Adresse: Zur Alten Mühle 10, 34388 Trendelburg

Freizeit und Natur

▸ Mit dem Fahrrad nach Stammen
Mit dem Fahrrad durch das Diemeltal geht es zum stattlichen Herrenhaus mit einer alten Dorfkirche und einem Erlebnishof. Eine natürliche Auenlandschaft schließt sich an. Es geht vorbei an Spiel und Sportplätzen, dem Storchendorf Sielen und Eberschütz. Der prämierte Diemeltaler-Radweg führt zurück nach Trendelburg.

▸ Wandern und Radfahren
Insgesamt durchziehen die Region Trendelburg 44 Wandertouren, neun Fernwander- und sieben Pilgerwege. Dem Radfahrer stehen 29 Strecken zur Verfügung, darunter der Diemelradweg und der hessische Fernradweg R4.

▸ Fliegen
Fünf Kilometer von Bad Karlshafen, zwischen Deisel und Langenthal, befindet sich der Flugplatz Hölleberg, ein Sonderlandeplatz. Besucher können Rundflüge in kleinen Motormaschinen buchen.
Information: www.edvl.de

▸ Die „Wolkenbrüche“

Der Nasse Wolkenbruch liegt an einer Hochfläche mit Feldern, Wiesen und Bauernhöfen, versteckt zwischen Bäumen, die zum Teil 200 bis 300 Jahre alt sind. Der Nasse Wolkenbruch ist zwischen 47 und 60 m tief, im Inneren ist ein kleiner See entstanden, daher der Name Nasser Wolkenbruch. Der Trockene Wolkenbruch liegt etwa 400 m weiter westlich, ebenso versteckt unter Bäumen am Waldrand. Wie der Name sagt, ist er nicht mit Wasser gefüllt. Ein Naturereignis mit Unwetterfolgen soll Wolkenbrüche ausgelöst haben, in deren Folge unterirdische Auswaschungen entstanden sind. Eine Sage erklärt die merkwürdigen Trichter: Die Reinhardswald-Riesinnen Trendula, Saba und Brama waren missgünstig aufeinander. Nach einem Besuch tötete Trendula ihre Schwester Brama. Darauf erschlug ein Blitz die Mörderin, ein Donnergrollen öffnete den Erdboden und verschlang Trendula.

▸ Reiten

Rancho Paradiso (Westernreiten), Bensdorf 1, 34388 Trendelburg-Gottsbüren, ✆ 0172/5606288

▸ Freibad Trendelburg

Das Freibad liegt in einer reizvollen Landschaft mit Blick auf die Burg Trendelburg und die umgebenden Hügel. Im Schwimmerbereich sind Ein-Meter- und Drei-Meter-Sprungturm, im Spielbereich eine Wasserrutsche. Eine Terrasse mit Sitzmöglichkeiten und ein Kiosk runden das Angebot ab.
Adresse: Zur Abgunst 28, 34388 Trendelburg, ✆ 05675/808

Uslar

(Landkreis Northeim)

Im südlichen Weserbergland, am Rande des Solling, liegt die Kleinstadt Uslar. Schon im 9. Jahrhundert finden sich in den Corveyer Traditionen Aufzeichnungen des Ortes. Es folgte die Erwähnung einer Wasserburg, nach der sich die Ritter von Uslar benannten. 1263 bekam Uslar von Herzog Albrecht I. von Braunschweig die Stadtrechte verliehen. Im 14. Jahrhundert wurde die Burg für die Welfen wichtig, 1428 wurde eine Fürstenkapelle samt Wehrturm errichtet, aus welcher später die heutige St.-Johannis-Kirche hervorging. Der Kirchturm war sehr wahrscheinlich der ehemalige Wehrturm der Burg. Zwischen 1559 und 1565 wurde das Schloss Freudenthal im Stil der Weserrenaissance errichtet, das nach einem Blitzeinschlag 1612 abbrannte und nicht mehr aufgebaut wurde. Mauerreste sind im Schlosspark vorhanden, der im Altstadtkern liegt. An die Stelle des Schlosses trat das fürstliche Amtshaus, das 1855 Landratsamt des Kreises Uslar wurde. Der wirtschaftliche Aufschwung der Stadt begann mit dem Anschluss an das Bahnnetz. 100 kleine Handwerksbetriebe, Chemiebetriebe und holzverarbeitende Firmen entstanden. Die Blütezeit der Stadt lag in der Zeit des „Wirtschaftswunders“. Uslar ist das Tor zum Solling, mit historischen Fachwerkhäusern. In der Innenstadt befinden sich prächtige und wertvolle Bürgerhäuser mit ihren sehenswerten Fachwerkfassaden.

Touristik-Information Uslar
Altes Rathaus
Lange Straße 1
37170 Uslar
05571/307220
www.uslar.de

Sehenswertes

Altstadt

Das Wahrzeichen der Stadt Uslar ist das Rathaus. Nach einem Brand wurde es 1476 mit Fachwerk und einem nachträglich aufgesetzten, kupfernen Uhrturmdach neu errichtet.
Neben dem Haupteingang sitzt auf einem Steinsockel ein aus Stein gehauener Löwe mit weißen Zähnen. Das gotische Wappen, das der Löwe hält, ist mit einem goldenen „V" auf blauem Grund dargestellt. Das „V" steht für lateinisch „U". 1650 und 1655 wurde der Westteil errichtet, was an unterschiedlichen Vorsprüngen oder Auskragungen ersichtlich ist. 2002–2006 wurde das Rathaus saniert. In der mit rotem Naturstein gepflasterten Langen Straße steht das älteste Bürgerhaus aus dem Jahr 1555, in dem heute ein Hotel untergebracht ist. Weiter befinden sich in der Innenstadt mehrere Bürgerhäuser mit prächtigen Fachwerkfassaden. Verschiedene Gastronomiebetriebe sorgen für das leibliche Wohl.

Das Zentrum von Uslar. Die Lange Straße mit dem historischen Rathaus und der St.-Johannis-Kirche im Hintergrund.

St. -Johannis-Kirche

1428 wurde die St.-Johannis-Kirche erbaut, deren hoher gotischer Chor heute noch erkennbar ist. Bauherr war der Welfenherzog Otto der Einäugige. Ein handgeschnitzter, dreiteiliger Flügelaltar und farbenfrohe Glasgemälde von ca. 1470 wurden dem Heiligen Johannes Baptist geweiht. Reste einer gewölbten Basilika aus dem 13. Jahrhundert befinden sich unter dem Westturm. Der ältere Teil der Kirche war ursprünglich romanisch. Zu den herausragenden Instrumenten Südniedersachsens gehört die 1845 von der Firma Euler gebaute Orgel, die auf der Westempore steht. 1841 bis 1845 wurde die Kirche auf den alten Fundamenten neu errichtet. Es entstand ein hohes Hallenschiff auf gusseisernen Säulen, deren Gewölbe aus Holz geschnitzt und verputzt wurden. Die Kirche hat einen gewundenen Kirchturm. Das Sakramentshaus neben dem Altar ist sehenswert, es zeigt die Krönung Mariens. Ein Grabstein des ersten Pfarrers von Uslar aus dem Jahr 1594 und wertvolle Konsolen mit Masken von Engeln befinden sich im Altarraum. Die Kanzel und die Außenwand des hohen Chors stammen wahrscheinlich aus der alten romanischen Kirche.
Adresse: Graftplatz 3, 37170 Uslar,
05571/302336,
www.johanniskirche-uslar.de

▸ Sollingturm
Im Naturpark Solling-Vogler, nordwestlich der Stadt Uslar, befindet sich der Strutberg. Oberhalb der Ortschaft Sohlingen, am Gipfel des Strutbergs auf 444 m, steht der Sollingturm, 30 m hoch, das Wahrzeichen des südlichen Sollings. Über ein paar Stufen geht es hinauf zu einer Plattform und ein wunderbarer Fernblick belohnt den Besucher. Der Sollingturm wurde 1934 bis 1935 aus Stein als „Hitlerturm" gebaut, um eine Attraktion für den Raum Solling zu bieten. Eigentümer war und ist der Sollingverein.

Der Sollingturm auf dem Strutberg nordnordwestlich von Uslar.

Museen

▸ Museum Uslar
Das Museum beschäftigt sich mit der Geschichte der Stadt und des Solling. Zahlreiche Ausstellungsstücke und Sammlungen aus dem Jahr 1937 werden auf 1000 Quadratmetern beherbergt. Initiator war Heinrich Sohnrey, der das Museum 1907 gründete. Es befindet sich in dem sanierten Hattforschen Sattelhof aus dem Jahr 1677 in vier historischen Gebäudeteilen im Fachwerkstil mit einem romantischen Innenhof. Die Dauerausstellungen nehmen den oft wenig beachteten Lebensraum der Landfrauen in den Blick. Gezeigt wird der Alltag zwischen Küche, Kindern und Landwirtschaft. Auch die Einflüsse der regionalen Wirtschaft auf die Menschen, die Leinenweber, Pfeifenmacher und Zigarrendreher, findet Beachtung. Über die Holzindustrie und die Sollinger Eisenhütte wird ausführlich berichtet. Im Museum kann der Besucher außerdem die Heimatstube des Heimatkreises Schlochau bewundern, die wegen einer Partnerschaft mit der Stadt Schlochau ihren Weg hierher gefunden hat. Sie verfügt über einmalige und unersetzbare Exponate – Bücher,

Das Museumsquartier erstreckt sich über insgesamt vier historische Gebäudeteile im Fachwerkstil.

Bilder Fotografien, Landkarten und Dias sowie zahlreiche Gebrauchsgegenstände, die den Besucher über den Heimatkreis Schlochau informieren.
Adresse: Mühlentor 4, 37170 Uslar, 05571/307142

Kalibergbau Museum

Das Kalibergbau-Museum in Volpriehausen, einem Ortsteil, wurde 1985 gegründet. Auf einer Fläche von 200 m2 wird in verschiedenen Abteilungen die Entwicklung des Kalibergbaus (von 1895 bis ca. 1960) dargestellt. Stein- und Kalisalzmineralien aus zahlreichen europäischen Ländern und Übersee sind besonders sehenswert. Der Eintritt für Einzelbesucher ist frei.
Adresse: Wahlbergstraße 1, 37170 Uslar, 05573/541, www.uslar.de

Freizeit und Natur

Haus der Schmetterlinge – alaris Schmetterlingspark

Bei jedem Wetter ein lohnendes Ausflugsziel ist das Schmetterlingshaus, eine Tropenhalle im Schmetterlingspark Uslar. Tropische Bepflanzung und die prächtigen Farben der Schmetterlinge sorgen für eine bezaubernde Atmosphäre. Bei genauerem Hinschauen können die Besucher die verschiedenen Entwicklungsstadien der Schmuckstücke erkennen. Der Eintritt ist kostenpflichtig.
Adresse: Haus der Schmetterlinge, alaris Schmetterlingspark GmbH, Zur schwarzen Erde 7, 37170 Uslar, 05571/92038

„ErlebnisWald" in Schönhagen

Am Fuße des Solling, im Weserbergland, nahe der Stadt Uslar, liegt der „ErlebnisWald", der anlässlich der Expo 2000 angelegt wurde. Die Besucher erleben die Natur mit allen Sinnen. Der Zugang befindet sich im Ortsteil Schönhagen. Der faszinierende Naturlehrpfad hat verschiedene Stationen, an denen der Besucher alles Wissenswerte über diesen Lebensraum erfahren und erleben kann . Auf spielerische und spannende Weise wird der Umweltgedanke umgesetzt und den Besuchern nahegebracht.
Adresse: ErlebnisWald Solling, In der Loh, 37170 Uslar-Schönhagen, www.erlebniswald.de

Der Eingang zum Erlebniswald.

Uslarer Badeland

Großes Badevergnügen bietet das Uslarer Badeland. Die Riesenrutsche mit 80 Metern Länge führt durch rasante Kurven. Für Schwimmer ist das 25-Meter-Schwimmerbecken mit vier Bahnen angelegt. Nichtschwimmerbecken und Babybecken bieten den kleinen Besuchern Badespaß.
Adresse: Zur Schwarzen Erde, 37170 Uslar, 05571/9193500, www.uslarer-badeland.de

Vlotho

(Landkreis Herford)

Vlotho liegt an der Weser zwischen Wesergebirge und Teutoburger Wald, am „Großen Weserbogen“. 1185 schenkt ein Gottfried von Vlotho, der seinen Sitz vermutlich in der Wasserburg Schune hatte, dem Kloster Loccum sieben Hufen Land. Beurkundet wurde dies vom Bischof Anno von Landsberg. Der Herrschaftsbereich der Herren von Vlotho entspricht ungefähr dem heutigen Stadtgebiet. 1250 entstand aus der Siedlung am Fuße des Amtshausberges die Stadt Vlotho mit Stadtrecht. Nach dem Dreißigjährigen Krieg erlebte der Ort eine neue Blütezeit. Eine wesentliche Rolle spielte dabei die Weserschifffahrt. Vlothos Hafen wurde der wichtigste zwischen Minden und Hameln. Im 18. Jahrhundert lagen ca. 400 Weserschiffe im Hafen. Nach dem Zweiten Weltkrieg verlor der Hafen zunehmend an Bedeutung. 2006 wurde der Hafen zurückgebaut, es gibt nur noch eine Anlegestelle für Ausflugsschiffe und Sportboote. Industrie ist in der Stadt nicht mehr vorhanden, größere Betriebe haben sich in Uffeln und Valdorf angesiedelt.

Vlotho Marketing GmbH
Tourist Information
Lange Straße 111
32602 Vlotho
05733/881188
www.vlotho-tourismus.de

Sehenswertes

Historische Altstadt

Liebevoll restaurierte Fachwerkhäuser und stolze Bürgerhäuser erinnern in verschiedenen Baustilen an die einst bedeutende Kaufmannsstadt. Eine außergewöhnliche Initiative heimischer Künstler bemalt seit 2012 Stromkästen und Häuserfassaden in der Langen Straße mit großflächigen Gemälden. Bepflanzte Blumenkästen bekamen Steinplastiken, Baumstämme wurden bemalt, eine kinetische Skulptur am Roseneck aufgestellt. So entstand in der Innenstadt ein Kunst- und Kulturweg.

Die untere Lange Straße

Kirche St. Stephan

Die ehemalige Klosterkirche des Klosters Segenthal aus dem 13. Jahrhundert ist heute das Gotteshaus der reformierten Gemeinde Vlotho. Im 17. Jahrhundert wurde die Kirche von der wohlhabenden Schiffergemeinde mit Abendmahlkelch, Kronleuchter und Altarkerzenständer ausgerüstet. Ein südliches Schiff wurde angefügt, beide

Schiffe mit bündiger Westfassade erbaut und innen mit Rundpfeilern verbunden. Die Sakristei und Rundbögen des Kreuzganges erinnern an die Klostervergangenheit.
Adresse: Lange Straße 106, 32602 Vlotho

▸ Taufengel in der Region Vlotho
Seit dem 17. Jahrhundert findet man in evangelischen Kirchen nördlich der Mainlinie Taufengel. Eine Besonderheit in der Region Vlotho sind vier Taufengel auf engerem Raum. In einigen Landeskirchen wurden sie zeitweise verboten. In jüngerer Zeit wurde das Interesse neu geweckt und es entwickelte sich eine Taufengel-Forschung. Die Taufengel finden sich in der Kirche Exter (Alter Schulweg 4, Vlotho) Kirche Valdorf (Siekweg 5, Vlotho), Kirche Holzhausen (Gänsemark 7, 32457 Porta Westfalica) und Kirche Vlotho, St. Stephan (Lange Straße 108, Vlotho).
www.kirchenkreis-herford.de

▸ Burgruine Vlotho
Überreste der um 1250 erbauten Burg Vlotho stehen auf dem Amtsberg (141 m Höhe), hoch über der Altstadt. Mauerreste, Burggraben und ehemaliger Brunnen sind zu sehen. Ein wunderbarer Panoramablick über das Wesertal belohnt hier den Aufstieg.
Adresse: Burgstraße 41, 32602 Vlotho

▸ Windmühle Vlotho-Exter
Von ursprünglich 52 Wind- und Wassermühlen im Stadtgebiet blieb nur eine erhalten. Die im Jahr 1850 erbaute Kappenwindmühle, aus mächtigen Bruchsteinen erstellt, liegt am Steinegger Berg. 2009 wurde die Mühle gründlich saniert und funktionsfähig gemacht. Das technische Kulturdenkmal dient heute auch als Standesamt. Veranstaltungen an Mühlen- und Erntetagen organisiert der Mühlenverein. Es werden Gruppenführungen mit Kaffeetrinken angeboten.
Adresse: Lindemanns Mühle, Alter Postweg 18, 32602 Vlotho, 05228/9579843,
www.windmuehle-exter.de

▸ Wasserrad
An den Zuläufen von Linnenbeeke und Forellenbach gab es 20 mit Wasserkraft betriebene Wassermühlen. Die bekannteste Anlage ist die im Jahr 1258 in unmittelbarer Nähe der Weser erbaute Klostermühle. Die 1823 errichtete Kornmühle am Forellenbach und die Kuhlsche Mühle wurde 1975 für den Bau der L778 abgerissen. Zur Erinnerung wurde 1991 das restaurierte Wasserrad mit einem Durchmesser von 5,4 m an der Klosterstraße aufgestellt.

Die Kappenwindmühle in Exter.

Adresse: Stadtarchiv, Lange Straße 80, 32602 Vlotho, 05733/880280

Wittekindstein

Der Wittekindstein, ein unter Denkmalschutz stehender Stein, steht auf dem Hof Detering, (Wittekindstr. 27). Der Sandstein, der wie ein Sessel geformt ist, wurde 1685 beim Anlegen des Brandenburger Katasters entdeckt. Der Sage nach soll „Wittekind der Große" auf dem Stein Platz genommen haben. Nach einer im Jahr 1854 entstandenen Theorie des Pastors Lohmeyer könnte es sich um einen Freigerichtsstuhl handeln, weil auf dem Stein das Hauszeichen der Herforder Schöffenfamilie zu sehen ist. Die wahre Geschichte wird wohl unentdeckt bleiben.

Museen

Hammerschmiede Gnuse

Die Genehmigung für eine Mühle mit Wasserantrieb zur maschinenmäßigen Verfertigung und zum Schleifen von Eisenwaren wurde erstmals im Jahr 1827 von dem Messerschmied Henneberg beantragt. Bis 1978 wurden in der Mühle Eisenwaren hergestellt. Letzter Schmied war Paul Gnuse. Heute ist die Hammerschmiede ein bedeutendes Technisches Kulturdenkmal. Die Schmiede mit Schwanzhammer und komplett erhaltenem Inventar ist in Westfalen einzigartig. Die Schmiede zu erhalten und der Öffentlichkeit zugänglich zu machen ist das Anliegen des Heimatvereins. Heute wird die Schmiede als historisches Museum weitergeführt. Betreiber ist der Heimatverein Vlotho.
Adresse: Seebruckstr. 3, 32602 Vlotho, 05733/8631, www.heimatverein-vlotho.de

Heimatstube

Aus der „vaterländischen Sammlung" aus dem Jahr 1898 entstand die heutige Heimatstube in der Schöning'schen Fabrik, der heutigen Kulturfabrik. Anlässlich der 800-Jahr-Feierlichkeiten der Stadt Vlotho ist die Heimatstube für die Öffentlichkeit zugänglich gemacht worden. In dem Museum befinden sich nostalgische Gegenstände und die heimatkundliche Sammlung des Vereins zur Historie von Alt-Vlotho. Sehenswert sind ein kompletter Tante-Emma-Laden und ein Modell der Burg Vlotho im Maßstab 1:100. Es wird über die Handwerkskunst und die Zigarren- und Schuhmacherei informiert.
Adresse: Heimatverein Vlotho e.V., Lange Str. 53, 32602 Vlotho, 05733/9612333, www.heimatverein-vlotho.de

Kutschenmuseum

Im Kutschenmuseum „Bauernbad Seebruch" findet man historische Kutschen, alle originalgetreu restauriert. Die Palette der historischen Originale ist groß, vom Glas-Landauer über den offenen Arztwagen bis hin zur schlesischen Hochzeitskutsche und einer gelben Postkutsche ist alles vertreten. Besonderer Blickpunkt ist die Tandem-Kutsche, die von zwei hintereinander gespannten Pferden gezogen wird. Das Museum bietet Kutschfahrten an.
Adresse: Seebruchstr. 33, 32602 Vlotho, 0172/8737548, www.bad-seebruch.de

Freizeit und Natur

Golf

In dem Ortsteil Vlotho-Exter befindet sich eine 9-Loch-Anlage des Golfclubs Herford e.V. Clubausweis und Platzreife sind erforderlich.

Adresse: Heideholz 8, Vlotho-Exter,
05228/18233,
www.golfclubherford.de

Dampferfahrten auf der Weser

Die Mindener Fahrgastschifffahrt bietet Fahrten von Vlotho bis Stolzenau, über den Mittelandkanal von Bad Essen bis nach Sachsenhagen an. Etwas abenteuerlich ist eine Floßfahrt auf der Weser. Ebenso werden geführte Kanufahrten unternommen und Boote verliehen.
Dampferfahrt: www.mifa.de,
www.flotte-weser.de
Floßfahrt: www.rionegro.de
Kanutour:
www.indian-summer-kanutouren.de

Reiten (Kinder)

Adressen:
Reithalle im Stadtteil Valdorf, Lemgoer Str. 69, 05228/519,
www.reitverein-valdorf.de

Reithalle im Stadtteil Exter, Zum Mergelbruch 2, 05221/690672,
www.rv-exter.de

Völkers Reiterhof, Plögereistr. 22,
05733/8807566,
www.voelkers-reiterhof.de

Reiterhof Kahre, Von-Bodelschwingh-Str. 57, 05733/881640,
www.reittherapie-kahre.de

Wandern und Radfahren

Vlotho und seine schöne Umgebung bieten gute Wander- und Radtouren. Vlotho liegt an der überregionalen Wellness-Radtour Teutoburger Wald, am Weser-Radweg und am Soleweg. Man wählt zwischen kürzeren Zielen oder längeren Tagesrouten und es gibt auch Einstiege in nahe gelegene Fernradwege.
Für Wanderer bietet sich der 5 km lange Naturlehrpfad Bonstabel an, der in 14 Stationen über Fauna und Flora der schönen Landschaft informiert. Ebenfalls lohnen sich die zwei Rundwanderwege im Ortsteil Exter sowie die Exter-Tour für Kinder.

Familienfreizeitpark Borlefzen

Der große Badesee in Borlefzen entstand durch langjährigen Kiesabbau. Mit einer Größe von 90 000 qm und dem Zufluss an Bergquellwasser ist er für viele Besucher ein Erlebnis. Angler, Badende, Planschen am Sandstrand für die Kleinen, Spielplätze, Minigolf, Imbiss, Restaurant und Kiosk – jeder findet seinen Platz.
Für Bootseigner und Wasserskifreunde ist die Hafenanlage mit Zugang zur Weser ein großes Vergnügen. Bootsführerscheine können in der Yachtschule Porta Westfalica erworben werden.
Adresse: Borlefzen 2, 32602 Vlotho,
05733/80008, www.borlefzen.de

Waldfreibad Valdorf

Sportliche Schwimmer können sich auf sechs Bahnen im 50-m-Sportbecken freuen. Aber auch Nichtschwimmer kommen auf ihre Kosten: Ein eigenes Nichtschwimmerbecken erlaubt Entspannung und sorgt für Sicherheit. Ein Drei-Meter-Sprungturm ist ebenfalls vorhanden. Im Freibad gibt es eine Breitrutsche und einen Eltern-Kind-Bereich mit einem Spielplatz und einer kleinen Rutsche.
Adresse: Bäderstr. 6, 32602 Vlotho,
05733/3363

Wennigsen

(Region Hannover)

Direkt am Deister, dem nördlichsten Höhenzug des Weserberglandes, liegt der Naherholungsort Wennigsen. Als waldreichste Kommune der Region ist sie Ausgangspunkt vieler Aktivitäten. Mit einer langen historischen Geschichte sowie einem Kloster und Gütern namhafter Familien sticht der Ort in der Region hervor. Zahlreiche Kulturveranstaltungen locken Besucher zu den Sehenswürdigkeiten und zu einer Besichtigung der Kornbrennerei Warnecke.

Tourismusservice Wennigsen
Hauptstr. 1–2
30974 Wennigsen
05103/7007-0
www.wennigsen.de

Sehenswertes

Wasserräder
Eine Hauptattraktion im Deister sind die Wennigser Wasserräder. Auf 100 Meter drehen sich die 20 wasserbetriebenen Miniaturmühlen in der Feldbergquelle. Sie stellen Szenen aus der Märchenwelt und Fantasiewelt nach. Vor allem Kinder sind fasziniert von Altbekanntem und Neuem, von der Sesamstraße bis zu Ritterburgen. Der Besuch der Wasserräder ist von Ende April bis Oktober rund um die Uhr möglich. Eintritt wird nicht erhoben, eine Spendendose ist aufgestellt.
Adresse: Bröhnweg, 30974 Wennigsen, ausgeschildert ab Parkplatz „Wildkater", www.die-wasserraeder.de

Wasserräder mit Miniaturmühlen.

Sonnenuhr und Doppelhelix-Spirale
Der Feinmechanikermeister Erich Pollähne befasste sich in seiner 25-jährigen Tätigkeit mit dem Erstellen von Zeitmonumenten. Zu seinem 80. Geburtstag wurde eine stählerne Sonnenuhr in Wennigsen aufgestellt, die die Normal- und Sommerzeit anzeigt. Alle Metallteile des Gebildes sind aus rostfreiem Stahl. Die Fußplatte ist mit einer Edelstahlzarge ausgestattet, auf der 18 Bilder aus Zeitmessungen und Astronomie bis zur Mondlandung, dem „kleinen Schritt" von Neil Armstrong, gezeichnet sind. Die Doppelspirale soll an die DNA-Spirale unserer Erbanlagen erinnern, sie ist aber gegenläufig, demonstriert die Gegensätze, ohne Anfang und Ende.
Adresse: Hauptstraße 1–2, 30974 Wennigsen

Es lohnt sich, die Bilder auf der Sonnenuhr etwas genauer zu betrachten.

▸ Kurt-Schumacher-Denkmal

Die erste Konferenz der SPD in Westdeutschland fand 1945 im Bahnhofshotel der Gemeinde Wennigsen statt. Kurt Schumacher wurde damit beauftragt, den Wiederaufbau der Partei zu organisieren. An dieses Ereignis soll der in der Nähe des Bahnhofes stehende Findling erinnern. Er trägt den Kopf Kurt Schumachers im Profil. Darunter erinnert eine aufgesetzte Bronzeschrift an die Konferenz im Oktober 1945. Ebenso wird mit einer Gedenktafel am Calenberger Hof an den Fraktionsvorsitzenden Kurt Schumacher (1895–1952) erinnert.

▸ Augustinerinnenkloster Wennigsen

Das Kloster wurde in den Urkunden der Grafen von Schaumburg um 1224 erstmalig erwähnt. Den ältesten Teil der Anlage bilden der Wehrturm (um 1150) und einige Mauerstücke. Im 14. Jahrhundert wurde die Klosterkirche um einen Nonnenchor erweitert und im Kirchenschiff um ein Joch. 1520 erhielt die Kirche ein südliches Seitenschiff. Nach der Reformation wurde das Kloster evangelisch und blieb als adliges Frauenstift erhalten. Im Dreißigjährigen Krieg wurde der Ort durch Brände zerstört. Die heutigen Klostergebäude wurden im Barockstil 1707 und 1725 neu errichtet.
Das älteste Stück des Klosters ist das Tympanon (12. Jahrhundert), das an der Wand des Turms hängt. Es ist das älteste Baudenkmal Norddeutschlands. Der Türsturz zeigt die biblische Geschichte von Kain und Abel. In dem Klostergebäude aus dem 18. Jahrhundert befindet sich heute das „Haus

Kloster Wennigsen mit ehemaligem Klosterforstamt.

für Stille und Begegnung", Gäste können hier übernachten.
Führungen: in Kirche und Kloster nach Absprache, 0176/61201738
Adresse: Klosteramthof 3, 30974 Wennigsen, www.kloster-wennigsen.de

Widdergut Argestorf
Im Jahr 1844 ließ der königliche Oberhofbaudirektor Georg Ludwig Friedrich Laves in Argestorf ein Herrenhaus im klassizistischen Stil auf dem Widdergut Vier Eichen bauen. Dem Haus vorgelagert steht ein älterer Schafstall in traditioneller Fachwerkbauweise. Der älteste erhaltene Stall der Gemeinde dient heute der Zucht von Merinoschafen.
Adresse: Calenberger Straße 24, 30974 Wennigsen, Ortsteil Argestorf

Rittergut der Freiherrn Knigge
1338 wird Hermann I. Knigge als Ritter und Inhaber der Vogtei zu Pattensen erwähnt. Bis heute ist die Familie auf dem Rittergut ansässig. 1312 wurde sie außerdem Besitzer der Burg Bredenbeck, die sie zu einem Wasserschloss umbauten und selbst bewohnten. Bis 1848 hatte Bredenbeck eine eigene Gerichtsbarkeit inne. Der berühmteste Sohn der Familie, Adolph Freiherr von Knigge, verlebte hier seine Kindheit. 1788 schrieb er auf Bredenbeck sein Buch „Über den Umgang mit Menschen", aus dem zahlreiche Benimm-Bücher entstanden sind.
Das Herrenhaus und die gesamte Anlage wurde im 19. Jahrhundert nach Plänen des Oberhofbaudirektors Laves erbaut. Das Rittergut wird nach wie vor von der Familie Knigge bewohnt. Im Jahr 1966 wurden durch einen Brand Teile der Gebäude zerstört, die in einem Jahr wieder aufgebaut werden konnten. Aufgegeben wurden Milchvieh- und Schaftierhaltung, es erfolgte eine Umstellung auf reine Ackerwirtschaft.
Adresse: Rittergut I. 30974 Wennigsen, Ortsteil Bredenbeck, Besichtigungen nur von außen möglich.

Kornbrennerei Warnecke
Unter dem Motto „Klar & Wahr" firmiert seit 1826 die Kornbrennerei Warnecke. Die Genehmigung zum Brennen von Korn erhielten die Vorfahren des heutigen Firmeninhabers Johann Warnecke im Gründungsjahr. In der Brennerei werden ausgesuchte Rohstoffe und Aromen zu Korn und Likören verarbeitet. Die Produkte werden im Einzelhandel und im eigenen Hofladen verkauft. Auf dem Hof und dem Kornboden werden von der Familie regelmäßig verschiedene Veranstaltungen durchgeführt. Höhepunkte sind der Frühschoppen an Himmelfahrt und der Bauernmarkt. Open-Air-Konzerte runden das Kunst- und Kulturangebote ab. Führungen nach Anmeldung.
Adresse: Deristerstraße 4, 30974 Wennigsen, 05109/6232,
www.kornbrennerei-warnecke.de

Glashütte Steinkrug
Die Glashütte Steinkrug wurde 1809 von den Freiherrn Knigge auf Gut Bredenbeck gegründet. Bis in das Jahr 1928 wurden Flaschen, Medizinglas und sonstiges Hohlglas hergestellt. Für die Produktion wurden Rohstoffe wie Kohle, Sand, Pottasche und Kalk verwendet, die auf dem Land der Freiherrn zur Verfügung standen sowie das Holz aus dem eigenen Forst. Die Glasprodukte waren nicht nur im Inland, sondern auch Amerika und Afrika gefragt. Das Ensemble der Glasfabrik ist von einmaliger kulturhistorischer Bedeutung. Der Rauchgaskegel

und der 15 Meter hohe Turmbrennofen sind zeitgeschichtlich bedeutsame Objekte und von außen zu besichtigen. Das Hotel in der unmittelbaren Nähe der Glashütte war 300 Jahre lang eine Poststelle und wurde nach den Plänen Laves umgebaut.
Adresse: Auf der Glashütte, 30974 Wennigsen, Ortsteil Steinkrug, www.steinkrug-wennigsen.de

Der Rauchgaskegel der Glashütte Steinkrug.

Museen

Heimatmuseum Wennigsen
In einem um 1700 erbauten Fachwerkhaus befindet sich das Heimatmuseum, ein Baudenkmal der Gemeinde. Das Fachwerkhaus war einst eine Wassermühle, eine von ursprünglich sieben Mühlen des Ortes. Das Heimatmuseum zeigt wechselnde Ausstellungen zur Ortsgeschichte, alten Handwerksberufen und dem Deisterbergbau.
Adresse: Hauptstr.23, 30974 Wennigsen, 05103/7007-0

Bredenbecker Heimatstube
1886 erhielt Bredenbecke eine neue Schule mit zuerst nur zwei Klassen. 20 Jahre später wurde das Gebäude aufgestockt und u. a. Lehrerwohnungen eingerichtet. Seit 1973 befindet sich in einer der Lehrerwohnungen das Bredenbecker Heimatmuseum. Hier findet man umfangreiche Informationen über die Entwicklung des Dorfes und des Handwerkes. Erzeugnisse der Glasindustrie werden präsentiert und das Wirken und Leben der Familie Knigge beschrieben.
Adresse: Wennigser Straße 23, 30974 Wennigsen (Deister) Ortsteil Bredenbeck

Freizeit und Natur

Wasserpark Wennigsen
Im Landschaftsschutzgebiet Norddeister liegt ein künstlich angelegter Badesee. Das Naturbad bietet auf 2000 qm Wasserfläche, Liegewiese und Sandmatschfeld für die Kleinen ein unbeschwertes Badevergnügen.
Adresse: Bröhnweg 15, 30974 Wennigsen,
05103/556,
www.wasserparkwennigsen.de

Der Wasserpark Wennigsen.

Holtenser Doppelacht
„Natur hautnah erleben“ so heißt das Motto des Naturlehrpfades. Als Rundweg in Form einer Doppelacht angelegt, führt er durch die Ortschaft, vorbei an Kleingärten und Feuerlöschteich. 16 Stationen laden zum spielerischen Erlernen und Ausprobieren ein. Im „Fußfühlbad“ ertasten die Besucher verschiedene Untergründe. Mit dem eigenen Schatten kann die Uhrzeit bei der „lebenden Sonnenuhr“ abgelesen werden. Eine Klangorgel aus Holz und eine Sandgrube laden zum Spielen ein. An jeder Station gibt es Hintergrundinformationen auf Schautafeln. Für Ruhepausen sind Sitzbänke und Tische vorhanden.
Adresse: Dorfgemeinschaft Holtensen e.V., An der Kirche 3, Ortsteil Holtensen, frei zugänglich.

Walderlebnispfad
Wandern mit Spaß und dabei den Wald, Wild und Natur entdecken und mit allen Sinnen erleben! Für große und kleine Entdecker – 2,5 Kilometer, die leicht zu erwandern sind und auf denen es viel zu erfahren gibt. Der interaktive Waldlehrpfad vom Wanderparkplatz Wennigsen „Waldkater“ bis zu den Wasserrädern im Deister bietet auf acht Stationen ein echtes Naturerlebnis für Kinder und Erwachsene. Wald, Wild und Natur kann man hier vielseitig entdecken. Direkt im Anschluss folgt der Natur-Rätsel-Pfad. Hier gilt es, auf einem 4,3 km langen Wanderweg spielerisch Fragen zu beantworten.

Kunsthandwerkszentrum Spritzenhaus
Im heutigen Kunsthandwerkszentrum war einst die Feuerwehr untergebracht, die hier die Wasserschläuche der Löschgemeinschaft zum Trocknen aufhängte. Nach dem Zweiten Weltkrieg wurde das Spritzenhaus als Gefängnis genutzt. Nach langem Leerstand fanden sich 1980 vier Künstlerinnen, um das Spritzenhaus zu retten. Mithilfe von Freiwilligen renovierten sie das Haus und modernisierten es. Seither finden in dem Spritzenhaus jährlich fünf Ausstellungen statt, in denen unterschiedliche Gewerbe der Region vorgestellt werden. Eine offene Werkstatt zeigt kunsthandwerkliche Gegenstände. Konzerte, Lesungen und Vorträge ergänzen das Programm.
Adresse: Hirtenstraße 6, 30974 Wennigsen, 05103/7315,
www.spritzenhaus-wennigsen.de

Annaturm
Auf dem höchsten Punkt des Deisters (405 m über NN) steht der Annaturm auf dem Bröhm, an einem uralten Verkehrsweg, dem Kammweg, an dem Wegesteine aus dem 16. und 17. Jahrhundert zu finden sind. Wer auf den 29 Meter hohen Turm steigt, hat eine super Aussicht auf das umliegende Weserbergland, vom Brocken, dem Süntel bis zum Steinhuder Meer. Die Turmbesteigung ist kostenlos.
Adresse: Kammweg Auf dem Bröhm, 30974 Wennigsen, 05103/3242,
www.annaturm-deister.de

Taternpfahl
Genau an der Grenze zwischen dem früheren Amt Wennigsen und der Stadt Springe steht seit 300 Jahren der Taternpfahl mit einer Schutzhütte. Nach historischer Überlieferung (1635) mussten Sinti und Roma drei Tage an diesem Platz verweilen, bis sie in Begleitung eines reitenden Jägers in die Stadt Springe weiterziehen konnten. 2016 musste der alte Taternpfahl erneuert werden, mithilfe von Sponsoren der Stadt

Springe war dies möglich. Eine Hinweistafel klärt die Besucher über das damalige Ereignis auf.
Lage: Wegekreuz, etwa 3 km südwestlich von Bredenbeck

▸ Geschichtlicher Lehrpfad am Georgsplatz
Die Geschichte der Industrialisierung des Deisters wird rund um das Gelände des alten Forsthauses, gebaut 1845 von Georg Laves, auf einem zwei Kilometer langen Rundweg in Schautafeln dokumentiert. Es erzählt die Geschichte des Ortes, des Bergbaus, der königlichen Jagd und der Rottkuhlen aus der Zeit des Flachsanbaus.
Lage: Georgsplatz, Wennigser Mark

▸ Der „grüne Faden"
Der „grüne Faden" informiert den Besucher auf ca. 30 Kilometer über die rund 30 Sehenswürdigkeiten, die alle Ortschaften der Gemeinden miteinander verbinden. Karten unter 🌐 www.vvv-wennigsen.de

▸ Touren durchs Calenberger Land
Das Calenberger Land bringt dem Besucher Natur und Kultur zwischen Deister und Leine nahe. Eine historische Landschaft mit imposanten Schlössern und mittelalterlichen Gebäudeanlagen, eingebettet in sanfte Hügeln, saftige Wiesen und fruchtbare Felder. Mittellandkanal und Leine fassen die naturbelasse Landschaft ein. 70 geführte Touren bietet der Calenberger Landsommer an.
Adresse: Constanze Kranz, Jahnstraße 11, 30974 Wennigsen, 📞 05109/63350, 🌐 www.calenberger-landsommer.de

Veranstaltungen und Feste

Die historische Kornbrennerei führt jedes Jahr einen Ostermarkt durch. Am Deistertag informieren die Deister Kommunen über zahlreiche geführte Wander- und Radwege. Alle drei Jahre wird im Juni das historische Fest des Freischießens gefeiert. Im August findet das Sommernachtskino auf dem Rittergut Knigge statt. Ende September kann man den Bauernmarkt in Bredenbeck auf dem historischen Hof der Kornbrennerei Warnecke besuchen.

Mit einem Kanonenschuss wird das historische Freischießen eröffnet.

Wesertal

(Landkreis Kassel)

Im Januar 2020 haben sich die beiden Gemeinden Oberweser und Wahlsburg im Zuge einer Gebietsreform zur Gemeinde Wesertal zusammengeschlossen. Anlass war die sinkende Einwohnerzahl der letzten zehn Jahre. Nördlich der Gemeinde erhebt sich der Solling, südlich der Kiffing. Die Gemeinde wird von der Schülme durchflossen, die im Norden in die Weser mündet. Zur Gemeinde Wesertal gehören die Ortsteile Arenborn, Gewissenruh, Gieselwerder, Gottstreu, Heiselbeck, Lippoldsberg, Oedelsheim und Vernawahlshausen und hat rund 5200 Einwohner.

Gemeinde Wesertal
Brückenstraße 1
34399 Wesertal-Gieselwerder
05572/93730
www.gemeinde-wesertal.de

Sehenswertes

▸ Klosterkirche Lippoldsberg
Die um 1150 fertiggestellte Basilika St. Georg und Maria zählt zu den bedeutendsten romanischen Bauten des 12. Jahrhunderts in Deutschland. Sie hat die Jahrhunderte ohne große Umbauten weitgehend unbeschadet überstanden. Außen ist die Basilika ein schlichter, steinsichtiger Buntsandsteinbau mit einem ehemaligen doppeltürmigen Westwerk. Sie ist der erste große Gewölbebau Hessens. Im Jahr 2003 wurde die Klosterkirche von der Bundesrepublik Deutschland als „Kulturgut von nationaler Bedeutung" anerkannt. **Führung und Adresse**: Evangelisches Pfarramt Lippoldsberg, Schäferhof 19, 34399 Wesertal, 05572/334

▸ St. Margarethenkirche Vernawahlshausen
Die Kirche stammt aus dem 11. Jahrhundert und wurde im Laufe der Jahrhunderte mehrfach erweitert und umgestaltet. Bis 1293 waren die Herzöge von Braunschweig Patrone der Kirche, danach kam sie zum Kloster Lippoldsberg. Im Jahr 1593, nach Auflösung des Klosters Lippoldsberg, kam die Kirche in den Besitz des hessischen Landgrafen Philipp. Der älteste Teil der Kirche (um 1100) ist der quadratische Chor- oder Altarraum. Hier wurden bei Sanierungsarbeiten im Jahr 1955 mittelalterliche Fresken entdeckt. Sie stellen überwiegend biblische Motive da.

▸ Waldensersiedlungen
Eine ungewöhnliche historische Vergangenheit haben die beiden Ortsteile Gewissenruh und Gottstreu: Sie wurden 1722 von Landgraf Carl von Hessen-Kassel als Kolonien für 24 Waldenser-Familien gegründet, Glaubensflüchtlinge aus Frankreich. Aus dieser Zeit stammen auch die beiden Waldenser-Kirchen. In Gewissenruh wurden noch bis 1825 die Gottesdienste in französischer Sprache abgehalten.

▸ Rathaus Gieselwerder
Auf dem historischen Grund einer Wasserburg in Gieselwerder stand seit dem 11. Jahrhundert der Amtssitz der Grafen von Werder. Anfang des 18. Jahrhunderts errichtete man hier ein Fachwerkhaus, das 1913 niederbrannte, aber danach neu aufgebaut wurde. Vor dem Gebäude steht ein Modell der früheren Wasserburg.

Die klassizistische Kirche in Gieselwerder.

Museen

▸ Infozentrum Klosterpforte

In der Nähe des Westwerkes der Klosterkirche in Lippoldsberg befindet sich das Besucherzentrum. Im ehemaligen Kreuzgang bekommt man einen Überblick über die Geschichte der Klosterkirche. Verschiedene Bilderserien und aktuelle Ausstellungen sind in einem multimedialen Museums- und Informationsbereich zu besichtigen. Im angeschlossenen Klosterladen werden regionale Produkte, Bücher und Geschenke angeboten.
Adresse: Klosterhof 10, 37194 Lippolsberg, ✆ 05572/999226,
🌐 www.klosterkirche.de

▸ Werkstatt und Museum im Schäferhaus

In einem kleinen Fachwerkhaus in der Nachbarschaft zur Klosterkirche ist ein kleines Museum untergebracht, in dem die Besucher das Leben der Menschen in alten Zeiten nachvollziehen können. Eine Dauerausstellung zeigt einen Kaufmannsladen, Küche und Schlaf- und Wohnzimmer. Ein historisches Backhaus, ein Bienenhaus und eine alte Schmiede – alles zum Anfassen und Fühlen.
Adresse: Museum und Werkstatt im Schäferhaus e. V., Schäferhof 22, 37194 Wesertal, ✆ 05572/1534

▸ Museum im Wasserkraftwerk

Über die Geschichte und die Funktionsweise des Wasserwerks Lippolsberg informiert das Museum der EON.
Adresse: Mühlenstraße 2, 37194 Lippoldsberg, ✆ 05572/93780

▸ Waldenser Museum Gottstreu

Das in einem ehemaligen Schulgebäude untergebrachte Museum gibt Einblicke in die Geschichte der 1722 für die Waldenser gegründeten „Franzosendörfer“ Gottstreu und Gewissenruh. Dokumentiert wird die Odyssee der Glaubensflüchtlinge aus den südfranzösischen Alpen an die Oberweser.
Adresse: Obere Str. 1, 34399 Wesertal, Informationen unter ✆ 05544/912159,
🌐 www.waldenser-oberweser.de

▸ Dorf-Museum Oedelsheim

Im Jahr 1656 erbautes diemelsächsisches Fachwerkhaus. Das Haus wurde in den 90er-Jahren mit Landesmitteln und privaten Initiativen – auch zum Schutz und Erhalt der Bausubstanz - saniert. Am und ums Haus und an den Nebengebäuden (z.B. Backhaus) sind die alten Baustrukturen (Gefache, Lehmdecken) wieder gut zu erkennen. Auf einer Fläche von rund 160 qm sind auf drei Etagen verteilt ca. 650 Exponate präsentiert, die schwerpunktmäßig folgende Bereiche umfassen: Ortsgeschichte, traditionelles Handwerk, Textilherstellung, Flößerei im Weserraum, Schifffahrt auf der Weser.
Adresse: Göttinger Straße 8, 34399 Wesertal-Oedelsheim

▸ Freilichtmuseum Mühlenplatz

Am Westrand von Gieselwerder liegt das Freilichtmuseum des Mühlenplatzes. In der weiträumigen Anlage am Waldrand werden im Maßstab 1:25 und 1:40 original nachgebildete Wassermühlen, Burgen, Schlösser, Kirchen und Rathäuser aus alter Zeit gezeigt.
Adresse: Freilichtausstellung „Der Mühlenplatz“, 34399 Wesertal, ✆ 05572/1510

▸ Schiffermuseum

Über die Schifffahrt auf der Weser in den letzten hundert Jahren informiert das Gieselwerder Schiffermuseum. Dazu werden

viele Schiffsmodelle gezeigt wie Raddampfer und Flusskähne.
Adresse: In der Klappe 11, 34399 Wesertal, ☏ 05572/500 oder 572

▸ Webereimuseum
In einem historischen Weser-Diemelhaus in Gieselwerder, dem „Kleinen Schneider", kann man Web- und Spinngeräte aus aller Welt bewundern. Zu den Exponaten gehört auch eine historische Schneiderstube.
Adresse: Steinweg 2, 34399 Wesertal, ☏ 05572/4448, 🌐 www.weberei-museum-kircher.de

▸ Insektenhotel
In Heisebeck geben ein „Insektenhotel" und Informationstafeln über Insekten und Pilze Auskunft über Lebensformen in der Natur. Das „Hotel" befindet sich an zwei idyllisch gelegenen Teichen.

▸ Besucherzentrum Klosterpforte
Einen multimedialen Überblick über die klösterliche Lebensweise gewinnt man in der Klosterpforte, dem Besucherzentrum am Westwerk der Lippoldsberger Klosterkirche. Außerdem werden regelmäßig themenbezogene Ausstellungen veranstaltet. Im angeschlossenen Klosterladen werden u. a. regionale Produkte, Bücher und Geschenkartikel angeboten.
Adresse: Klosterhof 10, 34399 Wesertal-Lippoldsberg, 🌐 www.klosterkirche.de

Freizeit und Natur

▸ Wandern und Radfahren
Wesertal hat eine herrliche Landschaft zum Radfahren und Wandern. Ein großes Angebot von Wanderwegen halten die Berge beiderseits der Weser bereit. Besonders beliebt sind mehrtägige Touren durch den Reinhardswald. Für Radler wurden in letzter Zeit zahlreiche neue Radwanderwege geschaffen und vorhandene Strecken ausgebaut. Ideal für lange Touren sind die Routen entlang der Weser.
Der Weser-Radweg führt an Wesertal vorbei. Das Schwümetal und der nahe gelegene Bramwald bietet den Gästen eine gute Erholungsmöglichkeit. Stundenlang durch den Wald wandern, das ist im großen Reinhardswald mit seinem Tierpark und der Sababurg ein eindrückliches Erlebnis. Der Uferweg an beiden Seiten der Weser bietet Radfahrern gute Bedingungen.

▸ Flusstouren
Fahrten mit Passagierschiffen, mit Kanus oder eine Flussüberquerung mit einer Gierseilfähre – all dies ist auf der Weser im Bereich der Region Oberweser möglich. An den Ufern warten zahlreiche Rastplätze auf die Wasserwanderer.
Gierseilfähre: Oberweser–Oedelsheim
Märchenfähre: Wahlsburg
Die Fähren verkehren von Mitte März bis Ende Oktober.

▸ Freibad Wesertal-Gieselwerder
Das Freibad Gieselwerder bietet Badespaß mit beheizten Schwimmer- und Nichtschwimmerbecken, Baby-Planschbecken und Liegewiese.
Adresse: In der Klappe 21, 34399 Wesertal-Gieselwerder, ☏ 05572/4434

Veranstaltungen und Feste

Ein stimmungsvoller Ort für Konzerte und andere kulturelle Veranstaltungen ist die Lippoldsberger Klosterkirche.

In (fast) jedem Ort gibt es Burgen, Schlösser und Kirchen, ebenso Wanderwege und Fahrradrouten.

SEHENSWERTES

MUSEEN

FREIZEIT UND NATUR

VERANSTALTUNGEN UND FESTE

Ganzjährig, regelmäßig wiederkehrend

Bildnachweis

S. 4: Printmaps.net / OSM Contributors; S. 5: Amon Ott (https:// commons.wikimedia.org/wiki/ File: Bad_Eilsen_ vom_Luhdener_Klippenturm.jpg); S. 5: Arieswings (https:// commons.wikimedia.org/ wiki/ File:Dütberg_Weserberglandweg.jpg)
S. 5: Franzfoto (https://commons.wikimedia.org/wiki/ File:Hann.Münden_-_Weserstein.jpg), „Hann.Münden - Weserstein"; S. 12: Karte Pilgerweg Loccum–Volkenroda, © Kirchliche Dienste Hannover, Susann Röwer; S. 13: Pimvantend (https://commons.wikimedia.org/wiki/File:Monumentkloster.jpg), „Monumentkloster"; S. 14, 17: Bad Karlshafen GmbH; S. 34: Losch at German Wikipedia (https://commons.wikimedia.org/wiki/File:Kloster_Barsinghausen_IMG_2774.jpg), „Kloster Barsinghausen IMG 2774", https://creativecommons.org/licenses/by-sa/3.0/de/legalcode; S. 39, 40: Stadt Beverungen; S. 44, 47, 117: Samtgemeinde Bodenwerder-Polle; S. 48 Nightflyer (https://commons.wikimedia.org/wiki/File:Niedersachsen_ Fürstenberg,_Museum_Schloss_Fürstenberg_NIK_9988.jpg), https://creativecommons.org/licenses/by-sa/4.0/legalcode; S. 62: Günter Dischereit; S. 63, 66: Marketing Extertal; S. 68: Tourismusinformation Grünenplan; S. 84: Förderverein Baxmannbad e.V.; S. 94: Gemeinde Kalletal; S. 105: Ub12vow (https:// commons.wikimedia.org/ wiki/File: Minden_Hohe_Straße_2011.jpg), „Minden Hohe Straße 2011"; S. 113: YvoBentele (https://commons.wikimedia.org/wiki/File:2019-06-09_Windmühle_Heimsen_(Petershagen)_02.jpg); S. 113: YvoBentele (https://commons.wikimedia.org/wiki/File:2019-06-09_Pottmühle_(Petershagen).jpg); S. 116: Stadt Petershagen; S. 123: Bytfisch (https:// commons.wikimedia.org/ wiki/File:Sababurg001.jpg); S. 131, 133r: Flecken Salzhemmendorf; S. 133: Axel Hindemith / Lizenz: Creative Commons CC-by-sa-3.0 de (https://commons.wikimedia.org/wiki/ File:Wasserbaum_Ockensen_laubgrün.jpg); S. 159: ErwinMeier, (https://commons.wikimedia.org/ wiki/File: Gieselwerder_ Christuskirche_01.jpg); S. 143: https://de.wikivoyage.org/ wiki/Trendelburg#/ media/ Datei:Wasserschloss_W%C3%BClmersen.JPG; S. 145, 146, 147: Stadt Uslar; S. 148 Jcg2006 (https://commons.wikimedia.org/wiki/File:Vlotho-Brink-Innenstadt.JPG); S. 152, 153, 155: Amirah Adam, Tourismus-Service Wennigsen
Alle übrigen Fotos stammen vom Autor.

Weitere Bücher über Ihre Region

Ostwestfalen Lippe entdecken!
1000 Freizeittipps
Matthias Rickling
208 Seiten, zahlr. Farbfotos
ISBN 978-3-8313-2859-8

Die Eco Pfade
Wanderungen im Landkreis Kassel
Harald Kühlborn, Dr. Thilo F. Warneke
2. Aufl. 160 Seiten, zahlr. Farbfotos
ISBN 978-3-8313-2294-7

Ostwestfalen-Lippe - Küchenklassiker
Pickert, Pudding, Pumpernickel
Ira Schneider
96 Seiten, zahlr. Farbfotos
ISBN 978-3-8313-2475-0

Tierische Geschichten aus Hannover
Susanne Wondollek
80 Seiten, zahlr. Farbfotos
ISBN 978-3-8313-3404-9

Wartberg-Verlag GmbH
Im Wiesental 1 | 34281 Gudensberg
www.wartberg-verlag.de

Bücher für Deutschlands Städte und Regionen
Tel. 05603-93050 · Fax 05603-930528